INTRODUÇÃO À SEMIÓTICA

Coleção INTRODUÇÕES

Coordenação: Jakson Ferreira de Alencar

- *Introdução à educação*, Celso Antunes
- *Introdução à teologia fundamental*, João Batista Libanio
- *Introdução à sociologia: Marx, Durkheim e Weber – referências fundamentais*, Maura Veras
- *Introdução à ética teológica*, VV.AA.
- *Introdução à semiótica*, Lucia Santaella; Winfried Nöth

Winfried Nöth
Lucia Santaella

Introdução à
SEMIÓTICA

*Passo a passo
para compreender os signos e a significação*

Direção editorial
Claudiano Avelino dos Santos

Coordenação de revisão
Tiago José Risi Leme

Capa
Marcelo Campanhã

Editoração, impressão e acabamento
PAULUS

Dados Internacionais de Catalogação na Publicação (CIP)
(Câmara Brasileira do Livro, SP, Brasil)

Santaella, Lucia
Introdução à semiótica: passo a passo para compreender os signos e a significação / Winfried Nöth, Lucia Santaella. — São Paulo: Paulus, 2017. — Coleção Introduções.

ISBN: 978-85-349-4521-9

1. Semiótica I. Nöth, Winfried. II. Título. III. Série.

17-03274   CDD-401.41

Índice para catálogo sistemático:
1. Semiótica: Linguística 401.41

 Seja um leitor preferencial **PAULUS**.
Cadastre-se e receba informações sobre nossos lançamentos
e nossas promoções: **paulus.com.br/cadastro**
Televendas: **(11) 3789-4000 / 0800 016 40 11**

1ª edição, 2017

2ª reimpressão, 2022

© PAULUS – 2017

Rua Francisco Cruz, 229 • 04117-091 • São Paulo (Brasil)
Tel.: (11) 5087-3700
paulus.com.br • editorial@paulus.com.br

ISBN 978-85-349-4521-9

FSC
www.fsc.org
MISTO
Papel produzido
a partir de
fontes responsáveis
FSC® C108975

Sumário

1. A SEMIÓTICA E OS SIGNOS: UMA PRIMEIRA ORIENTAÇÃO 7
   - 1.1 O que é a semiótica? 7
   - 1.2 O signo 8
   - 1.3 O signo, o seu objeto e as "coisas" 11
   - 1.4 O signo, a sua denotação e sua significação 16
   - 1.5 Signos de signos: Metassignos e signos autorreferenciais 19
   - 1.6 A iconicidade da metalinguagem dos signos não verbais 25
   - 1.7 Brevíssimo panorama da história da semiótica 28

2. A TEORIA DOS SIGNOS DE C. S. PEIRCE 35
   - 2.1 As três categorias universais 37
   - 2.2 Signo, semiose e semiótica 38
   - 2.3 A classificação dos signos 48
   - 2.4 As dez classes exemplificadas 64
   - 2.5 Adendo sobre o homem como signo 83

3. F. DE SAUSSURE:
   FUNDAMENTOS DA SEMIÓTICA ESTRUTURALISTA 91
   - 3.1 A semiologia saussuriana: Projeto de uma semiótica futura 92
   - 3.2 O signo verbal e a natureza dos signos em geral 93
   - 3.3 Sistema, estrutura e o signo 103

4. A SEMIÓTICA HIPERESTRUTURALISTA DE LOUIS HJELMSLEV 113
   - 4.1 Linguagem e semiótica e as estruturas imanentes a elas 114
   - 4.2 O signo e as figuras que os formam 118
   - 4.3 Estratificação: Forma, substância e matéria (sentido) 121
   - 4.4 Símbolos, sistemas simbólicos e sistemas semióticos 130
   - 4.5 A linguagem como instrumento e a sua autonomia estrutural 133

5. SEMIÓTICA FUNCIONALISTA E AS FUNÇÕES SEMIÓTICAS 137
   - 5.1 Pertinência e a função dos signos no sistema 137
   - 5.2 Significação, os sinais e a comunicação 140
   - 5.3 A comunicação e as suas funções 142

6. A SEMIÓTICA DOS CÓDIGOS 151

    6.1 Os dois sentidos de código e os códigos primários e secundários 151
    6.2 Os códigos da criptografia: Paradigma dos códigos secundários 152
    6.3 Os códigos dos semioticistas 154
    6.4 Códigos alfabéticos e numéricos 163
    6.5 O código rodoviário 170
    6.6 Códigos socioculturais e a semiótica dos códigos de Umberto Eco 171

7. A SEMIÓTICA ESTRUTURALISTA E PÓS-ESTRUTURALISTA
DE ROLAND BARTHES 175

    7.1 Uma semiótica linguocêntrica e estruturalista 176
    7.2 Denotação, conotação, mitos e ideologias 178
    7.3 O sistema da moda 181
    7.4 A virada semiótica barthesiana para o pós-estruturalismo 182

8. A SEMIÓTICA DISCURSIVA E NARRATIVA
DE ALGIRDAS J. GREIMAS 187

    8.1 O projeto semiótico greimasiano 188
    8.2 Significação e o universo semântico 191
    8.3 Estruturas modais e aspectuais 199
    8.4 Semiótica das paixões 200
    8.5 Comunicação como enunciação 201

9. IÚRI LOTMAN: A SEMIOSFERA E A SEMIÓTICA DA CULTURA 215

    9.1 A semiosfera 216
    9.2 O espaço semiótico imerso num universo não semiótico 220
    9.3 Universo de dualismos, níveis e estratificações 223
    9.4 A semiosfera de Lotman como um sistema autorreferencial 227
    9.5 A semiótica da comunicação de Lotman 230

10. BIBLIOGRAFIA 239

11. ÍNDICE DE NOMES 243

12. ÍNDICE TERMINOLÓGICO 245

1
A semiótica e os signos: Uma primeira orientação

A semiótica estuda os signos, mas o que é um signo? Vamos procurar encontrar as primeiras definições na história da semiótica, para que possamos saber mais sobre esse campo de estudo num mapeamento introdutório da disciplina.

1.1 O que é a semiótica?

"O que é semiótica", perguntou Lucia Santaella em 1983, no seu livro escrito para a coleção "Primeiros Passos" da editora Brasiliense. A pergunta se repete toda vez que a palavra é pronunciada entre pessoas que desconhecem esse campo de conhecimento.

<small>A ciência dos signos</small>

Numa primeira definição, podemos dizer que a semiótica é a ciência dos sistemas e dos processos sígnicos na cultura e na natureza. Ela estuda as formas, os tipos, os sistemas de signos e os efeitos do uso dos signos, sinais, indícios, sintomas ou símbolos. Os processos em que os signos desenvolvem o seu potencial são processos de significação, comunicação e interpretação.

A palavra *semiótica* (originalmente semeiótica) vem do grego antigo, onde *seméion* significa "signo". Desde o século XVIII, semiótica e semiologia (ou semeiologia) eram termos alternativos para a mesma ciência dos signos em várias línguas europeias. Dos dois termos, o termo *semiologia* predominava na semiótica dos países de língua romana, especialmente na França. Hoje, a palavra *semiótica* entrou em uso mais comum. Mas já

<small>Semiótica ou semiologia</small>

em 1972 a Associação Internacional de Estudos Semióticos havia adotado o termo *semiótica*, ao invés das suas alternativas terminológicas, para designar a ciência dos signos.

Seméion e sēma

Além de *seméion*, os gregos tinham ainda outra palavra para designar os signos e os sinais, que era *sēma*. Todo mundo sabe o que é um semáforo, mas poucos sabem que esta palavra vem do grego antigo e significa literalmente "carregador de sinais". Da palavra *sēma* vem também a palavra *semântica*. A semântica é um ramo da linguística e da lógica, que trata do significado das palavras e das proposições.

Semiótica e semântica

1.2 O signo

Roman Jakobson, no seu *Olhar de relance sobre o desenvolvimento da semiótica*, atribui aos medievais a definição do signo como "algo que está por algo": "Todo signo é um remetimento (*renvoi*) (seguindo a famosa fórmula do *aliquid stat pro aliquo*)" (JAKOBSON, 1974, p. 73). A fórmula é demasiado simplista, e em verdade os medievais nunca a usaram assim (cf. MEYER-OESER, 2011). Embora a fórmula seja parcialmente correta, o problema é que ela reduz o signo a um dualismo, que consiste do signo e de algo indefinido no lugar do qual ele se coloca.

Aliquid stat pro aliquo

Mais completa é a definição antiga do signo que Aurélio Agostinho (345-430) deu:

> O signo é, portanto, uma coisa que, além da impressão que produz nos sentidos, faz com que outra coisa venha à mente como consequência dele (*De Doctr. Chr.* 1.1.2).

Essa definição é mais completa, pois nela encontramos o terceiro elemento, que conecta o signo com aquilo que ele representa à mente do usuário ou intérprete do signo. O signo não se define, portanto, como uma relação diádica, mas como uma relação triádica.

Para ficar mais claro, vamos exemplificar a fórmula medieval com um signo verbal. A palavra *pato* "está para ou por", no sentido de representar ou referir-se a um pato, um exemplar típico daquelas aves dessa espécie que conhecemos através da nossa experiência vivida. O que importa, neste exemplo da regra *aliquid stat pro aliquo*, é que o signo está por ou para uma *outra* coisa.

Em 1897, Charles Sanders Peirce (1839-1914), o fundador da semiótica moderna, ofereceu uma definição do signo que recorda parcialmente a definição de Agostinho. O que Peirce disse é:

> O signo [...] é algo que está no lugar de algo para alguém (CP 2.228, c.1897).

Evidentemente, "estar no lugar de" não quer dizer que o signo substitui completamente o objeto ao qual ele se refere. Pelo contrário, o signo nunca pode estar, de fato, no lugar do objeto, seja este presente ou ausente. Nem a palavra *pato*, nem a imagem dele podem substituir um pato real. O pato real pode nadar e voar, a palavra não. Na definição do signo acima, "estar por ou para" significa *representar*. Podemos, portanto, concluir com Peirce, numa primeira definição provisória e parcial do signo:

Estar por

> Para que alguma coisa deva ser um signo, ela deve representar, por assim dizer, alguma outra coisa, chamada seu objeto (CP 2.230, 1910).

Poder estudar, especular, ou ao menos refletir sobre signos é uma característica fundamental da espécie e da cultura humana. Todos os seres vivos, inclusive as plantas, usam signos para se comunicar, porque a comunicação e os signos são essenciais para sobreviver. Sem signos não há vida, o que não significa que só os seres vivos possam emitir e viver entre signos.

Existem também signos não produzidos por seres vivos. O céu nublado significa chuva, o gelo significa que a temperatura caiu abaixo de zero, e febre junto com o congestionamento das vias respiratórias, dores de cabeça e de garganta significam uma gripe. Exemplos deste tipo são os signos naturais. Os médicos costumam chamar os signos naturais causados por uma gripe de sintomas.

Signos naturais

As abelhas têm um sistema bem complicado, mas muito bem-sucedido, para sinalizar às suas colaboradoras de onde elas estão trazendo a sua nutrição e onde as colegas podem também encontrar essa mesma fonte. Por meio deste sistema, que se chama a dança das abelhas, elas se comunicam principalmente por meio dos canais olfativos e táteis, quer dizer, as suas mensagens são produzidas e interpretadas pelos sentidos do cheiro e do tato. O cheiro sinaliza a

Dança das abelhas

Palavras, signos verbais, signos visuais e as imagens

qualidade da nutrição, enquanto o tato, através da vibração que a dança causa, sinaliza a direção e a distância do lugar das plantas nutritivas.

As aves se comunicam pelos canais acústicos e visuais. Muitas espécies de aves têm uma capacidade de cantar superior à da espécie humana. Os cachorros usam igualmente o canal acústico para se comunicar, mas eles usam também o sentido olfativo (o sentido do cheiro) para se comunicar e interpretar mensagens. O sentido do cheiro de um cachorro é até 200 vezes superior ao dos homens.

Voltemos para os signos humanos. Embora, assim como os outros animais, também faça uso dos sinais sensórios para se comunicar, o humano é o único animal que fala. Assim, a comunicação humana tem seu ponto de partida nos signos auditivos (ou acústicos) articulados e em suas transposições visuais. Estamos falando, portanto, da comunicação verbal que se manifesta pela audição e por sua forma escrita visualizável. Mas o objeto do signo *pato* pode também ser representado por um signo não verbal, como na modalidade visual de uma imagem e também em outra modalidade acústica diferente da palavra (Figura 1.1). A alternativa à representação não verbal do signo verbal é a imagem. A alternativa não verbal à representação acústica do signo verbal é a representação sonora do som que é produzido pela ave. Os quatro signos representam o mesmo objeto, um pato vivo, e esse objeto tem características de carne, osso e penas, que são de natureza bem diferente de letras de tinta sobre o papel em branco.

Signo			
Visual		Auditivo	
Não verbal	Verbal	Verbal	Não verbal
Imagem	Escrito	Oral	Acústico
🦆	*pato*	[p'a.tʊ]	[kwak]

Figura 1.1. Signos visuais, verbais e auditivos.

A palavra é um signo verbal, enquanto imagens são signos visuais, mas o termo *signo visual* não descreve de uma maneira suficientemente clara o universo das imagens, porque as palavras em forma escrita também são representadas visualmente. A classificação das imagens como signos visuais é uma classificação que se baseia no canal perceptivo. Essa classificação, para ser completa, teria que distinguir mais tipos de signos conforme outros canais perceptivos. A Tabela 1 apresenta uma lista de exemplos de signos classificados conforme o canal perceptivo.

Tabela 1. Signos classificados conforme o canal perceptivo

Canal perceptivo	Exemplos
Visual (ou ótico)	imagens, esculturas, mercadorias, palavras escritas
Auditivo (ou acústico)	palavras da linguagem oral, gritos, música, buzinas, sirenes
Tátil	palavras "escritas" em braile, beijos, abraços
Olfativo	cheiro de flor, café, pão fresco, carne assada, perfume
Gustativo	paladar doce, ácido, amargo, sabor de vinho etc.
Térmico	sensação de calor, frio, morno etc.

1.3 O signo, o seu objeto e as "coisas"

Como vimos acima, um signo é algo que se refere a algo diferente de si mesmo. Essa outra coisa é chamada de *referente* do signo ou, na terminologia da semiótica de Charles S. Peirce, o *objeto do signo*. O signo *refere-se* a, representa ou indica o seu objeto. Objetos de signos não são necessariamente "coisas", quer dizer, objetos materiais. Os signos verbais *amor* ou *unicórnio* também representam objetos. O primeiro representa experiências humanas, que todos nós devemos conhecer, o segundo representa um objeto de um mundo ficcional, que não existe no universo das "coisas" existentes, mas num outro universo, o universo das ficções da pintura, das esculturas e das obras literárias.

O signo e o objeto

Signos autor-referenciais

Por exceção, o objeto do signo pode ser o signo mesmo, mas nunca inteiramente assim. Por exemplo, a palavra *signo*, como todas as palavras, é um *signo* e, desse modo, ela também significa aquilo que intenta significar. Porém, ela não serve, em primeiro lugar, para fazer referência senão a si mesma. Na verdade, a palavra *signo* serve, antes de tudo, para referir-se a outros signos. Ora, signos que se referem a si mesmos são chamados de signos autorreferenciais.

Objetos gerais e singulares

A palavra *pato*, como se sabe, é um signo que representa uma ave aquática. Essa ave é, portanto, o objeto deste signo verbal. Não se trata, neste caso, de um objeto singular, mas de um objeto geral, quer dizer, de uma classe inteira de animais, ou seja, quaisquer tipos de pato que possa haver. Por isso, objetos de signos verbais são na maioria signos gerais, mas eles podem também ser singulares. Signos singulares se referem a indivíduos. *Jack*, que é o nome do meu pato no meu jardim, é um signo, que se refere a um objeto singular, assim como todos os nomes próprios se referem a objetos singulares.

Nomes próprios e comuns

Nomes próprios não são só nomes de pessoas, mas também nomes de cidades e outros lugares geográficos (topônimos), rios, lagos ou oceanos (hidrônimos), montanhas (orônimos) etc.

Objetos de signos que são qualidades

Do ponto de vista da gramática, palavras como *pato* são nomes comuns (substantivos) que se referem a tipos gerais. Já as palavras que significam indivíduos são nomes próprios. Do ponto de vista da semiótica, Peirce define o signo de um objeto geral como um *símbolo* e um signo que designa um indivíduo como um *índice*. Nomes próprios não são símbolos, mas índices, pois indicam objetos particulares.

Ícones

Adjetivos também têm objetos, mas o objeto de um adjetivo não é nem geral, nem particular. Os objetos de adjetivos como *branco*, *cheiroso* ou *redondo* são qualidades. Objetos que são qualidades são objetos abstratos. A distinção entre objetos gerais e objetos que são qualidades é uma distinção lógico-semiótica, não uma distinção linguística. Na língua portuguesa, a ideia de uma qualidade também pode ser exprimida na forma de um substantivo, tal como o *branco* ou *o redondo*. Apesar desses signos verbais serem substantivos, os seus objetos continuam sendo qualidades de não coisas gerais ou particulares. Para Peirce, signos de qualidades são *ícones*. Imagens são ícones. As qualidades que elas representam são cores, formas, volumes, texturas etc.

A relação do signo com seu objeto costuma ser simplificada no dualismo do signo e das "coisas". O entendimento de que o universo é dividido em objetos ou coisas, de um lado, e signos, de outro, tem as suas raízes na semiótica de Aurélio Agostinho (354-430). Esse Padre da Igreja postula o dualismo conceitual seguinte: "Todo ensino é ou de signos ou de coisas" (*De doctr. chr.* I.1). Porém, o dualismo dos signos e das coisas não é absoluto, porque Agostinho continua ensinando que "as coisas são apreendidas por meio de signos" (*Omnis doctrina vel rerum est vel signorum, sed res per signa discuntur*). Os signos são, portanto, mediadores entre os homens e as coisas.

> O signo é, portanto, uma coisa que, além da impressão que produz nos sentidos, faz com que outra coisa venha à mente como consequência de si (*De doctr. chr.* I.1.2).

Assim, o mundo consistiria, portanto, de dois tipos de coisas, coisas que são signos e coisas que não são signos. Entretanto, não é bem assim. O pato é uma coisa, mas a palavra escrita em papel e a imagem da ave num desenho são também coisas. Sobre o ser das "coisas", Agostinho escreveu, sob o título "O que é uma coisa e o que é um signo?", o seguinte:

> Uso a palavra "coisa" num sentido estrito para referir-me ao que nunca foi usado como signo de outra coisa, como, por exemplo, madeira, pedra, gado ou outras tantas coisas desse gênero. Todo signo é, ao mesmo tempo, alguma coisa, visto que, se não fosse alguma coisa, não existiria. Porém, não são todas as coisas signos ao mesmo tempo (*De doctr. chr.* I.2.2).

A lógica da afirmação de Agostinho é, portanto, que o universo das coisas inclui um subconjunto, que são as coisas que são signos. Dizer que signos são coisas significa coisificar os signos. Uma teoria que coisifica os signos é difícil de sustentar. É inegável que palavras escritas e até palavras faladas têm uma materialidade física, mas, na medida em que elas fazem parte dos nossos pensamentos, elas não podem ser coisas. Se pensamentos consistem em palavras, as palavras não podem ser coisas.

Uma visão dualista de um mundo dividido entre signos e não signos é problemática. Um pato vivo, que atravessa o caminho de um caminhante, também pode ser um signo. Ele pode sinalizar que perto do lugar do encontro deve haver um lago ou uma fazenda. Para um agricultor, o mesmo pato pode ser um signo de certa raça das aves domésticas da sua fazenda, e para o cozinheiro o animal é signo por ser um prato saboroso. Peirce ensina que qualquer objeto pode também ser um signo, dependendo da situação.

Ideias e pensamentos como signos

Além disso, o objeto de um signo não é necessariamente uma coisa material e existente, como um pato. Ele também pode ser uma ideia. O objeto de palavras como *amor* ou *liberdade* não são coisas, mas sentimentos, ideias ou conceitos. Em verdade, nem a palavra *pato*, que parece significar uma coisa no sentido de um objeto concreto, significa realmente isso. Essa palavra não se refere a um único animal, mas representa uma espécie, uma classe de animais. Alguns dizem que ela significa a classe de todos os patos, mas o escopo de tal referência seria inconcebível. Nenhum usuário da palavra jamais poderia conceber a ideia de todos os animais da classe dos patos. Há muitos tipos de patos em vários continentes. Muitos deles nunca vimos e certamente desconhecemos todas as espécies desse animal aquático.

Em vez de dizer que o objeto de um signo é uma classe de coisas, podemos concebê-lo em termos do nosso conhecimento, sempre incompleto, ou da nossa experiência, sempre parcial, daquilo a que o signo se refere. O tema será ainda discutido mais detalhadamente, mas, por enquanto, o resumo é que o signo refere a, ou representa, um objeto, e o objeto do signo não é necessariamente aquilo que comumente chamamos de "coisa" existente e palpável.

Observamos acima que os signos, com a exceção parcial de signos autorreferenciais, diferem daquilo que eles representam. O signo não é o objeto. A palavra não é a coisa, e o mapa não é o território. Do *insight* de que os signos e os objetos são coisas essencialmente distintas, alguns pensadores sobre a natureza dos signos têm tirado a conclusão de que o mundo dos fenômenos é dividido em duas esferas, a esfera dos signos e a dos objetos. "O mapa não é o território" é um dos teoremas com o qual uma tal divisão do mundo em signos e não signos encontra uma expressão popular. O mapa é o signo e o território é o objeto do signo.

O mapa não é o território

Semântica Geral

A frase foi cunhada por Alfred Korzybski (1933), o fundador de um movimento semiótico popular, chamado de *Semântica Geral*, nos anos 1930 do século XX. Sob esta palavra de ordem, Korzybski fundou uma doutrina dualista que enfatizou a diferença entre o mundo externo dos objetos e o mundo das palavras, que são signos e não idênticos com os objetos.

O dualismo das coisas e dos signos tem raízes profundas no pensamento ocidental. Na sua variante "coisa *versus* pensamento", ele encontra a sua expressão mais proeminente na filosofia de René Descartes (1596-1650). Descartes ensinou que o universo se divide em duas substâncias, matéria e mente. A essência da matéria é que ela tem extensão no espaço físico, enquanto a essência da mente é que ela se manifesta em forma de pensamentos e ideias. Contra tal dualismo se opõe o monismo, que ensina que tal divisão entre matéria e mente não se sustenta.

Dualismo

Quem se opôs veementemente contra tal dualismo semiótico foi Charles S. Peirce. Contra a divisão categórica entre o mundo interno e o mundo externo e entre o mundo dos signos e o mundo dos objetos, Peirce defende a doutrina de que os objetos representados pelos signos são também signos, com a diferença de que os objetos precedem os signos num processo semiótico, que ele definiu como *semiose*. O objeto do signo é também um signo porque o universo das coisas se apresenta a nós por meio de signos.

Ubiquidade de signos

A convicção de que a distinção entre signos e não signos seja essencial na vida humana tem muitas outras facetas. Ela se manifesta tanto em sabedorias proverbiais da cultura popular quanto em obras literárias e artísticas. Na língua portuguesa, o provérbio de que "palavras não adubam sopas" ensina que signos (palavras) diferem na sua essência das coisas; deste modo o pintor surrealista belga René Magritte criou, entre outras obras de uma série – na qual ele quis revelar a *Traição das Imagens* – um quadro bem realista de um cachimbo, no qual ele escreveu embaixo a frase "Isto não é um cachimbo", para chamar a atenção dos seus leitores ao *insight* de que o signo (a imagem, no caso) não é o objeto do signo. A Figura 1.2 adapta o argumento de Magritte, que foi transmitido no seu quadro famoso, ao contexto do nosso signo de um pato. O que Magritte quer dizer com a sua lição semiótica é que ser um cachimbo (ou um pato) não é o mesmo que *representá-lo*, tanto em palavras quanto em imagens.

Ser e representar

Figura 1.2. "O signo não é o objeto" (parafraseando René Magritte).

1.4 O signo, a sua denotação e sua significação

Já na semiótica medieval, o modelo do signo verbal é em princípio triádico. A sua primeira constituinte é o signo no sentido estreito, aquele algo que produz o seu efeito nos sentidos de alguém, como Agostinho escreve (ver 1.3). A segunda é o objeto do signo, aquele "outro algo que o signo traz à mente" do seu intérprete, e a terceira é a ideia criada nessa mente. O conceito que a semiótica medieval usou para designar a segunda constituinte do signo verbal, quer dizer, o seu objeto, é *denotação* do signo. O termo usado para a terceira constituinte é a *significação* do signo.

No decorrer da história da semiótica e da filosofia da linguagem, surgiram várias alternativas para esses dois conceitos. Para significação também foram usados os conceitos de *conotação, sentido, compreensão* ou *intenção*. As alternativas terminológicas mais comuns para denotação são referência ou extensão. As dicotomias resultantes são as seguintes:

Denotação
- referência,
extensão

Significação
- sentido,
intenção,
conotação,
compreensão

Denotação	*Significação*
Denotação	Conotação
Referência	Sentido
Extensão	Compreensão
Extensão	Intenção

A diferença entre os dois correlatos dos signos verbais na filosofia da linguagem contemporânea é a seguinte: A *denotação* é o objeto ou a classe dos objetos aos quais a expressão se aplica. A denotação da palavra *pato* compreende todos os patos que existem no mundo.

Ela consiste da classe dos animais aos quais se aplica esta palavra. A *significação* ou o significado de uma expressão consiste dos conceitos com os quais se pode definir ou descrever as caraterísticas dos objetos aos quais o signo se aplica. Uma das significações de *pato*, por exemplo, é "ave aquática, que anda, nada e voa com razoável competência", o que não significa que não possa haver outras.

Nas palavras de Tomás de Aquino (1225-1274), a significação é aquilo que sabemos das coisas, ou o conhecimento que possuímos delas (S. theol. III, 9. LX, 4c). A versão triádica do signo: *signo – denotação – significação*, consiste, nos escritos de Tomás, da tríade de *som* (signo verbal) – *coisa* (denotação) – significação (ou conceito mental). Sobre a relação entre o signo verbal e a coisa à qual ele se aplica, Tomás escreve que, quando os signos verbais representam coisas, eles não as representam diretamente, mas através de conceitos mentais: "De forma imediata, os sons significam conceitos no espírito e [só] por meio deles eles significam as coisas" (*S. theol.* I, q. 13, art. 1).

Signo, significação e denotação

Os signos, portanto, não se referem diretamente aos seus objetos, mas só indiretamente, por meio dos conceitos que temos deles. No caso do nosso exemplo do pato, o som da palavra, a sequência das consoantes e vogais, mas também a sua forma escrita, as quatro letras *p-a-t-o*, são o signo. A sua denotação são as aves às quais a palavra se aplica, ou um singular ("o meu pato *Jack*") ao qual a expressão verbal se refere. A significação da palavra *pato* consiste de outros conceitos verbais, do conjunto dos conceitos com os quais podemos descrever as características dessa classe de animais, por exemplo, "animal", "ave", "aquático", "anseriforme" etc.

Quando Peirce usa a dicotomia "denotação *versus* significação" (ou conotação), ele define a denotação como o conjunto de todas as "coisas reais" das quais um símbolo pode ser o predicado (CP 2.407, 1867) e a sua significação como o conjunto dos predicados atribuíveis a uma proposição da qual o símbolo é o sujeito. Peirce também chama atenção a uma relação inversa quantitativa entre os objetos da denotação e as características da significação de um símbolo: tanto mais for geral a denotação de um símbolo, tanto menor será o número dos predicados que constituem a sua significação e, vice-versa, tanto mais específica (ou singular) a denotação de um sím-

Denotação e significação na definição de Peirce

bolo, tanto maior é o conjunto dos predicados da sua significação. A Figura 1.3 representa essa relação.

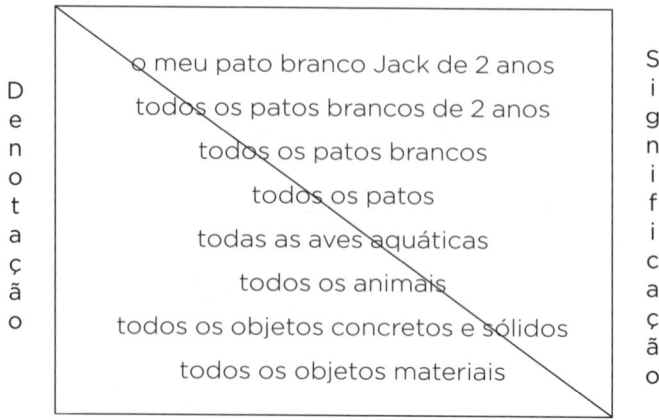

Figura 1.3. A relação inversa entre os números de objetos (a extensão da sua denotação) e dos predicados que os caracterizam (a significação) de um signo verbal.

O meu pato branco de dois anos, Jack, denota um único animal, a classe de todos os patos brancos da mesma idade já contém um número maior. A classe de todos os patos em geral é ainda maior, e assim por diante. Em contraposição, os predicados que caracterizam todos os objetos materiais (em geral) são poucos. Provavelmente, não muito mais do que todos eles são "coisas", "consistem de matéria" e "têm extensão no espaço" (o que exclui as ideias, por exemplo).

  As características dos objetos concretos incluem os predicados de todos os objetos, mas contém adicionalmente a característica do predicado "é sólido" (o que exclui os líquidos). A definição da expressão "todos os animais" requer ainda mais predicados, mas ainda não tantas quanto a classe de "todos os patos" etc. Finalmente, no caso de um pato singular, não há nenhuma limitação ao número das características que se podem atribuir a ele. Tenho que admitir o número dos segundos da vida do meu pato Jack como um dos predicados válidos para ele, o número exato das penas que ele tem, o lugar onde ele está nadando neste momento, aquilo que ele comeu ontem de manhã etc.

1.5 Signos de signos: Metassignos e signos autorreferenciais

Embora todos os seres vivos usem signos, nenhuma espécie, a não ser a espécie humana, tem a capacidade de refletir e falar sobre signos, inclusive estudá-los, justamente o que estamos fazendo agora. Estudar signos só é possível por meio de um sistema de signos que exclusivamente os homens têm desenvolvido, quer dizer, a língua humana. A semiótica só é possível por meio da língua humana, embora ela possa estudar todos os outros tipos de signos visuais, sonoros e híbridos, não só os signos verbais.

O potencial singular dos signos verbais, que nos permite refletir sobre os signos e, no fim, de elaborar uma teoria dos signos reside no seu potencial metassígnico. *Metassignos* são signos de signos, ou seja: signos que significam ou se referem a signos. A própria palavra *signo* é um metassigno, porque ele se refere só a signos, não a "coisas" ou objetos. É neste sentido que a semiótica entende o seu discurso teórico sobre as linguagens como uma metalinguagem porque a semiótica trata sempre de signos. Nenhuma espécie não humana usa metassignos. Isto é um *insight* fundamental da zoossemiótica, o ramo da semiótica que estuda os signos dos animais não humanos.

<small>Metassignos: signos de signos</small>

A distinção entre signos e metassignos é bem conhecida na filosofia da linguagem, onde ela é tematizada sob as designações linguagem-objeto e metalinguagem. A linguagem-objeto é a linguagem cotidiana, que se refere a objetos não verbais, coisas, fatos, situações, sentimentos etc. A frase: *A maçã é saborosa* exemplifica uma sentença em forma de linguagem-objeto. A frase *A palavra maçã se escreve com "ç"* é um exemplo de metalinguagem. A diferença entre signo (linguagem-objeto) e metassigno (metalinguagem) é uma diferença de nível semiótico, o nível da metalinguagem sendo um nível superior ao nível da linguagem-objeto, no sentido de que o segundo incluiu o primeiro, mas o primeiro não inclui o segundo. Existem níveis ainda altos, onde encontramos signos de metassignos. Por exemplo, na sentença A regra que "A palavra maçã se escreve com 'ç'" é correta. Os signos neste nível ainda mais alto se tornam metametassignos. A Figura 1.4 dá um resumo destas relações entre esses três níveis metassemióticos.

<small>Linguagem--objeto *versus* metalinguagem</small>

Nível	Semiótica	Linguística	Exemplo	
0	objeto do signo	objeto não verbal	 🍎	(maçã "real", não a imagem dela)
1	signo	linguagem-objeto	(A) maçã (é saborosa.)	
2	metassigno	metalinguagem	Maçã se escreve m-a-ç-ã.	
3	metametassigno	metametalinguagem	É correto que maçã se escreve com quatro letras.	

Figura 1.4. Signos, metassignos e metametassignos verbais.

Quando o professor de inglês diz que *pato* significa *duck*, a palavra *pato* é o signo primário e *duck* é o signo secundário, mas esta explicação é ainda simplista. Na verdade, *pato*, nesse contexto, não refere a nenhum animal doméstico porque o professor não está mesmo falando do animal, mas de uma palavra da língua portuguesa. Por isso, a palavra *pato*, nesse contexto, já é um metassigno. A palavra inglesa *duck*, aqui, seria, portanto, um signo de um terceiro nível semiótico, um signo terciário. A distinção entre signos e metassignos é, portanto, uma questão de níveis semióticos. Há signos, signos de signos, e signos de signos de signos, quer dizer, signos, metassignos, metametassignos etc.

O discurso da linguística como metalinguagem

As luzes do semáforo são signos e não metassignos, mas quando o *Manual Brasileiro de Sinalização de Trânsito* (§3.2.2) diz: "O semáforo, ou grupo focal, é o conjunto obtido pela montagem de um ou mais focos luminosos com suas faces voltadas para o sentido do movimento...", ele apresenta metassignos, signos de signos. Os conceitos usados na terminologia linguística são exemplos de metassignos verbais. Palavras como *letra, frase, vírgula, parágrafo, capítulo, título, texto* são metassignos verbais. Elas não se referem a coisas, mas a signos verbais ou elementos deles. Palavras desse tipo não significam nada senão signos. Elas são especializadas para significar signos. Só as línguas humanas têm um vocabulário especializado a significar signos.

Por outro lado, existem modos de falar nos quais todas as palavras, até aquelas que não são normalmente usadas como metassignos, se transformam em metassignos. Acima já encontramos um exemplo. A afirmação que a palavra *gato* é uma palavra da língua portuguesa é uma afirmação metalinguística, porque ela não revela nada sobre gatos. Da mesma maneira, a afirmação *Pato é uma palavra de quatro letras* não diz nada sobre patos. Ao invés, ela dá informação sobre uma palavra da língua portuguesa. A palavra *pato*, neste contexto, não é usada como um signo (primário), mas como um metassigno. Um método de marcar os metassignos como tais e de distingui-los dos signos primários é o uso de aspas ("Pato" é uma palavra...) ou o uso de itálicos (como acima).

O tipo de metassigno que acabamos de exemplificar com as duas maneiras de falar sobre as palavras *gato* e *pato* ou quaisquer outras foi chamado suposição material pelos lógicos medievais. Uma suposição nesta tradição era um "modo de significar". O modo de significar por suposição material é assim chamado porque a informação que recebemos sobre o signo é uma informação sobre a sua materialidade. O material, no nosso exemplo, são as quatro letras que compõem esse signo verbal. A suposição material pode informar sobre as letras das quais a palavra é composta, como no exemplo acima ou na sentença *Brasil se escreve com letra maiúscula*. Mas a suposição material também pode ser sobre a pronúncia, como, por exemplo, na frase *A palavra Brasil tem o acento tônico na sua última sílaba*.

_{Suposição e os modos de significar}

Há também metassignos que não se referem a signos verbais, mas a signos não verbais. As palavras *gesto*, *bandeira* ou *semáforo* são metassignos porque os objetos aos quais elas se referem são signos sem serem palavras. Bandeiras, por exemplo, são signos de países, províncias, municípios ou outras instituições. É verdade que bandeiras são coisas também, mas o fato de que elas são coisas não é essencial. É possível destruir uma bandeira do Brasil, mas a destruição desse objeto não destrói o signo da bandeira brasileira.

Podem signos não verbais também ser metassignos? Num sentido amplo, sim. Se José imita a maneira como Maria anda, ri ou olha, os seus gestos são os gestos dele mesmo, mas gestos citados e, neste sentido, metagestos. Imagens podem também ser metassignos por razões semelhantes. Imagens que citam, imitam ou fazem alusões a outras imagens são metaimagens. Porém, o potencial dos gestos, das imagens e dos signos não verbais, em geral, para servir de

Metassignos no repertório dos signos não verbais?

metassigno é bastante rudimentar. Ele é insuficiente para construir uma semiótica dos signos não verbais por meio de signos também não verbais, tal como uma semiótica dos gestos ou uma semiótica das imagens. Uma das razões porque isto é assim é que, entre os gestos e as imagens, não há signos especializados para a tarefa de fornecer informações metassemióticas. Nenhum gesto exprime só a ideia de que se trata de um gesto, e nenhum elemento de qualquer imagem nos diz que a imagem é uma imagem.

O mesmo vale para outros tipos de signos não verbais, por exemplo, para a música. Um piano tem entre 88 e 97 teclas e cada uma delas produz um som específico, mas nenhuma dessas teclas serve para produzir informação sobre a qualidade de todos esses sons. Nenhuma tecla produz um som que nos informa que ele é um som alto, mas não um som baixo. O som que o piano produz é simplesmente um som alto ou baixo sem fornecer uma reflexão sobre este fato semiótico.

<small>signos autor-referenciais</small>

Muitas vezes metassignos são também signos autorreferenciais no sentido em que a palavra *signo* é autorreferencial, porque não só refere a outros signos, mas também é um signo. Esse tipo de signo é também chamado de autorreflexivo. Referindo-se a si mesmos, eles refletem, por assim dizer, algo deles mesmos como um espelho reflete a imagem que capta. A palavra *palavra* não é só um metassigno, ela também é um signo autorreflexivo, porque ela mesma é uma palavra. Signos autorreflexivos referem-se a qualidades ou características que elas mesmas têm. Elas não são sempre metassignos como a palavra *palavra*. Por exemplo, a palavra *cinco* não é um metassigno, mas ela é de certa maneira um signo autorreflexivo, porque ela não só refere ao número "5", mas também consiste de cinco letras.

Signos autorreflexivos nesse sentido são mais comuns do que se pensa. Alguns signos têm uma autorreflexividade que fica normalmente despercebida. Considere os exemplos de signos autorreferenciais seguintes:

preto
cinco
negrito
itálico
português

A palavra impressa *preto*, nesta página branca, é um signo autorreferencial porque ela não só se refere a outras coisas pretas, mas também a ela mesma sendo algo que é, de fato, preto. A palavra *cinco* é autorreferencial porque ela se escreve com cinco letras. Destacada em negrito e itálico respectivamente, as palavras **negrito** e *itálico* são signos autorreferenciais na medida em que elas mesmas são escritas nessas tipografias. A palavra *português* é autorreferencial na medida em que ela mesma é uma palavra da língua portuguesa.

Porém, em termos semióticos, tem mais precisão dizer que as palavras da lista acima são só parcialmente e, em verdade, nem essencialmente signos autorreferenciais. Por exemplo, a razão principal pela qual a palavra *cinco* é autorreferencial – pelo fato de que ela se escreve com cinco letras – é um mero acaso. Em inglês o mesmo número se escreve com quatro letras (*five*) sem que esta palavra sirva menos bem à sua tarefa de distinguir a ideia de "cinco" dos outros números. A palavra *português* refere a tudo que é português, inclusive todas as palavras portuguesas, e só, em uma única instância do conjunto de todas essas palavras, ela se refere de uma maneira autorreferencial a uma palavra que também tem a característica de se referir a si mesma.

Neste ponto é apto introduzir uma distinção que a semiótica faz entre palavras como *tipo* e palavras como *ocorrência*. A distinção foi originalmente introduzida por Peirce sob os termos ingleses *type* versus *token*. Todas as palavras têm essas duas faces de tipo e de ocorrência. De um lado elas são tipos. Uma palavra como tipo existe só uma única vez no sentido em que ela tem só um único lugar no sistema das palavras de língua portuguesa. Por exemplo, em qualquer dicionário ela só aparece em um único verbete. Por outro lado, a palavra como ocorrência existe tantas vezes numa página, num livro ou numa aula quanto ela ocorre nessa página, nesse livro ou nessa aula.

Aplicado ao nosso tema de signos parcialmente autorreferenciais, podemos dizer que as palavras como tipos não são, na realidade, autorreferenciais. Como tipo, os signos não têm materialidade própria. Uma palavra é a mesma palavra na sua forma fonética como na sua forma escrita. Como tipo, as palavras escritas negrito, **negrito** e NEGRITO representam a mesma palavra. Como ocorrência elas diferem e são três. Ora, isso significa que só uma das ocorrências

Type versus token (tipo versus ocorrência)

destas três palavras é autorreferencial, a ocorrência **negrito**, as outras não. O mesmo vale para a palavra *itálico*. Só nessa tipografia ela é autorreferencial. Nas suas outras formas tipográficas e na sua pronúncia, ela não é autorreferencial. Desta consideração segue a conclusão de que a autorreferência das palavras é mesmo uma característica das palavras como ocorrência e não das palavras como tipo – talvez com uma única exceção: A autorreferencialidade que encontramos na frase *A palavra palavra é uma palavra* é uma característica tanto desta palavra como tipo como das suas ocorrências.

<small>Auto- e heteror-referencia-lidade das amostras</small>

Uma classe interessante e bastante comum de signos autorreferenciais são as amostras (GOODMAN, 2006). Tapeceiros costumam apresentar aos seus clientes um livro de tecidos dos quais estes podem escolher o tecido para revestir os seus móveis. Qualquer desses pedaços de tecido é um signo parcialmente autorreferencial, mas de certa maneira mais autorreferencial do que as palavras designando as próprias tipografias. Embora a amostra do tapeceiro não consista do mesmo material que o tapeceiro vai usar para revestir o sofá, porque será de outro rolo do mesmo tecido, a amostra tem as mesmas qualidades, não só de cor, mas também de tecido, dos fios, de qualidade em geral. O material a ser usado terá a mesma estrutura, qualidade e cor do tecido que o tapeceiro apresentou como amostra. No caso da tipografia em negrito, isto não é assim porque esta tipografia já é, em verdade, de certa maneira um tipo ela mesma. Uma letra em negrito pode também ser escrita em itálico (***itálico***). A amostra do tapeceiro, por sua vez, não só representa o material a ser encomendado, ela também é do mesmo material. É por isso que ela é um signo autorreferencial.

<small>Autor-referencia-lidade ou autorrefle-xividade</small>

O conceito de autorreflexividade é um quase-sinônimo de um outro termo, que é *autorreflexividade,* com a diferença de que o último conceito é mais comum em contextos de literatura e poesia. Se os potenciais metassemióticos e autorreferenciais ou autorreflexivos são características específicas da língua humana, a capacidade humana de refletir sobre os signos, inclusive a própria língua, deve, portanto, ser tão velha como a língua e a cultura humanas. Em muitas culturas arcaicas, há mitos sobre a origem e a diversidade das línguas humanas. A Bíblia, por exemplo, nos oferece o mito de Babel como explicação para a origem da diversidade das línguas no nosso globo. O mito da origem das diversas línguas é um exemplo da autorreflexividade da língua humana. Ao mesmo tempo, ele nos oferece uma teoria semiótica da origem da diversidade dos signos verbais no mundo. Evidentemente, esse mito semiótico ainda não se constitui em uma teoria científica do signo.

1.6 A iconicidade da metalinguagem dos signos não verbais

Em resumo, a semiótica é primeiro uma metalinguagem por definição. Segundo, a semiótica dos signos não verbais precisa dos signos verbais como instrumento da análise semiótica e nesta análise dos signos não verbais, os signos verbais são metassignos. Acrescentamos como mais um exemplo que a semiótica da música não pode descrever os signos musicais em forma de sons e ritmos musicais. Ela só o pode fazer por meio de palavras.

Também já discutimos em que sentido metassignos genuínos só podem ser signos verbais, e em que sentido signos não verbais podem ser chamados de metassignos num sentido mais amplo. No sentido estreito, os signos da música e da pintura não servem para fazer uma semiótica da música ou da pintura. Porém, num sentido mais amplo, é comum dizer que certas obras são obras de metamúsica ou de metapintura. Essas obras são obras que citam ou imitam obras de compositores ou pintores anteriores. Citar ou imitar tem a ver com iconicidade. Examinemos, portanto, a relação entre os metassignos num sentido amplo e os signos icônicos, começando com a semiótica culinária.

Metapintura, metamúsica

A semiótica culinária estuda os signos da cultura de cozinhar, servir, comer e beber. A sua metalinguagem cotidiana se manifesta em livros de receitas, aulas de culinária, dicionários de aromas. A semiótica culinária precisa de um vocabulário e de descrições verbais para transmitir os segredos e as técnicas da sua arte. Livros de receitas são escritos em signos verbais.

Semiótica culinária

Quando se trata de descrever o aroma de vinhos, por exemplo, um vocabulário especializado disponibiliza metassignos para descrever os aromas. Uns exemplos do *Dicionário de aromas de vinhos* da linguagem desse dicionário são os seguintes:

Ameixa aroma característico de vinhos brancos, rosados ou tintos, geralmente muito maduros;

Camomila odor que recorda o desta planta (macela) e que se detecta em alguns vinhos jovens;

Fumado aroma que recorda o agradável cheiro da madeira queimada, bastante característico de certas variedades brancas e também de alguns tintos de estágio;

Resina odor balsâmico, agradável, que recorda as fragrâncias de resina das árvores resinosas (pinheiros, abetos) [...]

É verdade que cada vez mais, fotografias e filmes culinários se encontram nas mídias, mas sem palavras, as fotos e filmes não podem transmitir os detalhes da arte culinária. As imagens não têm um potencial suficiente de distinguir entre os sabores e, sem palavras, elas vão ter dificuldades de exprimir conceitos como sal, açúcar, azeite ou vinte minutos em fogo brando. Exemplos como esses mostram a dificuldade de uma semiótica culinária sem palavras.

Porém, também é verdade que as palavras em si não são capazes de transmitir nenhum sabor novo. Elas só podem transmitir o sentido daqueles sabores dos quais já temos uma experiência vivida. Por exemplo, o *Dicionário de aromas* citado acima explica que *Abrunho* seria o "aroma de caroço de fruta, que recorda o da aguardente de abrunho". Quem desconhece a fruta de abrunho e o sabor dele não vai entender de que aroma o dicionário está falando.

Alguns talvez queiram objetar que as receitas também precisam de outro tipo de signo, quer dizer, números, porque o cozinheiro precisa saber se ele deve usar um ou três ovos e cozinhar o bolo por 30 ou 40 minutos. Mesmo que isto seja assim, a objeção não invalida o argumento de que uma semiótica culinária só é possível por meio de signos verbais. Em verdade, números são também palavras e, portanto, signos verbais. Aliás, ter signos para números também é uma característica exclusiva da língua humana. Não se conhece nenhum sistema de signos não humanos que tenha signos para números.

Outros querem objetar que as descrições semióticas que só usam signos verbais têm sempre algo de incompleto. Que seria um livro sobre a semiótica das cores, que não mostrasse uma única cor? E que editora, hoje em dia, poderia ainda ousar publicar um livro de receitas sem uma única imagem? Embora existam livros antigos de receita e livros sobre cores sem nenhuma imagem, a objeção de que livros sobre a culinária e sobre cores tenham algo de incompleto contém de fato um grão de verdade. É certo que, sem imagens de cores, uma semiótica da cor seria difícil de entender, mas as imagens das cores não precisam ser imagens coloridas impressas numa página de revista ou numa tela de monitor. Elas podem ser evocadas por palavras que produzem imagens mentais, memórias de impressões sensoriais de experiências vividas. Por exemplo, a expressão cor de laranja evoca a imagem dessa cor bem conhecida por nossa experiência, e a palavra *turquesa* evoca a imagem de uma cor bem específica mesmo sem qualquer ilustração visual.

Imagens mentais

Expressões como *cor de laranja* ou *cor turquesa* criam ícones ou imagens mentais de objetos desta cor. Um ícone ou signo icônico é um signo que tem certa semelhança com o seu objeto. A imagem do pato acima (Figura 1.1) é um exemplo usado como típico de um ícone. Todas as imagens desse tipo são ícones, quando consideradas no aspecto de alguma semelhança que apresentam com o objeto que representam. A expressão *cor de laranja* é um signo verbal icônico num sentido diferente. O que é semelhante não são os sons da palavra, mas a menção à cor da imagem de uma laranja, que lembra essa cor em uma laranja. A palavra para a cor turquesa é icônica num sentido etimológico, pois ela tem o nome de uma pedra semipreciosa dessa cor oriunda originalmente da Turquia. Em resumo, essas expressões criam imagens mentais ao comparar a cor com objetos que as têm. No primeiro caso, a expressão diz que a cor é como aquela de uma laranja, e no segundo caso, como a cor de uma pedra semipreciosa originalmente encontrada na Turquia.

Signos icônicos verbais de objetos não verbais

Imagens são signos icônicos (ou ícones), mas ícones não têm só a forma de imagens visíveis. Eles estão onipresentes no nosso pensamento e na nossa interpretação até de textos meramente verbais. O poder das palavras para evocar imagens mentais e de recordar sabores é também evidente na semiótica culinária. O vocabulário dos aromas discutido acima evoca representações mentais de sabores em forma de imagens gustativas. O princípio icônico é o mesmo,

Ícones não visíveis

as palavras do dicionário comparam os aromas com sabores ou cheiros de plantas (camomila) ou frutas (ameixa) ou tipos de tratamento de comidas (fumado), e as comparações criam imagens olfativas ou gustativas com as quais o usuário do dicionário é mais familiar do que com os sabores dos vinhos.

1.7 Brevíssimo panorama da história da semiótica

<small>O diálogo *Crátilo* de Platão</small>

A ciência dos signos tem uma história que começa na filosofia antiga. Um dos primeiros tratados sobre a natureza dos signos foi o diálogo *Crátilo* de Platão (427-347). O seu tema é a natureza dos signos verbais ou *nomes* nas suas origens. Que teria sido a relação entre os signos e os objetos nessa (suposta) língua primordial – convencional ou natural? As duas hipóteses são discutidas em forma de um diálogo entre os pensadores Crátilo, Hermógenes e Sócrates.

Crátilo defende a hipótese convencionalista. Os nomes teriam a sua origem numa espécie de lei primordial (*nómō*), uma convenção (*thései*) de adotar certos nomes para certas coisas sem que houvesse alguma necessidade de adotar as palavras uma vez determinadas em vez de outras. *Hermógenes*, pelo contrário, acredita numa origem natural das palavras. Os primeiros nomes teriam sido signos que tinham uma relação natural (*phýsei*) com as coisas representadas por elas. Os nomes primordiais teriam sido "certos" e adequados no seu modo de representar os seus objetos, porque as palavras eram formadas de sons que expressavam a essência daquilo que eles representam. Eles eram, por assim dizer, um reflexo natural das coisas.

<small>*Thései versus phýsei*</small>

<small>Os signos naturais e os sintomas</small>

A questão dos signos naturais continua na agenda semiótica até hoje, especialmente na semiótica evolutiva e na biossemiótica. Em paralelo com a semiótica como ciência dos signos na natureza e na cultura, também se desenvolveu um ramo da medicina chamado de semiótica médica. Os signos estudados pelos médicos desde a Antiguidade são os sintomas das doenças e da saúde do corpo humano. Um dos tratados mais antigos da semiótica médica era de Galeno de Pérgamo (139-199).

<small>A semiótica da medicina</small>

<small>A semiótica medieval</small>

A semiótica geral alcançou o seu primeiro zênite na Idade Média. No ambiente da lógica e da gramática escolástica surgiram inúmeros tratados de signos com classificações dos signos naturais e convencionais. Um deles é o tratado *De Signis* (1267) de Rogério Bacon. De grande influência para a história da semiótica foi também a Gramática especulativa de 1310, também conhecida pelo título *Tractatus de modis significandi*, que tanto Peirce como Heidegger citam como uma obra de Guilherme de Ockham, enquanto hoje se sabe que não ele, mas Tomás de Erfurt, foi o seu autor.

Do *Crátilo* de Platão, os medievais retomaram o tema da diferença entre os signos naturais e os signos convencionais (*ad placitum* ou *signum datum*). Porém, a definição medieval desses conceitos difere tanto da dicotomia de Platão como da maneira como eles são entendidos hoje. Agostinho, por exemplo, define o *signum naturalis* como um signo não intencional produzido por um ser vivo, enquanto um *signum datum* é um signo intencional de um ser vivo, seja humano ou não.

Signum ad placitum (ou datum) versus signum naturalis

Outros temas originais da semiótica medieval são os das suposições e dos modos de significação. A expressão *supponere pro* é um sinônimo de *stare pro* discutido acima (cap. 1.2) e a suposição é a maneira como o sujeito de uma proposição denota o objeto ao qual ele se refere (cap. 1.4). Já abordamos o tema parcialmente acima, onde vimos que os medievais chamavam de suposição material o modo metalinguístico de representar um sujeito (ver 1.5). Outro exemplo de modo de suposição é a distinção entre as *suposições gerais* e *discretas*. A primeira é a característica de uma proposição com um sujeito geral, tal como: "Cachorros são mamíferos". A segunda é a característica de uma proposição com um sujeito singular, tal como: "Fido é um cachorro". O complemento da teoria das suposições é a teoria dos modos de significação. Ela especifica a maneira como as palavras significam ou conotam algo. Os signos verbais significam pelas suas formas gramaticais (substantivo, verbo, adjetivo etc.), de várias maneiras, o modo de ser das coisas (o *modus essendi*) pela mediação da cognição humana, definida como o *modo intelligendi*.

Um grande tema da semiótica medieval é o debate entre os defensores do realismo e do nominalismo. O conceito de realismo, nessa discussão, não deve ser confundido com o sentido moderno, no qual realismo é oposto de idealismo, o que também é um tema semiótico. Neste sentido moderno, o realismo postula que os obje-

Realismo e nominalismo

tos da experiência humana possuem uma existência própria e real, em uma realidade independente do espírito humano, enquanto os idealistas afirmam que tal realidade não existe independente da cognição humana, de maneira que aquilo que nos parece um objeto real é, na verdade, um objeto mental.

<small>Os universais existem antes das coisas</small>

No sentido medieval, o tema do realismo *versus* nominalismo restringe-se à questão da realidade dos universais, ou seja, dos conceitos ou ideias gerais e abstratas, como a generalidade do conceito do número sete ou do predicado vermelho enquanto qualidade de todas as coisas vermelhas. Para os realistas, esses universais possuem uma forma de existência real, independente da cognição; os universais existem antes das coisas: *universalia sunt realia ante rem*, o que os nominalistas negam. Para eles, são meramente os nomes que criam os universais. Os universais são, portanto, meros conceitos, meras ideias expressas em palavras, vindo daí a caracterização de nominalismo.

<small>Port-Royal</small>

Na modernidade, encontram-se teorias semióticas e modelos dos signos na natureza e cultura em todos os séculos. Os racionalistas franceses da escola de Port-Royal (em tratados de 1660 e 1662) enfatizaram o lado mental dos signos e excluíram as coisas da sua semiótica. Para eles, os signos são exclusivamente construções da mente humana, que constrói tanto ideias das coisas como ideias dos signos das coisas. O signo verbal consiste, portanto, de duas ideias, uma da coisa que representa e uma da coisa representada. A tipologia dos signos de Port-Royal distingue entre sinais naturais (inclusive os sintomas dos médicos), os símbolos na definição de signos motivados como os ícones da iconografia cristã, as imagens naturais como o reflexo de um espelho, e os signos convencionais chamados de signos por instituição, dentre os quais se encontram, sobretudo, os signos verbais.

<small>John Locke</small>

John Locke (1632-1704), no seu *Ensaio sobre o Entendimento Humano* de 1690, esboçou uma "doutrina dos signos" com o nome de *Semeiotiké*, na qual ele indaga sobre as relações entre as coisas, as ideias e as palavras. O tratado define as palavras humanas como representações de ideias e as ideias como representações das coisas, por exemplo, a palavra *pato* representa a ideia de um pato e a ideia de um pato representa (ver original) aquele animal que chamamos de pato.

	Palavra	Representa	Ideia
Signo 1	pato	→	🦆 (ideia)
	Ideia	Representa	Coisa
Signo 2	 🦆 (ideia)	→	 🦆

Figura 1.5 Modelo ilustrativo do signo verbal como signo duplo, conforme John Locke.

Hoje, a semiótica é uma ciência transdisciplinar com um ramo teórico e um ramo aplicado, voltados ao estudo dos signos e suas aplicações nos diversos domínios da natureza e da cultura. A semiótica geral oferece modelos gerais do signo e dos processos de comunicação e significação para ciências específicas como a linguística, a biologia, as ciências culturais ou o estudo das mídias. A semiótica aplicada estuda os signos na vida social e cultural dos homens, assim como os signos das espécies não humanas e da natureza inanimada.

O *Manual da Semiótica* (NÖTH, no prelo) divide o campo semiótico nas seguintes áreas de pesquisa em capítulos e subcapítulos que podem dar uma impressão global do campo de pesquisa da semiótica:

I. História da semiótica: 1 História da semiótica enquanto conceito e ciência; 2 Antiguidade; 3 Idade Média e Renascença; 4 Racionalismo e Empirismo; 5 Iluminismo; 6 Semiótica no século XIX; 7 Semiótica no século XX: Tendências paralelas aos clássicos; 8 Estruturalismo, pós-estruturalismo e semiótica e 9 Historiografia da semiótica.

II. Clássicos, tendências e escolas semióticas do século XX: 1 Charles Sanders Peirce; 2 Ferdinand de Saussure; 3 Louis

Hjelmslev; 4 Charles W. Morris; 5 Do Formalismo Russo à Escola de Moscou e de Tartu; 6 Escola de Praga; 7 Roman Jakobson; 8 Roland Barthes; 9 Greimas e o projeto da gramática do discurso narrativo da Escola de Paris; 10 Julia Kristeva e 11 Umberto Eco.

III. Signo e sistema: 1 Signo: Veículo do signo, o mundo semiótico e o mundo não semiótico; 2 Modelos semióticos, elementos constitutivos e relações semióticas; 3 Signos e tipologia dos signos; 4 Realismo, nominalismo e os signos; 5 Conceitos semânticos fundamentais; 6 Significado; 7 Semântica e semiótica; 8 Representação; 9 Informação; 10 Símbolo; 11 Índice, sintoma, sinal e signo natural; 12 Ícone e iconicidade; 13 Função; 14 Estrutura; 15 Sistema e 16 Código.

IV. A semiose e as suas dimensões: 1 Semiose; 2 Cognição; 3 Comunicação; 4 Fisicossemiótica: Semiose no mundo material; 5 Ecossemiótica; 6 Biossemiótica; 7 Zoossemiótica; 8 Evolução da semiose; 9 Espaço e 10 Tempo.

V. Comunicação não verbal: 1 Comunicação não verbal e linguagem corporal; 2 Gesto; 3 Cinésia; 4 Mímica e expressão facial; 5 O olhar; 6 Comunicação tátil; 7 Prossêmica e comportamento territorial e 8 Cronêmica: O tempo na comunicação.

VI. Língua e códigos linguísticos: 1 Língua, linguística e semiótica; 2 Linguística semiótica: Princípios e temas; 3 Arbitrariedade e convenção; 4 Metáfora; 5 Escrita; 6 Paralinguagem; 7 Língua universal; 8 Linguagem de sinais e 9 Substitutos linguísticos.

VII. Semiótica textual: 1 Semiótica do texto; 2 Retórica e estilística; 3 Narrativa; 4 Mito; 5 Ideologia; 6 Hermenêutica, exegese e interpretação e 7 Teologia.

VIII. Estética e literatura: 1 Estética; 2 Música; 3 Pintura; 4 Arquitetura; 5 A poesia e a poeticidade; 6 Literatura e 7 Teatro.

IX. Semiótica das mídias: 1 Mídias; 2 Imagem; 3 Imagem e texto; 4 Mapas; 5 Histórias em quadrinhos; 6 Fotografia; 7 Cinema e 8 Publicidade.

X. Cultura, sociedade e extensões interdisciplinares: 1 Cultura; 2 Magia; 3 Vida cotidiana; 4 Objetos e artefatos; 5 Mercadorias e dinheiro; 6 Didática e semiótica e 7 Palavras-chave sobre outras relações interdisciplinares da semiótica.

☞ Atividades

1. **Conceitos-chave**

   a) Qual é a diferença entre semiótica e semeiótica?
   b) Como se explicam os termos semiótica e semiologia?
   c) A definição do signo de Agostinho: Qual *insight* contém ele e em que respeito ele é problemático?
   d) Signos dos homens e signos naturais: Quais são as diferenças e as características comuns?
   e) A lista de canais perceptivos é incompleta. Acrescente ao menos um canal importante para certas espécies de animais.

2. **Exemplos e temas suplementares para apresentar e discutir em aula**

   a) Apresente e discuta mais exemplos de obras de Magritte (ou de outras obras de arte) cujo tema é "O signo e o seu objeto".
   b) Metaimagens: Dê exemplos e especifique as diferenças entre elas e a metalinguagem verbal.

3. **Sugestões para os trabalhos finais do curso**

   a) A semiótica medieval: as figuras principais e os seus temas.
   b) Os temas da semiótica de Agostinho.
   c) Metalinguagem e metaimagens.

4. **Literatura suplementar**

   Nöth (2006).

2
A teoria dos signos de C. S. Peirce

Charles Sanders Peirce (1839-1914; Figura 2.1) – cujo nome se pronuncia como a palavra inglesa "purse" (como a vogal u de "nurse") e não como "pierce" – é o fundador da moderna semiótica baseada em princípios fenomenológicos, lógicos e cognitivos. Como introdução à semiótica de Peirce em língua portuguesa, recomenda-se Santaella (1995) – e em língua inglesa, Liszka (1996). Traduções portuguesas de escritos coligidos são Peirce (1974, 1977, 1993). Além da literatura

_{A obra, as traduções e os estudos peircianos}

Figura 2.1. Charles S. Peirce.

inglesa que introduz as ideias principais de Peirce (por exemplo, LISZKA, 1996), a internet também disponibiliza vários *sites* e recursos para o estudo da semiótica peirciana, como o artigo "Semiotic elements and classes of signs" da Wikipédia inglesa, o *site Arisbe, The Peirce Gateway* (http://www.iupui.edu/~arisbe/) ou o *site Commens Dictionary of Peirce's Terms* do *site Commens: Virtual Centre for Peirce Studies* (http://www.commens.org/).

<small>Os signos externos e os pensamentos como signos</small>

Um dos fundamentos da teoria peirciana dos signos é que não só os signos externos, mas também as cognições, os pensamentos, as ideias e até o homem mesmo são signos. Como todo signo externo se refere a outros signos e objetos de signos externos, pensamentos e ideias também se referem a outros pensamentos, ideias e, com elas, a signos externos e internos. Ideias e pensamentos são, portanto, também signos, signos internos, e não meramente os significados de signos externos, como na concepção de Ferdinand de Saussure (capítulo 3). Peirce foi até mais longe ao concluir que "o fato de que toda ideia é um signo, junto ao fato de que a vida é uma série de ideias, prova que o homem é um signo" (CP 5.314, 1868). A justificativa peirciana da afirmação ousada de que o homem seja um signo é bastante complexa e a discussão do tema tem que ser adiada para o último item deste capítulo (ver 2.5).

<small>Contra o dualismo entre os signos e os objetos do mundo, que não são signos</small>

Peirce defende uma semiótica que rejeita a divisão do universo semiótico em duas esferas: a esfera dos signos concebida como fenômenos externos exprimindo ideias ou pensamentos; a esfera interna, que não são signos, mas significados de signos. Na sua interpretação, signos não são uma classe de fenômenos ao lado de outros fenômenos. Ao contrário, "o mundo inteiro [...] está permeado de signos, se é que ele não se componha exclusivamente de signos" (CP 5.448, rodapé P1, 1906). A semiótica baseada em tal visão do signo se reveste de um caráter universal, que Peirce, numa correspondência famosa com Lady Welby (de 23 de dezembro de 1908), assim descreveu:

<small>A ubiquidade dos signos</small>

> Nunca esteve em meus poderes estudar qualquer coisa, – matemática, ética, metafísica, gravitação, termodinâmica, ótica, química, anatomia comparada, astronomia, psicologia, fonética, economia, a história da ciência, uíste, homens e mulheres, vinho, metrologia, exceto como um estudo de semiótica (SS, p. 85-86).

2.1 As três categorias universais

Filósofos desde Aristóteles têm perseguido o projeto ambicioso de encontrar um número limitado de categorias para servir de fundamento elementar capaz de estruturar, por meio de uma lista limitada, a multiplicidade de fenômenos que se apresentam à nossa percepção e cognição. Espaço e tempo, por exemplo, são dois fenômenos que, na física e mesmo na filosofia, foram considerados como categorias universais por serem irredutíveis a outros fenômenos na cognição humana. Aristóteles reduziu a multiplicidade de fenômenos a dez categorias, que eram para ele modos de ser: substância, quantidade, qualidade, relação, lugar, tempo, estado, hábito, ação e paixão. Kant postulou doze categorias conforme um sistema diferente. Descontente com essas listas categóricas, numa redução radical da herança do passado, Peirce desenvolveu uma fenomenologia de apenas três categorias universais que chamou de *Firstness*, *Secondness* e *Thirdness*, traduzidas por primeiridade, secundidade e terceiridade.

Primeiridade é a categoria dos fenômenos em si, considerados independentemente de qualquer outra coisa. Sem ser determinado por outra coisa, esses fenômenos não passam de meras possibilidades ainda não existentes (porque a existência é determinada por um lugar determinado no tempo e no espaço). Fenômenos da primeiridade, portanto, não são ocorrências, mas apenas possibilidades. Esses fenômenos aparecem na percepção imediata das coisas, antes de que elas sejam associadas a qualquer outro fenômeno. Na definição de Peirce, "primeiridade é o modo de ser daquilo que é tal como é, positivamente e sem referência a outra coisa qualquer" (CP 8.328, 1904). É a categoria do sentimento sem reflexão, da liberdade sem qualquer restrição, do imediato, da qualidade ainda não distinguida, da independência, do frescor, da espontaneidade e originalidade (CP 1.302, c.1894; 1.328, c.1894; 1.531, 1903; 6.32, 1891). Alguns exemplos de fenômenos de primeiridade são os seguintes: "uma sensação vaga de vermelho, ainda não objetivada, nem subjetivada, do sabor de sal, apenas o sabor nele mesmo, uma dor ou tristeza vagas, o puro sentimento em si de alegria ou de uma nota musical prolongada" (CP 1.303, c.1894).

> A doutrina das categorias

> Primeiridade

Secundidade

Secundidade começa quando um primeiro se relaciona a um segundo fenômeno. Ela é a categoria dual dos fenômenos, ou seja, destes em relação a outra coisa, é aquilo que existe e, para existir, chama por algo como tempo e espaço, categoria dos fatos no seu aqui e agora, da ação e reação, do esforço e resistência, da realidade e da experiência real. Secundidade "nos aparece em fatos tais como o outro, relação, compulsão, efeito, dependência, independência, negação, ocorrência, realidade, resultado" (CP 1.358, c.1890). Se, nessa lista de fenômenos de secundidade, parece estranho que tanto a dependência quanto a independência sejam fenômenos da mesma categoria, a explicação é que independência – em contraste à "liberdade sem qualquer restrição", que é um fenômeno de primeiridade – é um conceito que se define pela negação da dependência e envolve, portanto, duas vezes secundidade.

Terceiridade

A Terceiridade é a categoria do geral, da continuidade e da mediação de um terceiro entre um primeiro e um segundo (CP 1.337-349, c.1875; 5.66, 1903). O geral é um fenômeno de terceiridade porque generalidade implica continuidade. Ela é também a categoria da semiose e dos signos, da representação, da comunicação, das leis, das regras, da necessidade, do hábito e da síntese.

O signo como mediador

A continuidade da semiose se constitui em tríadas que envolvem (1) o signo mesmo, (2) o objeto e (3) o interpretante. Como ficará mais claro abaixo (2.2) neste processo, o signo é o mediador entre o objeto que ele representa e o interpretante, que ele evoca. A definição peirciana do signo como mediador é lógica, abstrata e difere de concepções de mediação correntes, que definem mediação como uma ação entre pessoas, e o signo (ou a "mensagem"), que se coloca como o fenômeno mediador entre um emissor da mensagem e o receptor dela.

2.2 Signo, semiose e semiótica

A tríade "signo, coisa significada e cognição produzida na mente"

Peirce usava uma terminologia às vezes idiossincrática, mas sempre refletida nos seus estudos do signo. Numa primeira abordagem, ele referia-se aos três constituintes do signo simplesmente como *signo, coisa significada* e *cognição produzida na mente* (CP 1.372, c.1885). Na terminologia que ele adotou mais tarde, o *signo* ou *representamen* é o primeiro que se relaciona a um segundo, denominado *objeto*, capaz de determinar um terceiro, chamado *interpretante*. Numa definição simplificada, o *signo* é algo que "representa alguma coisa, o seu *objeto*" (CP 2.228, c.1897) e assim produz um efeito na mente de um intérprete ou usuário, efeito que Peirce chama de *interpretante* do signo (CP 8.343, 1908, por exemplo). Mais detalhadamente:

> Um signo ou *representamen* é algo que, num certo aspecto ou capacidade, está para alguém em lugar de algo. Dirige-se a alguém, isto é, cria na mente dessa pessoa um signo equivalente ou talvez um signo mais desenvolvido. Chamo este signo que ele cria o interpretante do primeiro signo. O signo está no lugar de algo, seu objeto. Está no lugar desse objeto não em todos os seus aspectos, mas apenas com referência a uma espécie de ideia (CP 2.228, c.1897).

<small>Signo ou representamen</small>

A relação do signo com o seu objeto e o seu interpretante é o que importa nessa definição. O signo não é uma classe de coisas, mas um elemento de um processo, para o qual Peirce introduz o termo *semiose* (do inglês *semiosis* ou *semeiosis*; CP 5.472, c.1907). Semiose é "o processo pelo qual o signo tem um efeito cognitivo sobre o intérprete" (CP 5.484, c.1907). Peirce fala de um processo no qual o signo "age como", ou tem a função de um mediador entre o objeto, que ele representa, e o interpretante, que resulta como seu efeito significativo no processo da semiose.

<small>Semiose ou semeiosis</small>

Essa "ação do signo" não é a ação exclusiva do intérprete do signo, embora um intérprete seja necessário para o signo poder realizar o seu potencial semiótico. Isto se explica porque, ao estar no lugar do seu objeto, o signo mesmo adquire o poder de produzir um efeito de interpretação. Mas "nada é signo se não é interpretado como signo", diz Peirce (CP 2.308, 1901). Com isso, ele se refere ao signo atualizado, um signo concreto num processo que resulta em um interpretante, quando o signo, de fato, realiza a sua função de signo. Nem por isso o signo mantém o seu potencial funcional como tal, tão logo ele encontre um intérprete e produza na mente desse intérprete um efeito interpretativo. A famosa garrafa com uma mensagem dentro, lançada ao mar, é e permanece um signo durante todo o tempo em que ninguém a lê, e mesmo depois que seu emissor tenha morrido. Ele é um signo pelo seu *potencial* semiótico, que pode ser atualizado ou não.

Por isso, a semiótica peirciana não se define exatamente como um estudo de signos, mas sim, como o estudo de processos de semiose. Nas

<small>A semiótica como doutrina dos processos da semiose</small>

palavras de Peirce, a "semiótica é a doutrina da natureza essencial e variedades fundamentais de semioses possíveis" (CP 5.488, c.1907).

O termo *semiose* foi por ele adotado de um tratado do filósofo epicurista Filodemo de Gádara (c. 110 a.C. até provavelmente c. de 40 ou 35 a.C.). Em outra definição, Peirce diz: "Semeiosis significa a ação de quase qualquer signo, e a minha definição dá o nome de signo a qualquer coisa que assim age" (CP 5.484, c.1907). Vem daí a grande generalidade da sua noção de semiose. Qualquer coisa que exiba um modo de funcionamento similar a esse processo descrito como ação do signo, então, será um signo. É por isso também que a semiose peirciana não se reduz à realidade humana, pois esse modo de agir pode aparecer no mundo animal, nas plantas, no sistema imunológico, nas bactérias, mesmo que de um modo mais rudimentar do que no universo humano, no qual o signo se exibe na sua complexidade.

2.2.1 O signo ou *representamen*

O signo (ou *representamen*) é aquilo que representa o objeto e cria um interpretante. O signo pode ser um signo externo, escrito, falado, desenhado ou percebido pelos sentidos do intérprete de outra maneira ou ele pode ser um signo interno, um pensamento, ou uma ideia. No manuscrito 1.345 de cerca de 1895, Peirce define o signo como a "substância da representação ou o veículo do significado" e dá o exemplo seguinte: "Olhando para um mapa, o mapa mesmo é o veículo, o país representado é o seu objeto natural e a ideia evocada na mente [do leitor] é o seu interpretante".

Peirce optou por dar, a cada elemento da tríade um nome que corresponde ao seu modo de operar dentro dessa tríade. Disso advém a opção, algumas vezes utilizada por ele, pelo nome *representamen* como o primeiro elemento da relação triádica. De fato, para se entender o modo como o signo age, é preciso levar em conta que, embora seja determinado pelo objeto, o signo em si mesmo, ou *representamen*, é sempre o primeiro no processo da semiose. Em uma dessas definições, o signo é caracterizado como "o veículo que traz para a mente algo de fora" (CP 1.339, 1893), quer dizer, ele é o elemento mediador que faz chegar à mente do intérprete algo que está fora, o objeto do signo. Por exemplo, a foto (*representamen*) de uma paisagem (objeto) faz com que aquela paisagem chegue à mente do intérprete e nela produza um efeito que pode ser uma lembrança, uma surpresa, uma melancolia ou uma frase verbal (o interpretante).

2.2.2 O objeto (do signo)

Um trecho de um manuscrito de 1910 sobre "o signo e o objeto" explica como Peirce usa o conceito de *objeto de signo*:

> A palavra Signo será usada para denotar um objeto perceptível, ou apenas imaginável, ou mesmo inimaginável num certo sentido – pois a palavra "estrela", que é um Signo, não é imaginável, dado que não é esta palavra em si mesma que pode ser transposta para o papel ou pronunciada, mas apenas um de seus aspectos, uma vez que é a mesma palavra quando significa "astro com luz própria" e outra totalmente distinta quando significa "artista célebre", e uma terceira quando se refere a "sorte". Mas, para que algo possa ser um Signo, esse algo deve "representar", como costumamos dizer, alguma outra coisa, chamada seu Objeto, apesar de ser talvez arbitrária a condição segundo a qual um Signo deve ser algo distinto de seu Objeto, dado que, se insistirmos nesse ponto, devemos abrir uma exceção para o caso em que um Signo é parte de um Signo. [...] Um Signo pode ter mais de um Objeto. Assim, a frase "Caim matou Abel", que é um Signo, refere-se no mínimo tanto a Abel quanto a Caim, mesmo que não se considere, como se deveria fazer, que tem em "um assassinato" um terceiro Objeto. Mas o conjunto de objetos pode ser considerado como constituinte de um Objeto complexo (CP 2.230, in PEIRCE, 1977, p. 46-47, 1910).

O objeto perceptível ou imaginável

Nesse trecho, em que Peirce define o objeto do signo, fica claro que esse não deve ser entendido exclusivamente como algo concreto externo, real, pois pode também ser algo meramente fictício, ou interno, como um conhecimento geral. Todo o conhecimento do mundo que um intérprete tem é um possível objeto de um signo, quando um novo pensamento se refere a ele. As nossas memórias são objetos de signos mentais.

O objeto do signo corresponde aproximadamente àquilo que outros autores da história da semiótica têm definido como a coisa (*prágma*) ao qual o signo se refere, o *referente* ou a *referência*, o *denotatum* ou a *denotação* do signo ou também a extensão (em contraste com a *intensão*) do signo.

Terminologias alternativas

2.2.2.1 Objetos externos e mentais

<small>Objeto material, imaginário e geral</small>

Conforme Peirce, o objeto de um signo pode ser "uma coisa material do mundo" da qual temos um "conhecimento perceptivo" (CP 2.230). Exemplos de signos que representam um objeto desse tipo são nomes próprios como *Maria, João*, expressões como *o meu quarto, a foto da minha casa*, ou *a impressão digital que ficou no meu copo* e que é um signo da presença da minha pessoa no lugar. Nesses exemplos, o objeto de um signo é "uma coisa singular existente" (CP 2.232, 1910).

O objeto de um signo também pode ser "da natureza de um signo ou pensamento" (CP 1.538, 1903) ou algo meramente imaginável. As cenas gravadas na nossa memória são o objeto de um signo no momento em que nos lembramos delas. A decisão que tomamos ontem é o objeto de um signo quando executamos o plano. O repertório daquilo que sabemos ou conhecemos é o objeto dos pensamentos-signos no momento em que aplicamos esse repertório para tomar novas decisões com base nele. No repertório das nossas fantasias, que já animaram o nosso espírito, encontramos os objetos dos signos que representam objetos imaginários.

Na citação acima (2.2), Peirce fala ainda de outra possibilidade do "ser" do objeto de um signo, quando ele diz que o objeto do signo verbal "estrela" pode ser algo que é de fato "inimaginável num certo sentido". O objeto do signo verbal (da palavra) *estrela* que, dada sua generalidade, pode ser qualquer estrela no universo visível ou invisível, realmente não é imaginável no sentido em que é impossível imaginar, para qualquer ser humano, o número e a diversidade de todas as estrelas no cosmos.

No mesmo contexto, Peirce ainda atribui essa qualidade de não ser imaginável ao signo mesmo, quando diz que a própria palavra "estrela", que é um signo, também não é imaginável. De fato, na sua generalidade, imaginar a totalidade das formas e dos contextos nos quais o signo verbal *estrela* pode se manifestar em atos da fala ou da escrita ultrapassa a capacidade da mente humana.

<small>Só é objeto do signo algo com que temos familiaridade colateral</small>

O objeto de um signo ainda se distingue do signo que o representa de outra maneira, uma vez que o signo é sempre incompleto no seu potencial de representá-lo:

> O signo pode apenas representar o objeto e falar sobre ele; não pode proporcionar familiaridade ou reconhecimento desse objeto [...] O

objeto do signo pressupõe uma familiaridade a fim de veicular alguma informação ulterior sobre ele (CP 2.331, 1910).

2.2.2.2 Objeto imediato e objeto dinâmico

Peirce reconheceu duas espécies de objeto: o objeto imediato e o objeto mediato, real ou dinâmico. O objeto imediato é o "objeto dentro do signo", o objeto "como o signo mesmo o representa e cujo ser depende, portanto, da sua representação no próprio signo" (CP 4.536, 1905). Por estar dentro do signo, o objeto só pode ser imediato, aquele que é primeiramente apreendido, uma vez que o signo ou *representamen* é sempre um primeiro na relação triádica. Para que se possa compreender essa bipartição dos objetos e sua validade, temos que levar em consideração que o signo não teria nenhum poder de representar ou indicar o objeto fora dele, se, dentro do próprio signo, não existisse alguma forma, algum traço de correspondência com o objeto que ele intenta representar ou indicar. Assim, o sorriso da Mona Lisa não seria capaz de representar um sorriso, caso não houvesse naqueles lábios, na própria figura na tela (signo) certa correspondência com uma expressão do rosto que consideramos como sendo um sorriso.

O objeto mediato, real ou dinâmico é "o objeto fora do signo"; é "a realidade que, de certa maneira, realiza a atribuição do signo à sua representação", ou seja, aquilo que determina o signo (CP 4.536, 1905). Esse segmento da realidade, também chamado objeto real, é mediato e dinâmico porque só pode ser *indicado* por aproximação e não representado na sua totalidade, no processo da semiose. O objeto dinâmico é, portanto, "aquilo que, pela natureza das coisas, o signo não pode exprimir e que só pode indicar, deixando para o intérprete descobri-lo por experiência colateral" (CP 8.314, 1897). Tal definição parece estar baseada num realismo ontológico, mas, de fato, a filosofia semiótica de Peirce ultrapassou a dicotomia entre o realismo e o idealismo. Num outro contexto, Peirce até exprime dúvidas sobre a realidade ontológica do objeto dinâmico ou "real" do signo, quando formula a hipótese de que "talvez o objeto seja inteiramente fictício" (CP 8.314, 1897). Com isso, Peirce expande visivelmente a noção de objeto, sem reduzi-lo necessariamente a um existente, perceptível no que chamamos de mundo real da nossa experiência, pois fantasias de quaisquer espécies podem ser objetos representados em expressões verbais, imagéticas ou audiovisuais.

2.2.2.3 Objeto e autorreferência

<small>O signo que se refere a si mesmo</small>

Como o objeto é algo "que o signo representa", deveria ser, pois, um fenômeno diferente daquele que o representa, ou seja, diferente do signo ou *representamen*. Existe, porém, o caso excepcional de um signo que não difere do seu objeto, referindo-se meramente a si mesmo (CP 2.230, 1910). Hoje a semiótica discute signos desse tipo sob o nome de signos autorreferenciais.

<small>A autorreferencialidade</small>

Num signo autorreferencial, o signo e o objeto são o mesmo fenômeno, diferentemente do signo típico, que se refere a um objeto, que difere do signo, segundo a fórmula medieval conforme a qual o signo está para *outra* coisa. Em distinção ao signo autorreferencial, os signos que representam *outra* coisa são também denominados de signos alorreferenciais. Os dois termos não são da terminologia de Peirce, mas são centrais na terminologia semiótica da teoria dos sistemas de Niklas Luhmann, por exemplo. Contudo, o próprio Peirce fornece dois exemplos desses dois modos de referência, um da representação teatral e outro da cartografia:

<small>Um exemplo de autorreferencialidade</small>

> Num mapa de uma ilha colocado sobre o chão dessa mesma ilha deve haver, em condições normais, alguma posição, algum ponto assinalado ou não que representa idêntica posição no mapa, o mesmíssimo ponto que a posição na ilha (CP 2.230, 1910).

Os exemplos peircianos de autorreferência parecem bem excepcionais. Mas é na Semiótica da Cultura que o princípio de autorreferencialidade tem mais relevo geral do que parece. No teatro do Modernismo, as revoluções estéticas do *Living Theater* e *Happening* nos anos 1960 e 1970 – com a sua mistura programática da representação teatral ou ficcional, com uma nova forma de "apresentação" imediata, espontânea e "real", para quebrar os códigos da tradição representacional – demonstram um aumento de autorreferencialidade num contexto de alorreferencialidade.

<small>O signo estético e autorreferencial</small>

Também é interessante lembrar que a ideia do signo autorreferencial faz parte de uma tradição da estética que, desde Santo Agostinho e Kant, reclamava o signo estético como um signo que refere a nada a não ser a si mesmo, porque a sua qualidade estética é uma qualidade inerente a ele, uma qualidade que não tem referência a outra coisa.

No que concerne à cartografia, é interessante notar que a ideia da autorreferencialidade nos signos cartográficos foi desenvolvida de uma maneira de um lado mais radical e, do outro, menos séria – por um contemporâneo de Peirce e docente de lógica em Oxford, Charles Dodgson, autor do famoso *Alice no País das Maravilhas*, escrito sob o pseudônimo de Lewis Carroll. No capítulo 11 do seu romance, *Sylvie e Bruno* Carroll retratou um professor alemão de geografia que tinha a ideia de desenvolver um mapa de uma ilha que deveria ser uma representação ponto a ponto do território. A desvantagem de tal mapa completamente autorreferencial foi logo percebida pelos lavradores, pois o mapa ideal cobriria todas as suas terras e assim impossibilitaria que a luz chegasse às plantas, matando-as. Revoltados, os lavradores resolveram usar a terra mesma como um mapa de si mesma. Em vez da autorreferencialidade num só ponto – como no mapa de Peirce – os mapas de Carroll exemplificariam a autorreferencialidade levada ao extremo, em todos os pontos.

Mapas autorreferenciais

Depois de Peirce e Carroll, o tema da autorreferencialidade cartográfica foi também resumido no quadro da semântica geral de A. Korzybski, autor de um tratado semiótico popularizado sob o nome de semântica geral com o título *Science and Sanity* (1933). Num dos seus princípios semânticos – que chamava o princípio de autorreferencialidade ou autor-reflexividade (*self-reflexivity*) – disse: "O mapa ideal contém o mapa do mapa etc." Korzybski afirmou esse princípio para demonstrar a necessidade de distinção entre sistemas semióticos e metassemióticos. Porém, é algo duvidoso se um mapa que contém o próprio mapa seria um mapa ideal. Lewis Carroll, ao menos, ridicularizou essa ideia, que ele atribuiu a um professor alemão de geografia.

Autorreflexividade e o mapa que representa o seu próprio mapa

Para concluir esta digressão sobre signos que têm seus objetos em si mesmos, vale lembrar a discussão prévia sobre o construtivismo radical e seu princípio da autopoiese, que também implica uma forma de autorreferencialidade. O tema poderia ser, inclusive, estendido à crítica da sociedade consumista do pós-estruturalismo à Baudrillard (por exemplo, 1976), no qual também encontramos a ideia de autorreferencialidade incrustada na sociedade pós-industrial do primeiro mundo, cujos valores não possuem justificativas fora de si, mas reproduzem-

A autorreferencialidade da autopoiese e a autorreferencialidade da sociedade do consumo

-se e criam-se permanentemente segundo as estruturas do sistema cultural que os gera.

2.2.3 O interpretante

O terceiro correlato do signo, que Peirce denominou interpretante, é a interpretação significativa do signo. Algumas vezes Peirce fala de significância (CP 8.179, 1909), significado, ou interpretação (CP 8.184, 1909) do signo.

2.2.3.1 Definição do interpretante

Peirce dá uma definição pragmática da significação quando define o interpretante como o "próprio resultado significante", ou seja, "efeito do signo" (CP 5.474-475, c.1903), podendo também ser "algo criado na mente do intérprete" (CP 8.179, 1909). Em conformidade com sua teoria de que as ideias são signos e com a sua visão da interpretação como processo de semiose, também definiu o interpretante como signo:

> Um signo dirige-se a alguém, isto é, cria na mente dessa pessoa um signo equivalente, ou talvez um signo mais desenvolvido. Chamo o signo assim criado o interpretante do primeiro signo (CP 2.228, c.1897).

2.2.3.2 Semiose ilimitada

"Como cada signo cria um interpretante que, por sua vez, é signo de um novo signo, a semiose resulta numa série de interpretantes sucessivos, potencialmente *ad infinitum*" (CP 2.303, 1901; 2.92, c.1902). Não parece haver nenhum "primeiro" nem algum "último" signo neste processo de semiose ilimitada. Essa ideia de semiose ilimitada tem sido aplaudida por uns (por exemplo, por Derrida, no primeiro capítulo da sua *Gramatologia*), mas criticada por ser relativista por outros. O argumento contra a ideia da semiose ilimitada é que, se todo signo escapa a uma determinação do seu significado pela continuação incerta daquilo que ele significa, a semiótica não seria incapaz de falar sobre os significados dos signos.

Porém, a ideia da semiose infinita não implica um círculo vicioso de signos, que continuam na incerteza daquilo que eles significam. Isto porque o signo é determinado pelo objeto que insiste na semiose. Por insistir, por mais que os interpretantes se desviem dessa insistência, cedo ou tarde, eles tenderão a se autocorrigir. Se assim não fosse, seria impossível que os interpretantes se livrassem da mentira. Por outro lado, a semiose infinita também quer dizer que o processo contínuo de semiose (ou pensamento) só pode ser "interrompido, mas nunca realmente finalizado" (CP 5.284, 1868).

Ademais, na vida cotidiana, devido às exigências práticas, as séries de ideias não continuam, de fato, *ad infinitum*, mas tecnicamente a sequência da semiose é sempre possível.

2.2.3.3 Os três interpretantes

De acordo com o efeito do signo na mente do intérprete e em conformidade com o seu sistema triádico, Peirce chegou a três tipos principais de interpretantes.

O primeiro interpretante – o interpretante imediato – corresponde ao interpretante dentro do signo, portanto, no nível de primeiridade, sendo, portanto, a potencialidade do signo para ser interpretado, seu grau de interpretabilidade.

> É o efeito não analisado total que se calcula que um signo produzirá ou naturalmente poderia se esperar que produzisse, o efeito que o signo produz primeiro ou pode produzir sobre uma mente, sem nenhuma reflexão sobre ele mesmo (CP 8.315, 1897).

O interpretante imediato é, desse modo, a "interpretabilidade peculiar" do signo "antes que ele chegue a um intérprete" (*ibid.*).

O segundo interpretante – o interpretante dinâmico – corresponde ao "efeito direto realmente produzido por um signo sobre um intérprete, aquilo que é experimentado em cada ato de interpretação e que é diferente, em cada ato, do efeito que qualquer outro poderia produzir" (*ibid.*).

O terceiro interpretante – o interpretante final – está ligado à categoria do hábito e da lei:

> É aquilo que seria finalmente decidido se a interpretação verdadeira e se a consideração do assunto fosse continuada até que uma opinião definitiva resultasse [...] aquele resultado interpretativo ao qual cada intérprete está destinado a chegar se o signo for suficientemente considerado (CP 8.184, 1909).

Como se pode ver, o processo interpretativo não é um monólito, mas se dá em graus que revelam, de um lado, que o poder de representar o objeto está no próprio signo porque ele mantém dentro dele certa correspondência com o objeto, de outro lado, o poder de ser interpretado também está dentro do próprio signo, tanto é que ele, de fato, deslanchará um efeito interpretativo tão logo encontre um intérprete. Enquanto o interpretante dinâmico é individual, singular, psicológico, o interpretante final é coletivo, ou seja, ele representa o desenrolar de interpretações no longo caminho de produção de interpretantes do signo. Embora se chame final, ou normal, nunca estamos em condições de dizer que algum interpretante tenha esgotado todo o potencial interpretativo de um signo.

2.3 A classificação dos signos

Peirce desenvolveu uma tipologia elaborada de signos com base em uma classificação das características fenomenológicas do signo de que resultam tríades. As três tríades mais conhecidas são aquelas que derivam da relação triádica do signo em si mesmo, que implica em uma tríade do signo em relação ao objeto e outra em relação ao interpretante. Portanto, dependendo das três variações possíveis do signo em si mesmo, derivam as variações de sua relação com o objeto e com o interpretante. Das combinatórias possíveis dessas três tríades resultam dez classes principais de signos.

O princípio da inclusão

A classificação dos signos que aí se apresenta não é uma classificação aristotélica no sentido de que cada signo só pertence a uma única classe. O que Peirce descreve é um sistema no qual uma classe pode incluir aspectos de um signo de outra classe. O princípio da inclusão tem o seu fundamento nas três categorias universais (cap. 2.1). Ele prescreve que um signo cuja característica é de terceiridade pode incluir um signo cuja característica é de primeiridade ou segundidade, e um signo da segundidade pode incluir um signo da primeiridade, mas não vice-versa. Em suma, o que se tem aí é um verdadeiro jogo de armar que segue preceitos estritamente lógicos, baseados na lógica, criada por Peirce.

2.3.1 Primeira tricotomia: qualissigno, sinsigno, legissigno

Do ponto de vista do signo ou *representamen*, Peirce divide os signos com base nas três categorias fundamentais, segundo as quais "o signo em si mesmo será uma mera qualidade, um existente concreto ou uma lei geral" (CP 2.243, 1903).

Qualidade, existente concreto ou lei geral

Na categoria da primeiridade, temos o qualissigno: "O qualissigno é uma qualidade que é um signo. Não pode, em verdade, atuar como um signo, enquanto não se corporificar" (CP 2.244, 1903). Um exemplo de um qualissigno, que é signo pela sua mera qualidade, é uma cor, que não representa outra coisa senão ela mesma. Outros exemplos: um cheiro indefinido, que ainda não evoca a ideia de um objeto específico, ou um som de certa qualidade agradável ou desagradável. É claro que as qualidades só podem funcionar como signos porque estão corporificadas, mas não é essa realidade que importa no qualissigno, mas sim, a apresentação tão só e apenas de sua qualidade.

O qualissigno

Quanto aos signos corporificados em uma materialidade própria, estes entram na classe da secundidade, do "existente concreto". Os signos dessa classe são denominados sinsignos, por serem "signos singulares". O sinsigno é "uma coisa ou evento que existe atualmente" como um "signo singular" (CP 2.245, 1903), por exemplo, um grito ou qualquer palavra na sua singularidade no tempo ou no espaço. Há sinsignos singulares no sentido em que eles não se repetem nunca e sinsignos num outro aspecto. Todo signo geral, por exemplo, uma palavra, se repete em um sentido à medida que ela será usada outra vez pela mesma ou por outra pessoa, em um número inimaginável de vezes. Mas, num outro sentido, essa mesma palavra, na ocasião em que foi pronunciada, não se repetirá jamais, porque cada repetição tem uma característica única na sua ocorrência singular no espaço e no tempo, e que não poderá jamais se repetir. Nesse sentido, essa palavra é um sinsigno.

O sinsigno

Entretanto, é um sinsigno diferente de um grito, pois este é mesmo singular, uma reação aqui e agora a algo que surpreende ou amedronta, e que não pertence a um sistema como pertencem as palavras de uma língua. No momento em que quaisquer palavras são pronunciadas ou escritas, elas são, de fato, sinsignos, mas de um tipo especial, ou seja, elas funcionam como réplicas de um tipo geral abstrato como são as palavras no sistema da língua. O mesmo se pode dizer também da bandeira do Brasil, por exemplo. Aquela bandeira que está no mastro do parque é um sinsigno, pois se trata de um caso singular, particular, de uma ocorrência naquela situação específica. Todavia é um sinsigno de tipo especial, pois funciona como uma réplica da bandeira nacional. É por isso que Peirce fez aí uma diferença bastante conhecida por outros autores da linguística e da lógica, que é aquela entre *types* e *tokens*, conforme ficará mais esclarecido abaixo.

O legissigno

Na terceira classe dos signos considerados do ponto de vista do *representamen* e fundamentados nas leis gerais, temos os legissignos: "Um legissigno é uma lei que é um signo [...] Todo signo convencional é um legissigno. Não é um objeto singular, mas um tipo geral sobre o qual há uma concordância de que seja significante" (CP 2.246, 1903). Assim, cada palavra de uma língua é um legissigno, mas, quando articulada numa frase particular, na sua singularidade, ela é um sinsigno como foi visto acima. Peirce entende tais sinsignos, que são ocorrências de legissignos, como "réplicas":

> Todo legissigno significa através de um caso de sua aplicação, que pode ser denominado réplica do legissigno. Assim, o artigo *o* normalmente aparecerá de quinze a vinte cinco vezes numa página. Em todas essas ocorrências, uma e a mesma palavra é o mesmo legissigno; cada uma das suas ocorrências singulares é uma réplica. A réplica é um sinsigno (CP 2.246, 1903).

Type versus token

Na linguística, sobretudo na linguística estatística, a distinção entre legissigno e réplica tem sido geralmente adotada, mas os termos comuns nessa área são *type*, ou seja, tipo geral (em vez de legissigno) e *token*, ocorrência singular (no lugar de réplica).

2.3.2 Segunda tricotomia: Ícone, índice, símbolo

Tomando como base as três variações do signo em si mesmo (quali, sin e legi), na relação que cada uma dessas variações estabelece com o seu objeto, disso decorre a segunda tricotomia que Peirce considera como "a divisão mais importante dos signos" (CP 2.275, 1903). Os três elementos que a compõem, como não poderia deixar de ser, são determinados conforme as três categorias fundamentais. São eles: o ícone, que corresponde ao tipo de relação que o qualissigno mantém com o seu objeto; o índice, que advém da relação do sinssigno com o seu objeto; e o símbolo, que decorre da relação do legissigno com o seu objeto.

2.3.2.1 Ícone

O ícone participa da primeiridade por ser "um signo cuja qualidade significante provém meramente da sua qualidade" (CP 2.92, c.1902). Conforme tal definição, o ícone é, portanto, um qualissigno. Porém um qualissigno icônico, também denominado ícone puro (CP 2.276, 1903; 2.92, c. 1902), que participa apenas da categoria da primeiridade é a espécie de ícone mais frágil, pois é uma primeiridade da primeiridade. Assim, ele se constitui apenas como uma mera possibilidade hipotética da existência de um signo, já que um signo concreto, atualizado é sempre um signo singular e, portanto, não poderia ser um qualissigno em seu estado puro.

O ícone como qualidade significante

Um ícone puro seria, portanto, uma mera possibilidade, um mero quase-signo não comunicável ainda sem existência concreta, porque "o ícone puro é independente de qualquer finalidade, serve só e simplesmente como signo pelo fato de ter a qualidade que o faz significar" (CP 2.92, c.1902). Assim entendido, o ícone puro não pode verdadeiramente existir; pode, no máximo, fazer parte de um signo mais complexo. Um pequeno exemplo dado por Peirce fornece elementos para que possamos entender melhor como se dá, num fenômeno semiótico, a aproximação ao ícone puro:

O ícone puro

> Ao contemplar uma pintura, há um momento em que perdemos a consciência do fato de que ela não é a coisa. A distinção do real e da cópia desaparece e por alguns momentos é puro sonho; não é qualquer existência particular e ainda não é existência geral. Nesse momento, estamos contemplando um ícone (CP 3.362, 1885).

Como tais fenômenos de iconicidade reduzida à primeiridade não ocorrem na realidade semiótica cotidiana – na qual os signos genuínos participam sempre da primeiridade –, Peirce também define a ideia de um ícone puro como sendo um caso de "degeneração semiótica" (CP 2.92, c.1902). Um ícone puro seria, pois, um signo degenerado – não no

Signo degenerado

sentido de uma avaliação pejorativa –, mas no sentido de estar restrito a participar de apenas um constituinte do signo.

Hipoícone

Após esses comentários sobre a impossibilidade de uma iconicidade pura, temos de chegar à realidade cotidiana dos ícones que, de fato, funcionam como tal. Esses são os ícones que incorporam elementos de secundidade e de terceiridade e que são denominados hipoícones (CP 2.276, 1903). Um hipoícone é ou um sinsigno icônico ou um legissigno icônico.

Similaridade

O critério para defini-los é sempre o da similaridade entre *representamen* e objeto. Peirce fala de um signo que é "semelhante" ao seu objeto (CP 3.362, 1885), mas também se refere a um signo que participa "do caráter do objeto" (CP 4.531, 1905) e, ainda, de um signo "cujas qualidades são semelhantes às do objeto e excitam sensações análogas na mente para a qual é uma semelhança". Os seus exemplos são de retratos, pinturas (CP 2.92, 1903), fotografias (CP 2.280, c.1895), metáforas, diagramas, gráficos lógicos (CP 4.418-20, 1903) e até fórmulas algébricas.

Muitos desses signos não são semelhantes aos seus objetos, no sentido ordinário da palavra, ou seja, de semelhança na sua aparência. Por que, por exemplo, as fórmulas algébricas e os diagramas seriam ícones? A chave da iconicidade desses signos reside na noção das correspondências relacionais. Peirce explica: "Muitos diagramas não se assemelham de modo algum aos seus objetos quanto à aparência; a semelhança entre eles consiste apenas da relação entre suas partes" (CP 2.282, c.1893). Vem daí a divisão que é estabelecida entre os tipos de hipoícones.

2.3.2.1.1 Imagens, diagramas e metáforas

Fundamento categórico

Na análise das formas de hipoiconicidade dos signos, Peirce aplicou novamente as três categorias fundamentais para distinguir três modos de primeiridade com base nos ícones (CP 2.277, 1903). Na primeiridade dos ícones, isto é, na consideração dos seus *representamens*, pode haver, mais uma vez, primeiridade, secundidade e terceiridade.

Imagem

No primeiro caso, o *representamen* do ícone é signo por mera qualidade e tem o nome de imagem. Um exemplo é o valor de apresentação da cor em uma pintura. A arte minimalista deste século inventou as pinturas monocromáticas, um caso típico de ícones do tipo imagem. Outros exemplos são todas as imagens que apresentam uma semelhança na aparência com aquilo que pretendem trazer à presença da mente de um intérprete pela mediação dessa imagem.

No segundo caso, o *representamen* é ícone devido às relações diádicas existentes entre suas próprias partes, como acontece num diagrama. A categoria, porém, não inclui só os diagramas dos engenheiros, mas qualquer ícone cuja semelhança seja evidenciada nas relações. Há diagramas até mesmo na estrutura interna das frases; uma receita culinária é também um diagrama, porque a sequência de frases instruindo o cozinheiro corresponde à sequência das ações a serem executadas. Assim, também são todos os algoritmos com suas instruções para serem executadas pelo computador passo a passo. Diagrama

No terceiro caso, o *representamen* mantém uma relação triádica na forma de paralelismo entre dois elementos constitutivos, paralelismo que se resolve com uma terceira relação. Um ícone dessa categoria é a metáfora. Consideremos, como exemplo, a metáfora olho do céu, com a qual Shakespeare se refere ao sol. Os três elementos de sua composição são, respectivamente, o sentido literal do órgão da percepção, o sentido metafórico do sol e o *tertium comparationis*, o sentido comum à relação dos dois primeiros. Nesse caso, poderíamos ainda relacioná-los com outros atributos, tais como o "redondo" e o "brilhante". Metáfora

Os três tipos de ícone representam três graus de iconicidade. Imagens são imediatamente icônicas, uma vez que significam apenas por meio de comparações entre a aparência do *representamen* e a aparência daquilo a que ele se assemelha. A maior parte dos diagramas só funcionam iconicamente quando existe uma experiência colateral do intérprete com as relações internas do objeto a que o diagrama se refere. Metáforas são hipoícones de terceiridade por se referirem indiretamente ao objeto, de modo que possuem um menor grau de iconicidade. Se uma metáfora não despertar na mente do intérprete terceiros elementos capazes de unir as qualidades dos dois elementos díspares que a metáfora apresenta, ela não funcionará como tal. Por exemplo: "olhos de azeitona". Se, na mente do intérprete não surgirem qualidades capazes de unir o elemento olhos com o elemento azeitona, a metáfora não cumprirá sua função. Signos degenerados

2.3.2.1.2 Pró e contra a iconicidade

Iconicidade, como vimos, inclui "similaridade" entre relações abstratas e homologias estruturais. Muitos ícones participam, também, de outros modos de semiose: um signo ideográfico, por exemplo, não é só um signo por semelhança, mas também um signo por arbitrariedade e convenção – portanto, um signo que participa tanto da natureza do ícone quanto do símbolo, para Peirce. Isso será melhor detalhado mais à frente.

<small>A crítica da teoria da iconicidade: Eco e Goodman</small>

Com essa interpretação mais ampla do signo icônico, chegamos a um momento em que é preciso considerar, ainda que brevemente, os argumentos dos críticos do conceito desse tipo de signo. Entre eles, Nelson Goodman e Umberto Eco.

Eco (1976, p.191-217) considera "ingênua" a teoria dos signos que se baseia na semelhança com o objeto. Na sua interpretação, iconicidade tem sua base nas convenções culturais e "similaridade não diz respeito à relação entre imagem e objeto, mas entre imagem e um conteúdo previamente compactuado pela cultura" (ECO, 1976, p. 204). Nelson Goodman (1972), no seu ensaio *Seven Strictures on Similarity* mantém posição ainda mais radical: na sua interpretação relativista, quase qualquer imagem pode significar qualquer outra coisa.

Peirce antecipou tais argumentos iconoclastas quando explicou que iconicidade não é uma relação de qualquer realidade ontológica entre dois fenômenos do mundo, mas, ao contrário, resulta de uma relação de similaridade que é estabelecida no ponto de vista do intérprete do signo icônico:

<small>Semelhança como uma identidade de caracteres</small>

> Quaisquer dois objetos na natureza se assemelham e, de fato, neles mesmos, tanto quanto quaisquer outros dois objetos. É só com respeito aos nossos sentidos e necessidades que uma semelhança conta mais que a outra. Semelhança é uma identidade de caracteres. E isto é o mesmo que dizer que a mente reúne as ideias semelhantes numa só noção (CP 1.365, c.1890).

2.3.2.2 Índices

<small>Indexicalidade</small>

Um signo é *índice* quando tem uma conexão física ou existencial com o seu objeto no espaço ou no tempo, e ele atrai a atenção imediata do seu intérprete para esse objeto. Essa classe de signos participa da categoria de secundidade porque se trata de um signo que estabelece relações diádicas, existenciais, aqui e agora, entre *representamen* e objeto. Por isso, tais relações têm, principalmente, o caráter de causalidade, espacialidade e temporalidade.

Quanto à causalidade, Peirce escreveu que "toda força física atua entre um par de partículas, de forma que qualquer uma delas pode servir de índice da outra" (CP 2.300, 1893). Por isso, "o índice está fisicamente conectado com seu objeto; formam, ambos, um par orgânico. Porém, a mente interpretativa não tem nada a ver com essa conexão, exceto o fato de registrá-la, depois de estabelecida" (CP 2.299, 1893).

Entre os exemplos peircianos de índice estão o cata-vento, uma fita métrica, uma fotografia, o ato de bater à porta, um dedo indicador apontando numa direção e um grito de socorro.

Índices também existem na linguagem verbal. Nomes próprios e pronomes pessoais são índices porque se referem a indivíduos particulares. Outros pronomes, artigos e preposições são índices verbais porque estabelecem relações entre palavras dentro de um texto. As características do índice ficam mais patentes quando comparamos esses signos aos signos icônicos e aos símbolos. Peirce fez tal comparação:

Índices da língua verbal

> Os índices podem distinguir-se de outros signos ou representações por três traços característicos: primeiro, não têm nenhuma semelhança significante com seus objetos; segundo, referem-se a individuais, unidades singulares, coleções singulares de unidades ou a contínuos singulares; terceiro, dirigem a atenção para os seus objetos através de uma compulsão cega [...] Psicologicamente, a ação dos índices depende de uma associação por contiguidade e não de uma associação por semelhança ou por operações intelectuais (CP 2.306, 1901).

É importante notar aqui que, mesmo quando o *representamen* apresenta alguma similaridade com o seu objeto, como é o caso de uma fotografia, não é essa similaridade indiscutível que faz com que aquele signo tenha com seu objeto uma relação indexical, mas o fato de que a fotografia, realmente, resulta de um clique que captura a presença, no tempo e no espaço, de algo que, efetivamente, estava existencialmente na frente da câmera.

2.3.2.3 Símbolos

O símbolo é o signo da segunda tricotomia, que participa da categoria de terceiridade. A relação entre *representamen* e objeto é arbitrária e depende de convenções sociais. São, portanto, categorias mediadoras da terceiridade – como o hábito, a regra e a lei – que se situam na relação entre *representamen* e objeto. Na definição peirciana, "um

Legissigno simbólico

símbolo é um signo que se refere ao objeto que denota, em virtude de uma lei, normalmente uma associação de ideias gerais" (CP 2.449, 1893). Cada símbolo é, portanto, ao mesmo tempo, um legissigno: "Todas as palavras, frases, livros e outros signos convencionais são símbolos" (CP 2.292, 1903). Outros exemplos de símbolos são o estandarte, uma insígnia, uma senha, um credo religioso, uma entrada de teatro ou um bilhete ou talão qualquer (CP 2.297, 1893).

2.3.2.3.1 O substrato indicial dos símbolos

Além dos casos de cruzamento entre signos icônicos, indiciais e simbólicos, nos quais o aspecto icônico ou indicial predomina em signos de base simbólica, Peirce ainda reconheceu outra forma de participação mais substancial dos símbolos nos outros dois tipos da segunda tricotomia. Sua tese é a de que o uso dos signos simbólicos no processo da comunicação também implica sempre o uso indicial e icônico desses símbolos.

Consideremos primeiramente o aspecto indicial dos símbolos usados na semiose humana. Peirce enfatiza que:

Generalidade do símbolo

> Um símbolo [...] não pode indicar uma coisa particular qualquer; ele denota um tipo de coisa. Não apenas isso, mas ele próprio é um tipo e não uma coisa singular. Podemos escrever a palavra *estrela*, mas isso não faz de quem a escreve o criador da palavra, assim como, se apagarmos a palavra, não a destruímos. A palavra vive na mente daqueles que a empregam. Mesmo que estejam dormindo, ela existe em suas memórias. Assim, não podemos admitir, se houver razão para assim proceder, que os universais são meramente palavras, isto é, sem dizer, como Guilherme de Ockham supunha, que na verdade são individuais (CP 2.230).

Abstração do símbolo

A ideia do símbolo é, portanto, uma pura abstração. Em termos linguísticos, diríamos que é uma categoria da *langue*, ou seja, do sistema linguístico, e não da *parole*, da língua falada. No uso pragmático da língua falada ou escrita, em situações concretas, os símbolos logo adquirem ancoragem indicial. É essa ancoragem que liga o signo aos objetos e situações fatuais do mundo. Por exemplo, quando falamos sobre "a mulher", essa generalização perde qualquer poder de referência. A primeira pergunta que surge é: "Qual mulher?". Quanto maior o número de índices que inserimos nessa frase, mais ela vai adquirindo poder referencial: "as mulheres idosas na cidade de São Paulo, no bairro da Penha, dos anos 2000-2010".

Então se pode até aplicar uma análise estatística para responder a alguma questão que seja feita sobre essas mulheres.

2.3.2.3.2 O substrato icônico dos símbolos

O uso de símbolos tem também um substrato icônico. Peirce afirmou que:

> A única maneira de comunicar diretamente uma ideia é através de um ícone; e todo método de comunicação indireta de uma ideia deve depender, para ser estabelecido, do uso de um ícone. Daí segue que toda asserção deve conter um ícone ou conjunto de ícones, ou então deve conter signos cujos significados só sejam explicáveis por ícones (CP 2.278, c.1895).

Ícones evocados por símbolos

No discurso verbal, a iconicidade consiste em metáforas, paráfrases explicativas e, sobretudo, na estrutura diagramática das proposições gramaticais, que Peirce também denominou ícones lógicos. Conforme sua ideia da evolução da língua humana, houve originalmente signos icônicos que foram, gradativamente, sendo substituídos por símbolos. Nesses símbolos, permanece, contudo, a base icônica:

Metáforas verbais

> Em todas as escrituras primitivas, como nos hieróglifos egípcios, há ícones de um tipo não lógico, os ideógrafos. Nas primeiras formas de fala houve, provavelmente, grande quantidade de elementos de mimetismo. Contudo, em todas as línguas conhecidas, tais representações foram substituídas pelos signos auditivos convencionais. Estes, no entanto, são de tal natureza que só podem ser explicados através de ícones. Mas na sintaxe de toda língua existem ícones lógicos do tipo dos que são auxiliados por regras convencionais (CP 2.280, c.1895).

Escritura ideográfica

Além dessas considerações sobre a iconicidade na filogênese da língua, Peirce também examina outro aspecto desse fator na evolução linguística: a criatividade e a inovação no desenvolvimento da língua. Num trecho muito citado sobre o assunto, Peirce escreveu:

> Os símbolos crescem. Retiram seu ser do desenvolvimento de outros signos, especialmente dos ícones ou de signos misturados que compartilham da natureza dos ícones e símbolos [...] Se alguém cria um novo símbolo, ele o faz por meio de pensamentos que envolvem conceitos.

> *Omne symbolum de symbolo*

Assim, é apenas a partir de outros símbolos que um novo símbolo pode surgir. *Omne symbolum de symbolo*. Um símbolo, uma vez existindo, espalha-se entre as pessoas. No uso e na prática, seu significado cresce [...] O símbolo pode, como a esfinge de Emerson, dizer ao homem: De teu olhar, sou a olhadela (CP 2.302, c.1895).

À primeira vista, esta conclusão peirciana sobre o papel do ícone na evolução das significações produz uma impressão enigmática. A citação do verso do poeta Emerson, através da qual Peirce se referiu ao papel da iconicidade no desenvolvimento dialógico da semiose ilimitada, parece antecipar a ideia lacaniana da fase do espelho, como momento decisivo na evolução do indivíduo. Qualquer que seja o papel da iconicidade na forma de metáforas e do princípio da analogia durante a evolução das palavras, este é um fato que a linguística histórica tem estudado desde o início e que continua a ser de interesse central em nossa época, no âmbito da linguística cognitiva (cf. NÖTH, 1990b).

2.3.3 Terceira tricotomia: Rema, dicente, argumento

Do ponto de vista do interpretante de um signo, quer dizer, do ponto de vista do tipo de interpretação que o qualissigno icônico, o sinsigno indicial e o legissigno simbólico estão aptos a produzir na mente do intérprete, o signo pode ser um rema, um dicente (ou dicissigno) ou um argumento. Esta tríade se baseia na tríada da lógica aristotélica termo, proposição e argumento. Trata-se de uma divisão triádica que "corresponde à antiga divisão (da lógica) entre termo, proposição e argumento, modificada para ser aplicável aos signos em geral" (CP 8.337, 1904).

2.3.3.1 Rema

> Remas

Rema vem do grego *rhéma*, que significa simplesmente "palavra". Um *rema*, como o *termo* da lógica proposicional, corresponde a um signo que pode estar no lugar de um sujeito ou predicado de uma proposição. Um termo, na lógica, é "simplesmente um nome de classe ou um nome próprio" (CP 8.337, 1904). No sentido mais geral da semiótica, um *rema* é, portanto, "qualquer signo que não é verdadeiro nem falso, como quase cada uma das palavras por si mesmas, exceto sim e não" (*ibid.*).

O objeto de uma palavra enunciada isoladamente não pode ser identificado. Uma mera palavra não pode afirmar nada a respeito de qualquer coisa, como foi exemplificado mais acima com "a mulher". Portanto, o *rema* é "um signo de possibilidade qualitativa, ou seja, é entendido como representando esta e aquela espécie de objeto possível" (CP 2.250, 1903). Substantivos, verbos e adjetivos são remas verbais. O verbo "nadar" é um exemplo. O substantivo "nadador" é outro.

Remas são, portanto, signos gramaticalmente e logicamente indeterminados e nesse sentido signos de meras possibilidades. Quando ouvimos o verbo na terceira pessoa do singular "nada", não sabemos quem é que nada, nem quando, nem onde, nem se sim, nem se não. Diferentemente do "termo" na lógica, o "rema" pode também ser um signo não verbal. A imagem do nadador usado como signo do esporte olímpico é um legissigno remático icônico. Esse ícone também deixa em aberto quem é que nada, onde e quando. Ele é um legissigno porque a sua forma foi decidida pelo comitê olímpico.

No caso dos ícones imagéticos, quando a imagem é ambígua não deixando muito evidente sua relação de semelhança com algo fora dela, então o *rema* surge na mente do intérprete na forma de uma mera hipótese falível. Também no caso dos índices que deixam em dúvida qual o objeto a que estão conectados, novamente, em lugar da constatação da relação entre o índice e seu objeto, surgem hipóteses na mente do intérprete. Toda mãe deve ter passado pela experiência de um bebê que grita ininterruptamente e nada consegue apaziguar. A mãe aperta a barriguinha para ver se a dor vem de lá, aperta o ouvido para sentir se o grito se intensifica. Nada. O número de hipóteses, que brotam na mente dessa mãe, é incontável. O que se tem aí, portanto, é um sinssigno remático. O choro acontece, ele se prolonga, ele, sem dúvida, é um existente que deve estar conectado a algum objeto que provoca a dor ou o mal-estar, mas a sua fonte, seu referente ou objeto, como diz Peirce, não é detectável.

2.3.3.2 Dicente

A segunda categoria de signo – considerado do ponto de vista do interpretante, correspondendo à categoria lógica da proposição

<small>dicissignos ou signo dicente</small>

— é o *dicente* (ou dicissigno). Proposições são dicissignos. Na lógica, a proposição é a unidade mínima para exprimir ideias que podem ser ou verdadeiras ou falsas. Uma proposição consiste de uma combinação de ao menos um sujeito e um predicado. O protótipo de uma proposição tem a forma "A é B". Só esse signo pode afirmar algo. Conectando um sujeito com um predicado, o dicente pode trazer novas informações.

Seguindo esse modelo lógico, Peirce definiu o signo dicente como "um signo de existência real" (CP 2.251) ou um "signo que veicula informação" (CP 2.309, 1903). "A prova característica mais à mão que mostra se um signo é um dicissigno ou não é que o dicissigno é ou verdadeiro ou falso, mas não fornece as razões de ser desta ou daquela maneira" (CP 2.310, 1903). Tem-se aí um signo de existência real porque a proposição é um interpretante de algo que está, de fato, acontecendo ou aconteceu na realidade.

2.3.3.3 Argumento

<small>Argumento</small>

Logo que o signo supera o quadro proposicional e passa a participar de um discurso racional mais estendido, chega à categoria da terceira tricotomia. Um *argumento* conecta a informação de signos dicentes por uma necessidade lógica. Ele é um signo do discurso racional. O protótipo do argumento é o silogismo, no qual a conclusão segue, com necessidade lógica, ao menos duas premissas, por exemplo: "Premissa 1: Todos os homens são mortais. Premissa 2: Os brasileiros são homens. Conclusão: (Logo,) os brasileiros são mortais". Um argumento é, portanto, "o signo de uma lei" (CP 2.252, 1903), "a saber, a lei segundo a qual a passagem das premissas para as conclusões tende a ser a verdadeira" (CP 2.263, 1903).

2.3.4 As dez classes principais de signos

Na seção anterior vimos que Peirce distingue três tricotomias para classificar os signos. O resultado desta primeira classificação são as nove subclasses de signos resumidos na Figura 2.2. a seguir:

Tricotomia \ Categoria	do signo em si (*representamen*)	do signo em relação ao seu objeto	do interpretante do signo
primeiridade	qualissigno	ícone	rema
secundidade	sinsigno	índice	dicente
terceiridade	legissigno	símbolo	argumento

Figura 2.2. As nove subclasses dos signos de Peirce (três tricotomias).

2.3.4.1 Regras e restrições de combinação

Ora, signos não acontecem em estado puro. Eles sempre se misturam, especialmente porque eles derivam das categorias que são onipresentes e nunca excludentes. O que pode haver, portanto, é apenas a dominância de uma categoria sobre as outras, mas não isolamento. Assim sendo, como é que os signos das três tricotomias combinam? Como cada signo é classificado em três aspectos (como signo em si mesmo, na sua relação com o seu objeto e com respeito ao seu interpretante) e como há três modos categóricos (ou fenomenológicos) para classificá-los, chegamos matematicamente a uma possibilidade combinatória de 27 classes de signos (3 x 3 x 3 = 27). Porém, das 27 combinações 17 seriam contraditórias e precisam ser excluídas. Por exemplo, conforme a combinatória matemática, deveria haver nove classes de qualissignos, mas oito delas são combinações semioticamente impossíveis, porque qualissignos só podem ser icônicos e remáticos. E vice-versa, ícones só podem ser remas, não signos dicentes ou argumentos. De outro lado, argumentos não podem consistir de meras qualidades e não podem ser índices ou ícones porque com meros índices e meras imagens não se sustenta um verdadeiro argumento. Portanto, só existe um único tipo de signo da classe argumento. Outra restrição é que sinsignos não podem ser símbolos.

No total há 17 combinações que têm que ser eliminadas por causa de restrições desse tipo, o que nos deixa com as dez classes. A Figura 2.3 apresenta a lista completa das dez classes:

Classe	Signo	Objeto	Interpretante
As dez classes			
1	*qualissigno*	icônico	remático
2	*sinsigno*	*icônico*	remático
3	*sinsigno*	*indicial*	remático
4	*sinsigno*	indicial	*dicente*
5	*legissigno*	*icônico*	remático
6	*legissigno*	*indicial*	remático
7	*legissigno*	*indicial*	*dicente*
8	legissigno	*simbólico*	remático
9	legissigno	*simbólico*	*dicente*
10	legissigno	simbólico	*argumentativo*

Figura 2.3. As dez *classes* principais de signos de Peirce (CP 2.254-263, 1903).

2.3.4.2 Regras de redundância ou predominância

Na denominação da maioria das dez classes principais acontece que ocorrem redundâncias no sentido de que uma ou duas das três subclasses não precisam ser mencionadas para caracterizar a classe de uma maneira suficiente. Por exemplo, em vez de chamar a primeira classe "qualissigno icônico remático" basta chamá-la meramente "qualissigno", porque esse signo não pode ser outro senão um ícone e um rema. Na tabela da Figura 2.3, as designações em itálico são as que caracterizam a classe de maneira suficiente e as subclasses listadas em tipografia comum são redundantes. Outra maneira de explicar o mesmo princípio é o de chamá-lo princípio de predominância (LISZKA, 1996, p. 46). Pode-se dizer que, na classe do qualissigno icônico remático, a designação qualissigno predomina ou, na classe do legissigno simbólico argumentativo, o argumento é predominante.

2.3.4.3 Listas alternativas das dez classes

A ordem da representação das dez classes na Figura 2.3 é determinada pela sequência da primeira tricotomia do signo. Essa ordem mostra que existem um único qualissigno, três tipos de sinsigno e seis tipos de legissigno. Essa ordem não é logicamente obrigatória. Houser (2010, p. 99), por exemplo, apresenta as mesmas dez classes numa ordem determinada pela tricotomia do interpretante.

Nessa ordem (Figura 2.4) reconhecemos que existem seis classes de signos remáticos, três classes de signos dicentes e só um signo que é argumento, isto é, o argumento simbólico, que é um legissigno.

Classe	Interpretante	Objeto	Signo
1	rema	*icônico*	*qualissígnico*
2	rema	*icônico*	*sinsígnico*
3	rema	*icônico*	*legissígnico*
4	*rema*	*indicial*	*sinsígnico*
5	*rema*	*indicial*	*legissígnico*
6	*rema*	*simbólico*	legissígnico
7	*dicente*	indicial	*sinsígnico*
8	*dicente*	*indicial*	*legissígnico*
9	*dicente*	*simbólico*	legissígnico
10	*argumento*	símbólico	legissígnico

Figura 2.4. Ordem das dez *classes* principais de signos conforme a terceira tricotomia.

Da mesma maneira podemos apresentar as dez classes numa ordem determinada pela primeira tricotomia (Figura 2.5). Nela reconhecemos que há três tipos de ícones, quatro tipos de índices e três tipos de símbolos.

Classe	Objeto	Interpretante	Signo
1	ícone	remático	*qualissígnico*
2	*ícone*	remático	*sinsígnico*
3	*ícone*	remático	*legissígnico*
4	*índice*	*remático*	*sinsígnico*
5	*índice*	*remático*	*legissígnico*
6	*índice*	*dicente*	*sinsígnico*
7	*índice*	*dicente*	*legissígnico*
8	*símbolo*	*remático*	legissígnico
9	*símbolo*	*dicente*	legissígnico
10	símbolo	*argumental*	legissígnico

Figura 2.5. Ordem das dez *classes* principais de signos conforme a segunda tricotomia.

2.4 As dez classes exemplificadas

Os exemplos para ilustrar as dez classes principais de signos da tipologia de Peirce podem vir dos mais diversos domínios de signos naturais e culturais. Eles serão discutidos nos próximos três subcapítulos, sob três perspectivas. A primeira é a perspectiva da lista das dez classes como um todo. A segunda exemplificação diz respeito aos signos verbais e a terceira, à semiótica aplicada a um código de ícones midiáticos.

Dez classes, dez exemplos

2.4.1 A lista dos exemplos clássicos

A Tabela 1 apresenta um resumo das características principais das classes e dá exemplos diversos para cada uma dessas classes. A base dessa exemplificação encontra-se em Peirce (CP 2.254-263, 1903), Hervey (1983, p. 33-34), Nöth (1995) e outros.

Tabela 2.1. As dez classes principais de signos exemplificados

	Classe	*Características*	*Exemplos*
1	Qualissigno	Signo que consiste de uma mera qualidade.	Uma dor não localizada, cor, frescura, maciez, sabor, som.
2	Sinsigno icônico	Signo concreto, que representa o seu objeto por causa de características que ele tem em comum com este objeto.	Exemplar singular de um mapa; modelo estrutural arquitetônico de um edifício, retrato de uma pessoa ou desenho de uma paisagem não identificada.
3	Sinsigno indicial remático	Signo que dirige a atenção a um objeto ou evento singular.	Grito espontâneo, foto sem legenda, uma luz forte nos olhos, um barulho inexplicável.

4	Sin-signo dicente	O signo é afetado diretamente por seu objeto, dá informações sobre ele e pode ser verdadeiro ou falso.	Cata-vento → direção do vento; termômetro → temperatura agora; dados biométricos → pessoa; foto de passaporte; impressão digital → criminoso; sintoma → doença.
5	Legissigno icônico	Ícone (ou diagrama) estabelecido por uma lei ou uma regra ou convenção.	Sinal de trânsito "Pedestres" (como lei); diagrama estatístico; qualquer palavra onomatopaica; mapa do Brasil.
6	Legissigno indicial remático	O signo é afetado por seu objeto ou atrai a atenção para o objeto.	Os pronomes *eu* e *tu*, uma flecha na parede, as letras A, B, C de um triângulo geométrico; trovão → relâmpago (lei); pronome demonstrativo; nome próprio.
7	Legissigno indicial dicente	Lei geral que explica por que um objeto concreto fornece uma (nova) informação a respeito desse objeto.	Sintomas x & y → paciente tem dengue; lâmpada de alarme → máquina com defeito; voz → identifica o falante; comando militar → ação dos soldados; grito do vendedor de rua: telefone toca → alguém quer falar comigo.

8	Símbolo remático	Signo associado com uma ideia geral.	Qualquer substantivo, o emblema da Cruz Vermelha, bandeira nacional, brasão, emblema, insígnias.
9	Símbolo dicente	Combina símbolos remáticos em uma proposição.	Proposição completa; sentença declarativa; uma narrativa; uma equação algébrica (3+4=7).
10	Argumento	Signo do discurso racional; envolve conclusões e verdades.	O silogismo "Todo círculo é redondo. Nenhum triângulo é redondo. Portanto, nenhum triângulo é círculo".

Alguns desses exemplos são relativamente fáceis de entender, enquanto outros precisam de alguns comentários.

O *qualissigno*, por ser o mais frágil dos funcionamentos sígnicos, é provavelmente um dos signos mais difíceis de entender. Como é que uma mera qualidade pode ser um signo? Na verdade, o qualissigno é um valor-limite de signo. Esse signo não existe de fato no espaço ou no tempo, porque uma vez que ele exista, o qualissigno vira sinsigno por ser um signo materializado ou corporificado. É por isso que o qualissigno não pode ser uma sensação atual de uma cor ou de um som. O que Peirce quer descrever com esta classe de signos é que este signo é uma mera possibilidade de signo ainda não atualizada. É por isto que ele chama esse tipo de signo também alternativamente *potissigno* (CP 8.334, 1904). No contexto da classificação das palavras como signo, Peirce também chama o qualissigno de um mero *tom* (CP 4.537, 1905). A qualidade em si do tom de uma voz é um qualissigno. Ela não significa nada de específico, mas ela pode transmitir um sentimento vago, algo meramente atmosférico. Isso é muito comum no cinema, em que o conjunto de signos – imagens, sons, enquadramento, tonalidades de cores e outros recursos – cria uma atmosfera difícil de explicar, mas sempre sentida de modo mais ou menos perceptível pelo espectador. Por isso, a concentração e a imersão em uma sala escura é tão importante para a assistência a um filme.

A distinção entre as classes 2 e 3 merece também um comentário. Na classe 2 do sinsigno icônico, encontramos o exemplo de um desenho de uma paisagem desconhecida e de um retrato pintado a óleo de uma pessoa desconhecida, enquanto uma foto de uma paisagem ou de uma pessoa é classificada como um índice. A razão para essa distinção é que uma foto, sobretudo a foto pré-digital, é um signo que tem uma relação de causalidade com o seu objeto, por ser produzido pelos raios de luz gravados no filme da câmera. Um signo causal é um índice, enquanto as imagens não fotográficas são ícones, pois estas não dependem de um instante de captura e podem incorporar muitos elementos puramente imaginários.

Outra distinção que precisa de um comentário é aquela entre os signos remáticos 2 e 3 e o índice e sinsigno dicente 4. Uma foto com legenda e a foto no nosso passaporte (junto com o nosso nome) são signos dicentes. Eles afirmam a identidade das pessoas retratadas e podem, portanto, afirmar uma verdade ou ser uma mentira (caso em que a foto seja falsificada). As mesmas imagens e todas as imagens são signos remáticos, quando não identificam ou quando nós não podemos identificar o objeto de referência, porque desconhecemos aquilo que elas representam.

2.4.1.1 O princípio da corporificação

Até agora o nosso foco esteve na classificação dos signos do ponto de vista das características semióticas predominantes ou mais típicas. Resta, porém, salientar que há dois princípios que tornam a classificação ainda mais complexa. Liszka (1996, p. 46-48) chama o segundo (a ser considerado abaixo) o princípio da inclusão, e o primeiro, o da instanciação. Neste trabalho, adotamos o termo corporificação.

O princípio da corporificação se aplica às subclasses de signos da primeira e da terceira tricotomia, sobretudo aos qualissignos e ícones, de um lado, e aos legissignos e símbolos, de outro. Já vimos que o qualissigno é, na verdade, um valor-limite de poder funcionar como signo. Para atuar como signo, ele precisa ser corporificado, mas, na sua corporificação, o qualissigno se torna sinsigno por ser singular, atualizar-se no tempo e no espaço. O mesmo princípio se aplica aos ícones. Um ícone puro, que é um qualissigno icônico, não existe realmente por duas razões. A primeira é a mesma pela qual um qualissigno não pode existir na realidade concreta. A segunda é que um ícone puro não pode mais representar um objeto concreto material, porque à medida que ele viesse a representar um objeto material ele já teria algo de indicial (parecido a uma foto), porque, na sua representação de um objeto externo, o ícone já é determinado pelas formas desse objeto externo. É por causa disto que Peirce introduziu o conceito de *hipoícone* para os ícones menos puros que apresentam essas características. Porém, ícones puros existem aproximadamente, isto é, na pintura não representativa. Um quadro abstrato não representa mais nada, ele é um ícone quase puro, mas só quase, porque, na sua materialidade, ele é um sinsigno, e não um qualissigno como o ícone puro.

Princípio similar se aplica aos símbolos e aos legissignos. Um legissigno genuíno não tem materialidade concreta porque ele é uma mera lei ou uma regra, que só existe na sua aplicação. Um legissigno usado como signo numa situação concreta não é mais apenas uma lei, mas se mistura com um sinsigno. O sinal de trânsito de "Pedestres" é um legissigno icônico no sentido em que ele pertence ao *Código de Trânsito Brasileiro*, que é uma lei. Posicionado em lugares concretos, nas ruas e caminhos da cidade, cada um desses sinais é um sinsigno. O mesmo vale para os símbolos, que são todos legissignos. O símbolo genuíno representa um conceito geral, uma ideia, mas conceitos gerais e ideias genuínas são muito abstratos. A palavra *gato* é um símbolo, mas concebê-la na sua generalidade, tanto na sua denotação como na sua significação, é muito difícil, senão impossível, visto que existem tantas espécies de gatos e tantos animais concretos que nunca vimos e nunca veremos. Para entender o símbolo *gato*, o ser humano tem a tendência de pensar em gatos individuais do seu conhecimento e, desde que se pensa assim, pensa-se não mais de uma forma simbólica, mas indicial: porque faz referência a um indivíduo, é referência indicial e não mais simbólica. Dar exemplos não é possível sem signos indiciais.

2.4.1.2 As regras da inclusão

O princípio da inclusão se sobrepõe parcialmente ao princípio anterior. Na sua essência, esse princípio diz que, entre os subsignos das três tricotomias, os tipos das categorias mais altas incluem sempre as classes inferiores da mesma tricotomia, mas não vice-versa. Um símbolo inclui um índice e um ícone, um índice inclui um ícone, enquanto o ícone não inclui nenhum outro signo. O mesmo vale para os outros subsignos. Liszka faz o resumo seguinte:

> Um sinsigno sempre envolve um qualissigno (CP 2.245). Um legissigno envolve sempre um sinsigno (e assim indiretamente um qualissigno) (CP 2.249). Índices envolvem ícones (CP 2.248). Símbolos envolvem índices (e assim indiretamente ícones) (CP 2.249, 2.293, 2.295). Signos dicentes envolvem remas (2.251). Argumentos envolvem signos dicentes (e assim indiretamente remas) (CP 2.253). Em outras palavras, a regra da inclusão sugere que não existe nenhum símbolo puro, por exemplo (LISZKA, 1996, p. 46).

O princípio da inclusão não se deve confundir com a intermidialidade dos signos, o fato, por exemplo, de uma imagem publicitária incluir palavras, diagramas ou fotos. Essa mistura dos signos é outro assunto. O princípio de inclusão peirciano não resulta em signos visíveis, ele é um princípio mental. O símbolo *pato*, por exemplo, inclui tanto a imagem mental de um pato como um índice mental, que conecta a mente do intérprete da palavra com a experiência vivida, o conhecimento colateral de patos vistos na vida real, mas no signo, que consiste de quatro letras, o ícone e o índice ficam invisíveis.

2.4.2 A classificação dos signos verbais

Na lista dos exemplos da Tabela 2.1, os signos verbais e não verbais estão misturados, embora já seja possível notar que exemplos de signos verbais não aparecem entre as primeiras cinco classes. A razão é que palavras não são qualissignos nem sinsignos, mas em princípio legissignos. Porém, palavras não são necessariamente símbolos. Elas são signos icônicos, no caso das expressões onomatopaicas, e índices, no caso dos pronomes demonstrativos e dos nomes próprios. Embora esses últimos tipos de palavras sejam diferentes em todas as línguas e, portanto, signos arbitrários com respeito à sua relação com o seu objeto, elas não são símbolos porque eles não representam conceitos gerais, mas sim, entidades particulares. Houser (2010, p. 93), dá uma lista de exemplos mais voltada para os signos verbais. Ela já inclui um signo verbal da classe 3, a do sinsigno indicial remático. O grito "Atenção!" como signo de um perigo iminente é o seu exemplo. Suponhamos que o objeto do perigo é um vidro enorme, que A carrega num caminho público para o qual B se aproxima. Como Houser admite que uns dos seus exemplos podem ser disputáveis, podemos ousar especificar o seguinte acerca desse exemplo: A expressão A é talvez um rema à medida que B ainda não reconhece o objeto do perigo, de maneira que B só ouve um sinal de alerta sem reconhecer ainda o objeto perigoso. Porém, a intenção de A é na verdade transmitir um signo dicente, que corresponde à mensagem: "Aqui há um perigo" ou "Este vidro é perigoso para você". Nesse sentido, o grito é um signo dicente. Mesmo se A não inclui o sujeito desta frase na sua expressão, ela está implícita na situação dada.

A partir da quinta classe, os exemplos de Houser são os mesmos ou semelhantes aos da nossa lista, mas em dois casos Houser tem ideias novas. A sua lista a partir da classe 5 é a seguinte:

5	Legissigno icônico	"Português" como signo de uma palavra escrita em português.
6	Legissigno indicial remático	Nomes próprios, ao menos no seu sentido batismal.
7	Legissigno indicial dicente	"O vencedor!" Exclamação no momento da entrega do prêmio a ele.
8	Símbolo remático	Palavras comuns enquanto tais.
9	Símbolo dicente	A proposição declarativa: "O gato está no tapete" [*The cat is on the mat*].
10	Argumento	A frase "Sócrates, sendo um homem, é mortal".

Notas: Classe 5: O exemplo adapta o exemplo "'English' as sign of a word written in English" de Houser às circunstâncias dos leitores desta introdução. Classe 6: "Nome batismal do homem" é uma alusão à teoria da referência de nomes próprios de S. Kripke. A primeira referência a uma pessoa pelo seu nome, no ato do batismo, é uma referência direta e não mediada por outras referências. Referências posteriores a essa mesma pessoa pelo seu nome passam por uma longa cadeia de referências posteriores de pessoa para pessoa até às pessoas presentes no ato do batismo, que eram as primeiras a fazer esta referência. Houser sugere, portanto, que só o primeiro ato de referência foi um índice puro, enquanto as referências posteriores, pelo envolvimento de tantas mediações por pessoas que se referiam a essa pessoa, na linha da cadeia referencial, o nome da pessoa referida adquiriu significações icônicas ainda ausentes no momento do batismo. Esse argumento envolve também a tese de que a vida é um signo (ver cap. 2.5). Mesmo quando se trata de uma pessoa singular com seu nome próprio, a continuidade de sua vida e tudo que a constitui e constituirá não é certamente um mero signo indicial.

2.4.3 O código dos signos do iPhone: Signo, objeto e interpretante

Os ícones de aplicativos do *smartphone* da Apple, para os quais a empresa introduziu o termo *app ícones* (a seguir, mencionados como *ais*), confrontam os seus usuários com um repertório de signos de uma nova ciberlinguagem. Do ponto de vista da semiótica, o termo "ai", tanto popular como comercial, sugere que esses signos pertencem à classe de signos que Peirce definiu como ícone, mas a leitura semiótica desses signos revela que eles constituem um código híbrido, no qual se encontra uma pluralidade de tipos de signos, não sempre icônicos. Além disso, vimos acima que, no estudo da iconicidade, é preciso distinguir vários tipos de ícones.

A Figura 2.6 mostra os *ais* da tela inicial do iPhone na versão brasileira do iOS 8 de 2015. O iOS é o sistema operacional também responsável pelo funcionamento dos iPads e iPods. Nessa versão, a maioria dos programas teve seu nome traduzido, mas alguns nomes de *ais* permaneceram em inglês, por exemplo, *Game Center*, *iTunes Store*, *App Store*, *Passbook* ou *FaceTime*. Para facilitar a referência aos

Aplicação

ais, os ícones serão referidos de ai1 até ai24 na sua ordem sequencial, portanto: ai 1= Mensagens, ai 2= Calendário, ai 3= Fotos, ai 4= Câmera, ai 5= Tempo etc.

O conjunto dos 24 *ais* na tela inicial do iPhone pertence a um código de signos, que contém ainda outros *ais* que o usuário pode acessar ao fazer um "swipe", gesto de "arrastar" com o dedo na posição horizontal, para ver os outros membros dos aplicativos à sua disposição. O número de signos que pertencem a esse código não é fixo. Trata-se, portanto, de um código aberto, que permite a criação de novos signos para representar novos aplicativos. A empresa distingue entre *ais* "nativos", que vêm junto com o sistema no momento da sua compra, e *ais* não nativos. Restringimo-nos aos 24 *ais* da tela inicial do iPhone.

Figura 2.6. Os 24 ais da tela inicial do iPhone na versão do iOS 7 e 8 (HAMANN, 2014).

2.4.4 O *ai*: signo duplo, híbrido, principalmente um legissigno icônico

Uma característica dos *ais* é que cada signo consiste de uma imagem com uma legenda verbal resumindo a função do "botão". No guia inglês *iPod-iPhone-iPad-Icons-Guidelines.pdf* da empresa de 2015, a imagem dos *ais* é chamada de "ícone" e a parte verbal de "texto". O guia enfatiza: "Nunca separe o ícone do texto". Cada *ai* é, portanto, um signo duplo, com uma parte icônica e uma parte verbal. O texto identifica o ícone e dá um resumo da função do aplicativo. O resultado dessa duplicidade é, às vezes, informativo, por exemplo, nos *ais Game Center* ou *Passbook* (ai12, ai16), em que o *design* do ícone não permite adivinhar a sua função. Em outros casos, o resultado da duplicidade do signo é mera redundância até para o usuário novato, por exemplo, no caso dos ícones denominados de "Câmera" ou "Relógio" (ai4, ai6), em que a imagem já transmite a ideia do aplicativo associado a ele sem que uma legenda seja necessária.

Como vimos acima, a tríade signo-objeto-interpretante constitui a primeira dimensão da classificação dos signos. Nessa dimensão, trata-se de considerar a (1) natureza do signo em si mesmo, (2) a natureza da relação do signo com o seu objeto e (3) a natureza do seu interpretante. Aplicado ao signo gráfico ai4, podemos dizer que o signo é a imagem da câmera no seu quadrado de cantos arredondados com a palavra "Câmera" por baixo. Os *ais* são, portanto, *signos duplos*. Eles consistem de um signo verbal e um signo gráfico, mas a peculiaridade dessa duplicidade é que a parte verbal e a parte visual desse signo duplo significam a mesma coisa. De certa maneira, então, o *ai* é um signo tautológico, quer dizer, um signo que diz a mesma coisa duas vezes.

Signos duplos

Voltando para os outros dois constituintes do signo ai4, podemos dizer que o objeto, aquilo que o signo representa, é tanto um aparelho fotográfico em geral como o aplicativo que permite ao usuário tirar fotos. O efeito do signo no seu intérprete é, sobretudo, o de orientá-lo na tela, saber onde precisa apertar para tirar uma foto ou fazer um vídeo, mas a ação de tirar uma foto também pode ser um interpretante.

Legissignos

    Todos os *ais* apresentados na Figura 2.6 são legissignos, porque o *design* e o significado de cada um foram determinados por decisão tomada pelos dirigentes da empresa Apple. O resultado dessa decisão não é uma lei no sentido do código civil, mas sim no sentido de uma regra autoritária. Os ícones até desfrutam de proteção jurídica contra o seu uso indevido. Os efeitos da "quase-lei" do código desses ícones determina a vida cotidiana de milhões de usuários. O fato de eles serem legissignos não exclui o fato de que eles também envolvam qualissignos e sinsignos.

Qualissigno

    Os *ais* não podem ser qualissignos em si, porque meras qualidades não podem tornar-se lei, mas nem por isso as leis precisam manifestar-se em qualidades positivas, por exemplo, nas qualidades da tinta das suas letras. No caso dos *ais*, destacam-se as qualidades das formas e cores do seu *design*. A materialidade dos seus signos, não como realidade crua, mas "sentida como positivamente possível" (CP 8.347, 1908), faz parte dos qualissignos incluídos nos legissignos. Sem essa materialidade, os legissignos não podem se manifestar e exercer o seu poder semiótico.

Sinsigno

    Da mesma maneira, os *ais* também envolvem sinsignos. A lei da forma desses ícones precisa também de instâncias concretas e existentes para se manifestar. Essas correspondem aos sinsignos. Na interface do usuário individual com o seu iPhone, os legissignos se manifestam em sinsignos em cada momento no qual o usuário usa o seu *smartphone*. A maneira como um legissigno se manifesta em sinsignos pode ser ilustrada com o exemplo das palavras escritas. Palavras também são legissignos, mas uma palavra escrita na lousa é um sinsigno. Como já vimos, Peirce também chama o sinsigno nesse sentido de réplicas de legissignos. Como sinsignos (ou réplicas de legissignos) os *ais* e as palavras podem ser apagados ou deletados, mas não como legissignos.

2.4.5 Ícone, índice e símbolo

    Do ponto de vista dessa tricotomia, cada um dos 24 *ais* (Figura 2.6), que definimos acima de legissignos e de signos duplos, consiste, na sua duplicidade, de dois tipos de legissignos. Na sua parte verbal, as palavras que designam os *ais* são sempre símbolos, signos por uma convenção cultural com um significado geral. O seu caráter de legissigno simbólico é evidente quando se leva em consideração que as 24 expressões verbais na legenda dos ícones precisam ser traduzidas para cada língua individual dos usuários do mercado global.

O signo gráfico, a imagem, chamado de ícone ou app ícone, também é um ícone na definição semiótica da palavra. Já o fato de que ele não precisa ser traduzido e permanece o mesmo em todos os países da distribuição do produto significa que o signo gráfico do *ai* não pode ser um símbolo. Ele também não é um índice, porque, diferentemente dos signos que representam por causalidade natural ou qualquer outra conexão imediata, por exemplo, uma lâmpada vermelha, que significa uma falha numa máquina, a imagem do *ai* não tem nenhuma conexão "natural" com aquilo que ela representa.

<small>Imagem</small>

Há graus de iconicidade nos signos gráficos dos ais a serem examinados abaixo. Em ícones como ai4, "Câmera", e ai6, "Relógio", que representam uma câmera e um relógio, a semelhança entre o signo icônico e o seu objeto é mais facilmente reconhecível do que no signo gráfico do ai3, "Foto", por exemplo, que talvez também poderia servir como representação gráfica de uma flor. Porém, a impossibilidade de adivinhar, fora do seu contexto, se essa imagem significa uma flor ou "Fotos" não significa que signos desse tipo sejam símbolos. No contexto do símbolo verbal do signo duplo, o signo gráfico é uma ilustração de fotos coloridas. Como imagem de uma foto colorida possível, o signo gráfico ai3 é signo por suas qualidades cromáticas e suas formas, e não meramente pela convenção estabelecida pelos *designers* da Apple de usar esse ícone para representar o aplicativo "Fotos". É por esta razão que todos os *ais* são ícones, não símbolos, nem índices.

<small>Iconicidade</small>

No repertório dos 24 *ais*, também encontramos símbolos. Por exemplo, o ai24, "Música", e o ai14 "iTunes Store", representam duas colcheias, notas do código da notação musical, cujo significado precisa ser aprendido em aulas de música. Porém, a função desses dois ícones não é a de representar sons musicais conforme esse código. Não importa, por exemplo, que a primeira nota, conforme esse código, signifique uma nota mais baixa e que, como colcheias, notas dessa forma representam sons relativamente curtos. Assim reconhecemos que elas significam "Música" e o "iTunes Store"

<small>Símbolos</small>

por um princípio semiótico diferente. Elas são meramente imagens de notas musicais, e servem como exemplos de música.

Exemplificação é uma forma de iconicidade. Que os símbolos representados nos *ais* não significam como símbolos é especialmente óbvio no ai2, "Calendário", e ai6, "Relógio". Lido como símbolo, ai2 seria um signo do quarto dia da semana e o dia 17 do mês dessa semana, e ai6 significaria que seriam 5h38m20s, o que obviamente não é o significado de "Calendário". Temos os símbolos que só servem de exemplificação. Os *ais* representam símbolos sem significá-los. Eles são meramente ícones de símbolos.

Da mesma maneira, também encontramos índices entre os *ais* cuja função é meramente exemplificativa. Considerando mais uma vez, ai2 e ai6, lidos no seu contexto "original" ou "natural", quer dizer, no momento em que ai2 significa realmente "4ª-feira, dia 17" e ai6 significa exatamente 5h38m20s, essa mensagem seria indicial mesmo porque diria "São 5h38m20s (ou 4ª-feira, dia 17) *agora*, *neste* momento (ou 'hoje')". Ai17, "Safari", que traz a imagem de uma bússola representa uma máquina semiótica, um instrumento para produzir um signo que indica a direção do Norte. Porém, a bússola na tela do usuário não serve para nortear o usuário. A imagem exemplifica o significado que ela representa de uma maneira vaga e na forma de uma mera possibilidade.

Porém, de outro ponto de vista, todos os 24 *ais* são índices num sentido muito diferente. Cada um dos 24 "botões" da tela *indica* o lugar específico que o usuário deve apertar para pôr o aplicativo escolhido em ação. Cada botão transmite uma mensagem invisível como "Aperte aqui". O sistema não tem nenhum signo específico para indicar essa função. Usando o jargão computacional, podemos dizer que esse índice é um signo por omissão (*by default*).

2.4.6 Rema ou dicente?

Evidentemente, não pode haver signos entre os *ais* que funcionam como argumento. Assim, o que resta a indagar é se os *ais* são signos remáticos ou signos dicentes. O signo remático "Relógio" não é falso nem verdadeiro (embora possa ser escrito de uma maneira certa ou errada). Signos dicentes podem "declarar fatos". O signo dicente "O relógio é de ouro" é informativo e pode ser uma proposição verdadeira ou falsa.

A análise semiótica revela que todos os *ais*, no contexto semiótico do seu uso, são signos dicentes que incluem três signos remáticos. Um rema é o símbolo verbal, o segundo é o ícone da sua imagem e o terceiro é o índice por omissão, o índice invisível que diz: "Aperte aqui!". Para o usuário, cada um dos 24 botões, interpretado como signo dicente, é informativo no sentido de que ele informa o usuário onde precisa apertar para pôr o aplicativo em ação. A mensagem proposicional, evidentemente, é sempre verdadeira porque, quando o usuário aperta, ele vai sempre ter o acesso indicado pelo *ai*. Se, por um defeito técnico, ao apertar o botão "Tempo" (ai5) fosse acionada a função "Relógio" (ai6), por exemplo, o signo dicente seria, então, um signo falso.

Remas

A interpretação dos *ais* envolve ainda outro signo dicente, ativo só na fase da aprendizagem do significado dos *ais* pelo usuário novato, quer dizer, aquele que ainda não se familiarizou com os signos na tela inicial do iPhone (SANTAELLA, 2004, p. 61-62). Enquanto para o usuário experto (*ibid.*, p. 60) o signo duplo do nome com o ícone é um signo tautológico, não mais informativo, a duplicidade palavra e imagem do *ai* é informativa para o novato. Ele tira do símbolo a informação que, em alguns ícones, é vaga demais na imagem sem texto. Enquanto o experto que desconsidere o símbolo verbal lê signos remáticos, o novato lê signos dicentes. Ainda sem familiaridade com os *ais*, o novato, para poder orientar-se na tela, lê o texto junto com a imagem, o nome do aplicativo e o ícone que o representa.

O signo duplo dicente

Igual a uma proposição, esse signo combina uma parte que funciona como sujeito e uma parte que funciona como predicado de uma proposição. O sujeito, nesse caso, é o nome, o predicado é o ícone. Ai12, por exemplo, o informa que o "Game Center" se acessa pelo botão com a imagem das quatro bolas transparentes. O ícone é vago demais para ser reconhecível sem essa informação. Na fase da aprendizagem, a imagem vaga das bolas recebe parte da sua significação da sua legenda. Sem a informação de que as bolas representam um "Game Center" o ícone não teria informação suficiente para saber de que aplicativo se trata.

É nesse sentido que os 24 *ais* são signos dicentes para o novato. Se, conforme o grau de *expertise* do usuário, o mesmo signo pode ser lido como signo dicente ou como signo remático, podemos ainda

As leituras dos novatos e dos expertos

postular um terceiro tipo de usuário, que não precisa de imagem nem de texto, porque ele está tão familiarizado com os 24 botões que até no escuro consegue apertar o botão certo. Mesmo assim, esse usuário – chamamo-lo de usuário ultraexperto – continua a interpretar cada um dos 24 botões com os quais ele está familiarizado como signo dicente, só que cada ícone do *ai*, por exemplo, o ícone do relógio, virou um ícone mental. Obviamente, sem a ideia do *ai*, que é um signo mental, o usuário não pode apertar o botão, nem na escuridão.

2.4.7 Que tipo de signos são os *ais* e que tipos de signo eles envolvem?

Quais das dez classes caracterizam os *ais* como signos? Acima vimos que o repertório dos *ais* pertence ao código de legissignos. Isto exclui as classes I (do qualissigno) e II até IV (dos sinsignos). A classe X também está exclusa porque um *ai* não pode ser um argumento. Nem por isso, vimos que os *ais incluem* qualissignos (classe I) nas qualidades cromáticas e nas formas do seu *design*. Os *ais* também incluem sinsignos no sentido de que todo legissigno se manifesta na materialidade das suas réplicas (que são sinsignos).

Princípio da inclusão

Os três sinsignos das dez classes são: II, o sinsigno icônico, III, o sinsigno indicial remático, e IV, o sinsigno dicente. Dessas três classes, a classe dos sinsignos indiciais (III e IV) são signos naturais, o que os exclui da nossa classificação. O *ai* como uma réplica de legissigno, que é geral, é um sinsigno icônico (classe II). Em resumo, as classes I, II, IV e X são inaplicáveis à classificação dos *ais*. Na ordem da sua relevância, os *ais* são ou implicam as classes de signos seguintes:

Sinsignos

Um *ai* é um *símbolo* ao mesmo tempo que ele tem um nome e é um signo verbal. Ele é um *símbolo dicente* se considerarmos que ele faz parte de ou implica uma definição, e quando é interpretado pelo novato na fase da aprendizagem da significação do *ai*. Esse aspecto do *ai* aparece de uma maneira mais clara nos manuais para os usuários, que definem e explicam que o *ai* X (nome, sujeito) serve para fazer Y (predicado). Para essa afirmação, não importa ainda o lugar do botão na tela, a informação é ainda geral. Os *ais* são também lidos como símbolos dicentes na fase da aprendizagem, quando o usuário novato se familiariza com a significação dos *ais*.

Símbolo dicente

No seu *interpretante*, o símbolo dicente contém dois signos remáticos, um é o sujeito, o outro o predicado da mensagem proposicional. Quando o manual explica, por exemplo, em signos verbais, que o botão "Passbook" (ai16) (sujeito) "serve para armazenar bilhetes, cartões de loja, cupons e cartões de embarque em um só aplicativo" (predicado), o predicado é interpretado como um rema icônico, criando a imagem de tudo aquilo que se pode fazer com esse botão. O sujeito da frase, que explica a significação do botão, funciona como um índice, porque a mensagem remete a mente do intérprete a um botão específico. Em geral, o sujeito de uma proposição *indica* um objeto, e o predicado *descreve* as suas características (cf. STJERNFELT, 2011, p. 42) em forma de imagem. Assim, no seu interpretante, o símbolo dicente contém um rema indicial (no seu sujeito) e um rema icônico (no seu predicado).

Interpretante

No signo duplo na tela inicial do iPhone, o sujeito dessa mensagem continua a ser representado na sua forma verbal "Passbook". O predicado é traduzido, numa tradução intersemiótica, para o ícone do *ai*. Nesse ícone, à primeira vista enigmático, a ideia da possibilidade de organizar uma variedade de documentos é exemplificada pelo corte de uma imagem de uma carteira porta-cartões com quatro divisões. Esse ícone exemplar mostra, de uma maneira meio vaga, que, na ordem de cima para baixo, há uma primeira divisão para cartões de crédito ou loja, uma segunda para cartões de embarque, uma terceira para documentos concernentes ao celular, e uma quarta para cupons de refeições ou cafés. O conjunto do nome "Passbook" com o ícone respectivo, o signo dicente simbólico, afirma que o ícone que representa o *ai* "Passbook" é aquele representado acima do símbolo verbal. O signo duplo não é tautológico ainda porque, para o usuário novato, a combinação de palavra e imagem é informativa. No mercado global, como os símbolos são abstratos e diferem em todas as línguas desse mercado global, esse símbolo é acompanhado por um legissigno icônico.

2.4.8 Tipos de ícones entre os *ais*

Acima já notamos que os *ais* dos signos remáticos icônicos se distinguem bastante na sua iconicidade, uns sendo mais, outros menos facilmente reconhecíveis ao que concerne à semelhança entre

Iconicidade

o signo e o objeto. Por isso, vale a pena aprofundar a análise desses ícones por meio de um exame do tipo da iconicidade que eles envolvem. Peirce distingue três tipos de ícones, a imagem, o diagrama e a metáfora. A *imagem*, neste sentido semiótico, é um ícone no qual qualidades simples constituem a semelhança entre o signo e o objeto. O ícone ai4, cujas formas têm certa semelhança com as formas e as cores do sol e de uma nuvem, é um ícone desse tipo.

<small>Diagrama</small>

O *diagrama* é um signo no qual a semelhança tem um caráter abstrato ou estrutural. Ai7, que representa um mapa pelo meio da abstração dos detalhes topográficos, é um bom exemplo de um ícone do tipo diagrama. Um fragmento de iconicidade diagramática é o círculo que no ai14 inclui as notas musicais e, no ai15, a letra A composta de um lápis e um pincel unidos por uma régua. Nos dois casos, ele representa uma loja sem que essa significação seja imediatamente reconhecível. A iconicidade é abstrata e só se revela ao saber pelos nomes dos ícones, que são "iTunes Store" e "App Store". O elemento que os dois símbolos verbais compostos têm em comum, quer dizer, o símbolo *Store*, é representado, no signo icônico dos ai14 e ai15, na forma de círculos recorrentes. É de se esperar que a empresa Apple abrirá, se não já abriu, mais lojas, usando mais ícones com o elemento desse círculo para representá-las. O conjunto desses ícones será então um diagrama das lojas Apple.

Diagramas mais conhecidos como tal são como o diagrama do tipo ai11, "Bolsa". Ele representa um diagrama da bolsa de valores para representar a variação dos valores com o tempo. O gráfico mostra a oscilação de índices pontuados por cinco linhas verticais que regularizam períodos de análise, sendo que o valor mais alto é destacado por um ponto. Também ai20 é composto por outro ícone diagramático, que representa, de forma visual, a variação de ondas acústicas de sons no decorrer do tempo.

<small>Metáforas</small>

No repertório dos signos gráficos que estamos examinando, os ícones do tipo metáfora só podem ser metáforas visuais, não metáforas verbais. A definição de Peirce de uma metáfora é que esse signo envolve um paralelismo mediado por outro signo, que faz uma mediação por similaridade, uma "ponte semiótica", entre o signo e o objeto. Só através de qualidades do objeto desse terceiro signo pode-se entender o significado de uma metáfora visual. Ai18, "Ajustes", é um exemplo.

O ícone, que discutimos acima como exemplo de um ícone esqueumorfo (ou seja, um ícone que retém ornamentos e estruturas que eram necessárias apenas nos objetos originais), representa um conjunto de engrenagens. O objeto que ele representa é semelhante a um componente típico de um relógio mecânico ou de outra máquina dos tempos pré-eletrônicos. Essa imagem, assim como todos os outros ícones esqueumorfos, são metáforas visuais. Sem qualquer semelhança a qualquer componente do iPhone, eles emprestam a ideia do ajuste do ícone de um componente de um relógio antigo, que serve como mediador para transmitir a ideia de ajuste.

Metáfora visual

2.4.8.1 Exercícios e comentários semióticos

Depois de esboçar os princípios semióticos em geral, que caracterizam os tipos de signos do código dos *ais*, concluímos o nosso estudo cibersemiótico com mais alguns exercícios e comentários. Sem repetir os exemplos já estudados acima, e sem repetir os aspectos da classificação semiótica que são os mesmos para todos os *ais*, focalizamo-nos a seguir na análise de mais alguns exemplos do nosso código de *ais*.

Ai1, "Mensagens". Que tipo de ícone exemplifica o balão de texto branco no quadrado verde, que representa a ideia de "Mensagens"? O ícone é evidentemente emprestado da mídia das histórias em quadrinhos, na quais um balão encerra as falas das personagens. O desenho é estilizado por omissão. Os signos verbais contidos no balão dos quadrinhos são omitidos, e a ponta alongada, que, nos quadrinhos, serve como índice da personagem que fala, é privada de qualquer indexicalidade. Como imagem abstrata de um balão de quadrinhos, mas sem a função de representar a fala de um protagonista de uma narrativa, o ícone é um exemplo típico de uma metáfora visual.

Ai3, "Fotos". Discutimos esse *ai* como exemplo de uma imagem cuja similaridade com o seu objeto é difícil de reconhecer. Uma evidência do fato de que se trata de uma representação estilizada de uma flor vem da história desse ícone, que substituiu a foto de um girassol na versão anterior do mesmo *ai*. A substituição, aliás, aumentou a iconicidade do *ai*, porque a foto de um girassol, na verdade, não é um ícone mesmo, mas um índice.

Fotos são signos indiciais, porque eles representam objetos singulares em momentos definidos no tempo e espaço. Assim, a substituição da foto pela imagem estilizada da flor pelos *designers* da Apple foi a substituição de um índice por um ícone. Que tipo de ícone é uma imagem estilizada de uma flor na sua função de uma representação de uma "Foto"? Evidentemente, o ícone serve para representar uma foto de uma flor.

"Foto" é um conceito geral que não pode ser representado na sua generalidade porque é impossível encontrar uma imagem que seja semelhante tanto a uma foto de uma flor como a uma foto de um cachorro. É por causa disso que os *designers* optaram por esse método de exemplificação. A imagem da flor exemplifica uma foto em geral. Embora nenhum ícone possa ser semelhante a todas as fotos possíveis, o signo é um ícone do tipo imagem, porque dar um exemplo é uma forma de apresentar um ícone.

Figura 2.7. Ai3, "Fotos", nas versões dos iOS de 2008 (esquerda) e de 2015 (direita).

Ai5, "Tempo". A estratégia dos *designers* de eliminar os elementos de indexicalidade e de aumentar a iconicidade dos *ais* também aparece na comparação do ai5, "Tempo", com o seu precursor. O botão antigo indicava "73 graus Fahrenheit", o que era duas vezes indicial. Primeiro, ele era um índice da cultura norte-americana, porque medir temperatura em Fahrenheit é uma característica dessa cultura. Segundo, o valor de 73 graus implica indexicalidade no sentido de que ele representa uma temperatura específica e exclui todas as outras temperaturas possíveis, embora saibamos que, como discutido no contexto do ícone do calendário, o ícone na verdade não afirma tal exclusão, de maneira que o índice só faça parte da exemplificação.

Figura 2.8. Ai5, "Tempo", nas versões dos iOS de 2008 (esquerda) e de 2015 (direita).

2.5 Adendo sobre o homem como signo

No início deste capítulo, citamos a afirmação de Peirce, considerada por muitos como enigmática: a afirmação de que "o homem é um signo". Apresentaremos abaixo uma discussão semiótica dessa afirmação, já que ela nos ajuda a esclarecer tanto a própria afirmação quanto a revisar, de certa forma, tudo o que foi apresentado neste capítulo.

Essa tese peirciana tem o sentido óbvio de que o homem é um signo *para outras pessoas* que interpretam os seus gestos como signos, a sua maneira de se vestir, de se comportar na vida social e privada etc. Sabe-se que estudos da semiótica cultural e da psicologia social sobre a comunicação não verbal têm mostrado, suficientemente, que o homem é de fato um signo. Portanto, dizer que o homem é um signo nesse sentido não seria nada original.

Por outro lado, não é isso (ou só isso) que Peirce quer dizer quando ele discute as características que o homem tem em comum com um signo. Em 1868, com o propósito de provar "uma verdadeira analogia entre um homem e uma palavra", Peirce desenvolve o seguinte argumento no seu artigo "Algumas consequências de quatro incapacidades":

> O fato de que toda ideia é um signo, junto ao fato de que a vida é uma linha de pensamentos, prova que o homem é um signo. Assim, o fato de que todo pensamento é um signo externo prova que o homem é um signo externo. Quer dizer, o homem e o signo externo são idênticos. Portanto, a minha linguagem é a totalidade de mim mesmo [do meu *self*], porque o homem é o pensamento (CP 5.314).

Depois dos comentários sobre o processo que Peirce define como *semiose*, no início do capítulo, não é muito difícil entender o que Peirce quer dizer aqui. O homem é um signo porque a essência de um indivíduo consiste nos seus pensamentos, sentimentos e ações, que são signos. Como a vida consiste em uma sequência de pensamentos, ela é, portanto, um signo. Para entender os detalhes, vale ainda ressaltar o seguinte:

1. Quando Peirce classifica o homem como signo, ele fala só de um tipo de signo, o símbolo. Isso é claro porque o seu propósito aqui é provar a "verdadeira analogia entre um homem e uma palavra", e palavras são símbolos.

2. Quando Peirce diz que um homem tem uma verdadeira analogia com uma palavra e, portanto, com um símbolo, a sua fala não significa que o homem seja análogo a *uma única* palavra. Pelo contrário, Peirce não diferencia sempre entre "um signo" no singular e signos no plural. Por *"um* signo" ele pode entender "todas as palavras, frases, livros e outros signos convencionais" (CP 2.292, 1903; ver acima, 2.3.2.3). Assim, o signo do qual Peirce fala na citação de 1868 não deve ser *uma* palavra, mas algo da extensão de um livro, um filme, ou, mais precisamente, um filme que se estende desde o seu nascimento até a sua morte, ou até o momento no qual o homem é considerado como signo durante a sua vida.

3. Quando Peirce afirma que "todo pensamento é um signo externo", qual é o sentido que ele dá ao adjetivo "externo"? Pensamentos não seriam signos internos, no sentido de "signos mentais"? A resposta a essa pergunta está num rodapé em sua "Nova Lista de Categorias" de 1867, onde Peirce cita o *Manual de Psicologia* de Johann Friedrich Herbart de 1834, no qual o autor distingue entre pensamentos (*Gedanken*) no sentido abstrato e filosófico de conceitos, não necessariamente atualizados na mente de um indivíduo específico, e pensamentos como atos de pensar no sentido psicológico (CP 1.559). Esses últimos são os pensamentos externos, dos quais Peirce fala em 1868. Sobre tais pensamentos, Peirce ensina o seguinte aos seus alunos na sua primeira aula em Harvard:

> O meu pensamento, quando o escrevi, era um evento diferente de qualquer pensamento que vocês tinham, e os seus pensamentos serão mais uma vez diferentes, quando vocês o lerem neste momento. Os pensamentos foram muitos, mas esta forma era só uma. Porque aquilo que foi escrito na lousa permaneceu o mesmo (W1: 165, 1865).

Uma maneira moderna de definir aquilo que Peirce entende por pensamentos como signos externos seria, portanto, dizer que eles são as corporificações de ideias nas mentes ou até nos cérebros das pessoas que pensam essas ideias.

Dois anos antes de desenvolver o seu argumento de que o homem é um signo porque a vida é uma linha de pensamentos, Peirce, na sua 11ª Aula de Lowell, justifica a tese do homem como signo de uma perspectiva diferente. A diferença é que, dessa vez, Peirce considera o homem num momento específico ("momento dado") da sua vida, não no decorrer da sua vida toda:

> O homem denota qualquer que seja o objeto de sua atenção num momento dado. Conota o que ele conhece ou sente deste objeto e que é a encarnação desta forma ou espécie inteligível; o seu interpretante é a memória futura dessa cognição, o seu "eu" futuro ou uma outra pessoa à qual se dirige, ou uma frase que escreve ou um filho que tiver (CP 7.591 e W1: 497, 1866).

O homem como signo

Essa citação de 1866 é mais difícil de entender, pois Peirce aí aplica conceitos da semiótica medieval. Portanto, principiantes na semiótica podem bem saltar essa citação e as explicações seguintes, destinadas aos leitores que queiram saber mais.

Semiose: o signo entre o passado e o futuro

O que Peirce descreve aqui é, mais uma vez, o processo de *semiose*, que envolve a tríade do signo, do objeto e do interpretante. Essas três instâncias pertencem tipicamente a três tempos distintos. O tempo do signo é o *presente*. O signo representa algo, o objeto do signo. O tempo típico do objeto é o *passado*, porque aquilo que é representado pelo signo precede tipicamente o signo que o representa. A representação do objeto pelo signo tem um efeito na mente ou na vida do homem, que Peirce chama de interpretante. Em relação ao signo, o interpretante vem em seguida, como qualquer interpretação segue aquilo que ela interpreta. A dimensão temporal do interpretante é, portanto, o *futuro*.

Como já observamos acima, o homem, nessa citação, é considerado como um símbolo num momento específico da sua vida, no qual ele dá atenção a um objeto não específico. Para entender melhor a situação, digamos que o objeto da sua atenção seja um balão vermelho, que ele observa com curiosidade no céu. Portanto, o homem-símbolo é considerado numa situação em que ele vê um sinsigno icônico (remático) porque o balão é um objeto singular (sinsigno), um rema (semelhante à palavra "balão") e um ícone, um signo pelas suas próprias qualidades.

Porém, se o homem dá atenção a esse signo, como é que tal situação pode ilustrar que o homem, ele mesmo, seja um símbolo? Esse enigma tem uma parte da sua explicação no conceito do pensamento como símbolo externo discutido acima. No momento em que o homem interpreta o signo, esse signo se torna um "pensamento externo" na mente do homem que dá atenção a esse símbolo. O signo observado no céu torna-se um signo corporificado no cérebro de quem o interpreta. Essa interpretação do processo de semiose mostra que Peirce rejeita as visões dualistas que consideram o signo algo fora da mente do intérprete, um "objeto" com o qual um "sujeito" esteja confrontado. Peirce vai ainda mais longe na sua rejeição do dualismo entre o sujeito e o objeto, quando defende a tese de que a mente do homem se estende para o seu meio ambiente semiótico. No mesmo texto, ele justifica essa tese da seguinte maneira:

> Em sua maioria, os antropólogos hoje em dia dizem [...] que a alma é distribuída no corpo inteiro [...]. Mas somos realmente fechados numa caixa de carne e ossos? Quando eu comunico o meu pensamento a um amigo com o qual estou em plena simpatia, de maneira que os meus sentimentos passam nele e eu estou consciente daquilo que ele sente, não é verdade que eu vivo tanto no seu cérebro quanto no meu – bem literalmente? [...] Diz-se que o homem não pode estar em dois lugares ao mesmo tempo, como se ele fosse uma coisa. Uma palavra pode estar em vários lugares ao mesmo tempo, [como por exemplo a palavra "seis" em] "Seis Seis" porque a sua essência é espiritual; e eu acredito que o homem não é nada inferior à palavra neste respeito (CP 7.591 e W1: 497, 1866).

Em resumo, o homem observa outro signo, um sinsigno icônico, que se corporifica nele na forma de um pensamento, que é um segundo signo e faz do homem um símbolo. Peirce continua dizendo que o homem-símbolo tem uma denotação e uma conotação. Com isso, ele se refere aos dois lados do objeto do signo que a semiótica tradicional define como denotação e significação (ou conotação; ver capítulo 1.4). Em 1866, Peirce ainda trabalhava com esses conceitos, que ele depois abandonou como conceitos-chave do seu vocabulário semiótico. Eles são precursores conceituais daquilo que

Peirce, mais tarde, definirá como objeto dinâmico ou real (denotação) e objeto imediato (significação) (ver 2.2.2.2).

Sobre a denotação do símbolo, cujo conteúdo é o pensamento do homem no momento em que ele vê o balão, Peirce diz que ela é "o objeto da sua atenção naquele momento". Como esse objeto da sua atenção é o balão, e o balão é um sinsigno icônico, podemos concluir que o objeto do homem como signo é outro signo. Peirce descreve a significação (ou a conotação) do signo mental do homem como aquilo que o homem "conhece ou sente desse objeto". Elementos do conhecimento que constituem a significação do pensamento são, portanto, elementos de conteúdo como "vermelho", "artefato esférico", "inflável", "flexível", "cheio de um gás mais leve do que ar" etc.

Além disso, Peirce fala da significação como a "encarnação" de uma "forma ou espécie inteligível". Com essa expressão, Peirce adota a terminologia Escolástica, em cujo vocabulário *species intelligibilis* significa "forma" ou "ideia" (*morphé* ou *eidos*) e forma é um princípio mental de inteligibilidade. Como explica Byrne, "tanto para Aristóteles como para Anquinhas, *eidos* ou *morphé* se referem àquilo que é conhecido não pela percepção e pelos sentidos, mas por um ato mental" (1997, p. 198-200). Entrar em mais detalhes é desnecessário nesse contexto, pois Peirce abandonará essa terminologia mais tarde, mas a explicação era necessária para entender a que Peirce se refere quando fala da significação dos símbolos.

Depois de considerar o homem como símbolo e de entender também a estrutura do objeto desse símbolo, falta ainda considerar o interpretante do homem-símbolo. Sobre o interpretante, quer dizer, os efeitos do símbolo sobre o homem, Peirce diz que ele consiste na "memória futura dessa cognição, o seu 'eu' futuro ou uma outra pessoa à qual se dirige, ou uma frase que escreve ou um filho que tiver" (CP 7.591). Nem todas essas descrições são aplicáveis ao nosso exemplo de um homem olhando para um balão, mas as seguintes sim: uma memória futura da cena do balão no céu é um interpretante bem plausível na nossa cena. Igualmente plausível é o interpretante que consistiria em contar o ele que viu à sua família quando ele chegar à sua casa. Igualmente plausível seria um interpretante que consiste em uma nota escrita no seu diário. Só o filho que deixa para o futuro como interpretante da sua vida não seria um exemplo convincente de um interpretante do símbolo que a mente do nosso homem era no dia em que viu o balão.

O papel do homem como corporificação de um signo tem uma de suas ilustrações mais poéticas no famoso episódio da Madeleine no romance *Em busca do tempo perdido* de Marcel Proust. No volume *No Caminho de Swann*, o autor relata o seguinte:

> Muitos anos fazia [...] quando, por um dia de inverno, ao voltar para casa, vendo minha mãe que eu tinha frio, ofereceu-me chá. [...] Ela mandou buscar um desses bolinhos pequenos e cheios chamados madalenas e que parecem moldados na valva estriada de uma concha de são Tiago [...]. No mesmo instante em que aquele gole, de envolta com as migalhas do bolo, tocou o meu paladar, estremeci, atento ao que se passava de extraordinário em mim. Invadira-me um prazer delicioso, isolado, sem noção da sua causa. [...] De onde me teria vindo aquela poderosa alegria? Senti que estava ligado ao gosto do chá e do bolo, mas que o ultrapassava infinitamente e não devia ser da mesma natureza. De onde vinha? Que significava? Onde aprendê-la? [...] E de súbito a lembrança me apareceu. Aquele gosto era do pedaço de madalena que nos domingos de manhã em Combray (pois nos domingos eu não saía antes da hora da missa) minha tia Léonie me oferecia, depois de o ter mergulhado em seu chá de Índia ou de tília, quando ia cumprimentá-la em seu quarto (Tradução de Mário Quintana de 1982, p. 71-73).

A partir das premissas semióticas estudadas acima, podemos reconhecer, nesse episódio, um processo de semiose com as seguintes características: os pensamentos do jovem Marcel na casa da mãe são o símbolo a ser estudado. São eles que caracterizam o jovem como um símbolo. O objeto desse símbolo, quer dizer, dos seus pensamentos, ou seja, o objeto da sua atenção é "um desses bolinhos pequenos e cheios chamados madalenas" e "aquele gole, de envolta com as migalhas do bolo". Na corporificação desse objeto no seu paladar ele se transforma em símbolo. Marcel descreve o efeito desse signo, portanto, o seu interpretante emocional, como um estremecer e um acontecimento extraordinário no seu corpo. Gradativamente, Marcel consegue reconstruir mais detalhes do objeto que tinha inicialmente reconhecido só parcialmente por meio do signo. Nisso, o objeto se desenvolve em paralelo ao signo, porque na medida em que a cena de Combray no seu passado (o objeto) é evocada na sua memória, ela se torna signo nos seus pensamentos no presente. O interpretante do símbolo mental é a "poderosa alegria" que Marcel sente na casa da mãe e que ele descreve em tantos detalhes.

☞ Atividades

1. Conceitos-chave

As dez classes de signo e os exemplos deste capítulo. Faça um resumo.

2. Exemplos e temas suplementares para apresentar e discutir em aula

Analise a parte seguinte do código das etiquetas de roupa sob a pespectiva da tipologia peirciana dos signos:

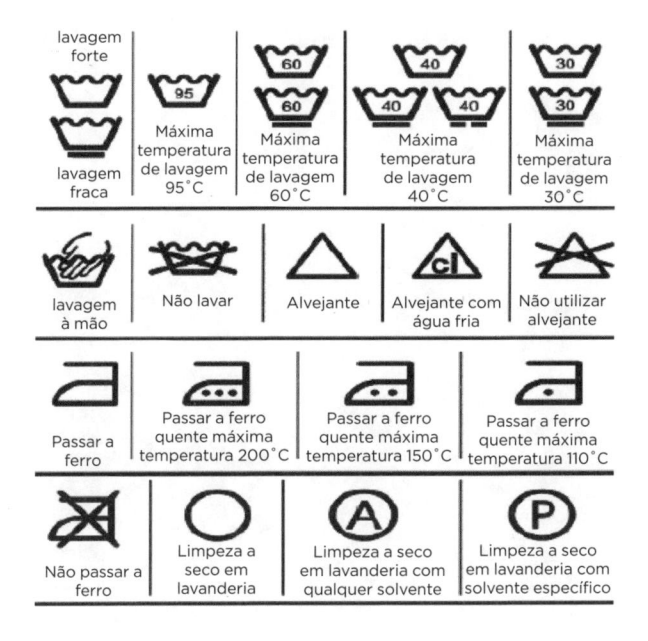

lavagem forte / lavagem fraca	Máxima temperatura de lavagem 95°C	Máxima temperatura de lavagem 60°C	Máxima temperatura de lavagem 40°C	Máxima temperatura de lavagem 30°C
lavagem à mão	Não lavar	Alvejante	Alvejante com água fria	Não utilizar alvejante
Passar a ferro	Passar a ferro quente máxima temperatura 200°C	Passar a ferro quente máxima temperatura 150°C	Passar a ferro quente máxima temperatura 110°C	
Não passar a ferro	Limpeza a seco em lavanderia	Limpeza a seco em lavanderia com qualquer solvente	Limpeza a seco em lavanderia com solvente específico	

3. Sugestões para trabalhos finais do curso

Elementos do código rodoviário sob a perspectiva da semiótica peirciana.

4. Literatura suplementar

Santaella (2000).

3
F. de Saussure: Fundamentos da semiótica estruturalista

Ferdinand de Saussure (Figura 3.1) é um dos fundadores da semiótica moderna. Com fundamentos na linguística geral, a sua teoria deu origem a uma vertente da semiótica do século XX conhecida sob o nome semiologia ou semiótica estruturalista. O sucessor imediato nessa vertente da semiótica moderna foi Louis Hjelmslev (cap. 4). Entre os seguidores de Saussure e de Hjelmslev estão Roland Barthes (cap. 7), os representantes da semiótica funcionalista (cap. 5), Algirdas J. Greimas e Umberto Eco, cada um com as suas características específicas.

Este capítulo introduz as ideias principais da semiótica estruturalista tal como elas foram formuladas por Saussure. A semiótica estruturalista se distingue, nos seus fundamentos e na sua abordagem, do estudo dos signos da semiótica de Charles S. Peirce, outro fundador da semiótica moderna, discutido no capítulo 3.

Figura 3.1. Ferdinand de Saussure (1857-1913).

3.1 A semiologia saussuriana: Projeto de uma semiótica futura

Ferdinand de Saussure (1857-1913) era professor de linguística geral na Universidade de Genebra e, antes de se dedicar a questões da linguística geral e estrutural, já tinha contribuído com estudos importantes para a linguística histórica. As suas ideias semióticas foram desenvolvidas no contexto do seu *Curso de Linguística Geral* em aulas administradas entre 1907 e 1910. Livro seminal da linguística geral e semiótica estrutural, o *Curso* foi publicado postumamente em 1916, compilado por seus alunos com base nas anotações feitas por eles nessas aulas.

Curso de Linguística Geral

Estruturalismo

Os princípios estruturalistas que Saussure postulou no início do século XX só foram adotados como guia de estudos semióticos umas décadas mais tarde. No âmbito do estruturalismo das ciências humanas, eles exerceram uma grande influência na linguística, na antropologia cultural (Claude Lévi-Strauss), na historiografia das ideias (Foucault), na filosofia (DOSSE, 1991), nos estudos da cultura, da literatura e das mídias na segunda parte do século XX (NÖTH, 1995, 1996). A semiótica estruturalista se situa nesse âmbito das correntes do estruturalismo nas ciências humanas do século XX.

A semiologia

Sob o nome de *semiologia*, Ferdinand de Saussure (1857-1913) concebeu a ideia de uma nova ciência dos signos em extensão da linguística geral. No seu *Curso de Linguística Geral* de 1916, ele escreve:

> Pode-se, então, conceber uma ciência que estude a vida dos signos no seio da vida social [...]. Chamá-la-emos de Semiologia (do grego sēmeîon, "signo"). Ela nos ensinará em que consistem os signos, que leis os regem. Como tal ciência não existe ainda, não se pode dizer o que será; ela tem direito, porém, à existência; seu lugar está determinado de antemão. A Linguística não é senão uma parte dessa ciência geral; as leis que a Semiologia descobrir serão aplicáveis à Linguística (SAUSSURE, 1916, p. 24).

Outros sistemas de signos mencionados por Saussure como tópicos de pesquisa semiológica, são o Braille, o código de bandeiras marítimo, sinais militares de corneta, os códigos cifrados e os mitos germânicos. O programa de pesquisa semiológica teria a sua âncora nos resultados do estudo da língua humana por ser o sistema de signos mais importante: "A língua é um sistema de signos que exprimem ideias, e ela é comparável, por isso, à escrita, ao alfabeto dos surdos-mudos, aos ritos simbólicos, às formas de polidez, aos sinais militares etc. Ela é apenas o principal desses sistemas" (1916, p. 24). Mas a semiologia também deveria se basear na ciência da língua humana porque ela é o sistema de signos mais bem pesquisado. Portanto "a Linguística pode erigir-se em padrão de toda Semiologia, se bem que a língua não seja senão um sistema particular" (*ibid.*, p. 82). O papel da linguística seria, portanto, aquele de um "padrão de toda a Semiologia" (*ibid.*).

Quando Saussure chama a ciência dos signos uma ciência do futuro, ele mostra que deve ter tido pouco conhecimento da história dos estudos semióticos desde a Antiguidade. Também desconhecia a semiótica do seu contemporâneo Charles S. Peirce, mas esse desconhecimento era mútuo. Peirce também não podia ter conhecimento da semiologia saussuriana, visto que as ideias principais dela foram publicadas apenas em 1916.

Uma ciência do futuro

Aquilo que Saussure concebia como uma ciência do futuro virou realidade durante as décadas a seguir, quando a semiótica se desenvolveu para uma ciência geral dos signos e da cultura. Além disso, os semioticistas das décadas seguintes também reconheceram que a semiótica como ciência dos signos não era uma ciência tão nova como Saussure imaginava, mas uma ciência com uma tradição rica com raízes na Idade Média e na Antiguidade.

São dois grandes temas do *Curso* que caracterizam a essência da semiótica saussuriana e deixaram as suas marcas na história da semiótica, a questão da natureza do signo e a questão da estrutura dos sistemas semióticos. Esses dois temas serão introduzidos nos próximos dois subcapítulos.

3.2 O signo verbal e a natureza dos signos em geral

Para caracterizar a natureza do signo em geral, Saussure começa com a caracterização da natureza do signo verbal de modo a deixar ainda em aberto a questão da diferença entre os signos verbais e os signos não verbais. Os temas principais da teoria saussuriana do signo são o modelo diádico do signo, o dogma da arbitrariedade do signo verbal, a questão da forma e da substância dos signos e as definições do signo, do significado e da significação.

3.2.1 O modelo diádico do signo

Signo: significante + significado

O modelo do signo que Saussure recomenda, portanto, a ser adotado como modelo de todos os signos a ser estudado no quadro da semiologia geral é o modelo do signo verbal. A sua primeira característica é a sua bilateralidade. O modelo do signo saussuriano é um modelo bilateral ou diádico. A Figura 3.2 mostra os dois lados do modelo do signo de Saussure. Os termos mais gerais, que Saussure usa para os seus dois lados desse modelo, são *significante* (parte inferior) e *significado* (parte superior).

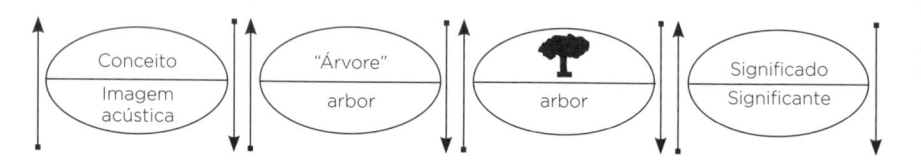

Figura 3.2. O modelo do signo verbal de Saussure (1916, p. 80-81, 133).

Pensamento Conceito Imagem acústica

Saussure compara o signo linguístico às duas faces de uma folha de papel: "O pensamento é o anverso e o som o verso; não se pode cortar um sem cortar, ao mesmo tempo, o outro" (1916, p. 131). Nesse símile, "pensamento" evidentemente se refere ao "conceito" e "som" à "imagem acústica" ou auditiva do signo. Outro símile que Saussure usa para descrever a bilateralidade do signo é a imagem do Janus, do deus romano de duas caras: o signo é "uma entidade psíquica de duas faces" (1916, p. 80). Na Figura 3.2, essas duas faces são as duas semielipses, cuja totalidade representa o signo como um todo.

As duas faces do signo

O exemplo concreto que Saussure dá para ilustrar o seu modelo é a palavra latina *arbor*, "árvore". Embaixo, o "som", como significante da palavra, é representado em forma das letras nas quais ela é escrita em latim. Na verdade, essa maneira de representar o significado é um pouco inadequada, porque o significante nem consiste de letras, nem de sons, mas da imagem acústica da pronúncia da palavra, quer dizer, de uma representação mental da maneira como o som é produzido e percebido. O significante de uma palavra não é o seu som mesmo, porque os sons são sempre um pouco diferentes nas suas pronúncias individuais. O significante é o nosso conhecimento da forma como se pronuncia e ouve a palavra pronunciada corretamente.

A parte superior da elipse representa o significado de duas maneiras, primeiro por meio da sua tradução portuguesa entre aspas, "árvore", que representa o mesmo conceito do que em latim, segundo como uma imagem de uma árvore. Ela não representa uma imagem de uma árvore, que seria outro signo de uma árvore, mas sim o conceito, isto é, a ideia de uma árvore. As flechas à direita e à esquerda da elipse indicam a "associação psíquica" entre a imagem acústica e o conceito. À esquerda dos diagramas, a flecha de baixo para cima refere à associação dos sons das palavras com as ideias que eles representam. As flechas à direita, de cima para baixo, representam a associação das ideias com os sons, que as representam na forma das palavras. A flecha para cima representa o caminho da audição de um signo verbal. Quando ouvimos uma palavra, criamos na nossa mente a associação de um som com a ideia. A flecha para baixo representa o caminho da produção de um signo. As ideias (os conceitos) vêm primeiro, a sua articulação acústica em segundo.

3.2.2 A arbitrariedade do signo

A antiga questão se os signos são naturais ou convencionais (e arbitrários) em relação às ideias que eles representam é retomada por Saussure. Resolvê-la é uma das tarefas da semiótica moderna, diz ele:

> Quando a Semiologia estiver organizada, deverá averiguar se os modos de expressão que se baseiam em signos inteiramente naturais – como a pantomima – lhe pertencem de direito. Supondo que a Semiologia os acolha, seu principal objetivo não deixará de ser o conjunto de sistemas baseados na arbitrariedade do signo. Com efeito, todo meio de expressão aceito numa sociedade repousa em princípio num hábito coletivo ou, o que vem a dar na mesma, na convenção. [...] Pode-se, pois, dizer que os signos inteiramente arbitrários realizam melhor que os outros o ideal do procedimento semiológico (1916, p. 82).

Arbitrarieda-de do signo: o "primeiro princípio"

Os "modos de expressão", que Saussure menciona, são as linguagens das diversas culturas, não só as verbais, mas também as não verbais, sejam elas visuais, auditivas ou até transmitidas por outros canais perceptivos. Entre a pluralidade de signos a serem estudados pela semiologia se destaca a linguagem verbal. Os signos verbais são certamente convencionais e arbitrários, mas a natureza dos outros signos ainda resta a ser indagada.

Diferentemente do uso do termo na ética cotidiana ou na fala da jurisprudência, na qual "arbitrário" significa algo como "abusivo, despótico, ou violento", o uso do adjetivo *arbitrário* na semiótica não tem nenhuma conotação negativa. Para Saussure, a arbitrariedade do signo verbal é o "primeiro princípio" no estudo das linguagens. O signo linguístico é arbitrário porque

> o laço que une o significante ao significado é arbitrário ou, então, visto que entendemos por signo o total resultante da associação de um significante com um significado, podemos dizer mais simplesmente: *o signo linguístico é arbitrário* (1916, p. 81-82).

O laço, de que Saussure fala aqui, é a associação pela qual o falante conecta o som das palavras com aquilo que elas significam. Essa associação não é natural. Ela é determinada pelas convenções, que cada língua estabelece. Todas as línguas consistem de signos predominantemente arbitrários porque qualquer som pode, em princípio, representar qualquer ideia.

> Assim, a ideia de "mar" não está ligada por relação alguma interior à sequência de sons *m-a-r* que lhe serve de significante; poderia ser representada igualmente bem por outra sequência, não importa qual; como prova, temos as diferenças entre as línguas e a própria existência de línguas diferentes: o significado da palavra francesa *bœuf* ("boi") tem por significante *b-ö-f*, de um lado da fronteira franco-germânica, e *o-k-s* (*Ochs*) do outro (*ibid.*).

As duas provas da arbitrariedade do signo

A primeira prova da arbitrariedade do signo verbal é que o som da palavra *mar* não evoca por si mesmo, quer dizer, pelas suas qualidades acústicas, a ideia de qualquer mar. A segunda prova é que a mesma ideia tem diversos nomes em diversas línguas. Aquilo que é um *boi* aqui, é chamado de *ox* acolá. Além disso, as palavras mudam na sua pronúncia com o tempo. Há dois mil anos, os latinos exprimiam a ideia do *boi* como *bos*, sem que as ideias sobre esses animais domésticos tivessem mudado nesse período.

A arbitrariedade do signo é um princípio social e não individual. Para o indivíduo, o mesmo princípio é uma realidade imutável. O usuário do signo verbal não pode modificar o fato de que bois têm que ser chamados de *boi* e que *queijo* pode ser pedido no supermercado só com essa palavra: "A coletividade é necessária para estabelecer os valores cuja única razão de ser está no uso do consenso geral: o indivíduo, por si só, é incapaz de fixar um que seja" (1916, p. 132). Por isso, a arbitrariedade do signo tem o seu complemento no princípio da sua imutabilidade:

> O significante aparece como escolhido livremente; em compensação, com relação à comunidade linguística que o emprega, não é livre: é imposto. Nunca se consulta a massa social nem o significante escolhido pela língua poderia ser substituído por outro. [...] Um indivíduo [...] seria incapaz, se quisesse, de modificar em qualquer ponto a escolha feita (1916, p. 85).

O princípio da imutabilidade

Seguindo a tradição clássica do racionalismo francês da Escola de Port-Royal (ver 1.7), o modelo do signo de Saussure é um modelo mentalista. Tanto o significante quanto o significado são construções da mente humana. O "objeto do signo" não é um termo da semiologia saussuriana. Aquilo que a tradição da semiótica geral chamava de objeto do signo não é um objeto real, fora do signo, mas, por assim dizer, algo dentro do signo na forma exclusiva de um conceito: "O signo linguístico une não uma coisa a uma palavra, mas um conceito e uma imagem acústica" (1916, p. 80).

3.2.3 Forma e substância do signo e a semiologia como ciência das formas

Os conceitos-chave da semiótica saussuriana se apresentam em forma de dicotomias, quer dizer, eles formam pares opositivos. A oposição *significante* versus *significado* é uma delas, a oposição *arbitrário* versus *natural* é outra. A oposição entre forma e substância é mais uma dicotomia saussuriana a ser examinada.

Os conceitos de forma e de substância têm sido usados em vários sentidos. Para os antigos e os medievais, a substância se refere à

Forma e substância: conceitos-chave da filosofia e da interpretação literária

materialidade de uma coisa, àquilo de que ela é composta. A substância de uma coisa não muda, ela é a sua essência, mas a sua forma, a sua aparência física, com a qual a coisa se apresenta, muda com o tempo. Por exemplo, a massa do padeiro é uma substância que pode ser trabalhada em forma redonda, quadrada, pequena ou grande.

Na teoria da interpretação de textos literários ou de obras de arte, o conceito de substância é também geralmente usado no sentido do conteúdo, ideia ou imagem, e a forma no sentido da expressão verbal desse conteúdo. Diz-se, por exemplo, que a forma de um poema muda com a sua tradução, enquanto a sua substância permanece a mesma. Na estilística é comum dizer que a mesma ideia (substância) pode ser exprimida em formas diferentes. Nesse sentido, a forma tem a ver com o significante e a substância tem a ver com o significado do signo verbal.

Forma como estrutura, tanto do significante como do significado

A interpretação da dicotomia forma *versus* substância de Saussure e dos outros semioticistas estruturalistas é bem diferente daquelas que se encontram na estilística e na teoria literária. Para Saussure, forma é essencialmente um sinônimo de estrutura, mas tanto os significantes como os significados de um signo verbal têm estruturas e, nesse sentido, formas. A forma dos significantes de um sistema semiótico é também chamado de sua forma da expressão e consiste das suas estruturas fonéticas, morfológicas e sintáticas etc., enquanto substância se refere ao material no qual essas estruturas se apresentam.

Por exemplo, um poema tem certa estrutura, um ritmo e uma métrica, mas também uma estrutura semântica. O primeiro é a forma do seu significante, o segundo é a forma do seu significado, no sentido estruturalista do conceito de forma. O que seria a sua substância? A substância do significante de um poema consiste da voz humana com as suas qualidades e seu potencial expressivos. No caso de um poema escrito, a sua substância consiste da tinta e do papel com o qual o poema é escrito, da tipografia e do uso do espaço gráfico. A substância do significado consiste de tudo sobre o que o poeta pode escrever, a vida, o mundo, as ideias antes que elas tomem forma no poema. Porém, fazer análise de texto não era o assunto de Saussure, que se interessava exclusivamente pelas estruturas do sistema.

Do ponto de vista do sistema, a forma do significante de um signo verbal consiste da sua estrutura fonética, e a forma do seu significado, da sua estrutura semântica. A forma do significante [sin] em inglês não é a mesma do que em português. Em inglês [sin], *sin* ("pecado"), opõe-se a [θin]→], *thin* ("magro"), enquanto tal oposição não existe em português, em que só a sílaba [sin] se encontra, e só em palavras eruditas como *sincronia* ou *sinergia*. A substância dos significados é a mesma porque os falantes das duas línguas falam com os mesmos instrumentos vocais e articulatórios.

Também a forma dos significados difere nas duas línguas. O português distingue entre *prima* e *primo*, enquanto o inglês tem só uma única palavra para os dois, quer dizer, *cousin*. Portanto, a forma dos significados difere nas duas línguas, enquanto a substância é a mesma, porque em ambas as culturas há filhos e filhas de tios e de tias.

Acerca das diferenças entre as línguas, Saussure defende uma teoria radical. Ele ensina que só as estruturas dos significados dão forma ao pensamento humano. As nossas ideias seriam amorfas, sem as estruturas dos signos verbais, que lhes dão estrutura. Sem os signos, o mundo seria, portanto, sem forma para nós. O mundo em si não é, pois não possui estruturas semióticas. Ele não tem signos. Só as culturas, por meio dos seus sistemas semióticos, possibilitam o nosso pensamento. Seria um erro acreditar que haja "ideias completamente feitas, preexistentes às palavras", escreve Saussure (1916, p. 79). Para ele, nada existe fora dos sistemas semiológicos estruturados pelos seus significantes e significados. O pensamento, considerado antes da língua, "não passa de uma massa amorfa e indistinta. [...] Tomado em si, o pensamento é como uma nebulosa onde nada está necessariamente delimitado" (1916, p. 130). Esses argumentos fazem parte da tese de Saussure (1916, p. 131, 138) de que a semiologia é a ciência das formas, não das substâncias.

A semiótica como ciência das formas

Todo pensamento humano é, portanto, determinado pelas estruturas dos sistemas semióticos, e são as estruturas desse sistema, que dão forma àquilo que a mente humana pode pensar. Como o pensamento é, portanto, formado (no sentido de estruturado) por signos, os signos também não podem ser instrumentos dos homens. Se eles fossem instrumentos, os signos teriam que ser os instrumentos de um agente ainda sem signos, o que seria uma contradição em termos. Afinal, como um agente sem signos poderia usar signos como os seus instrumentos, visto que usar signos pressupõe conhecer e, portanto, ter signos? De todo modo, conforme as premissas saussurianas, sem signos nem é possível pensar, porque só eles dão forma ao pensamento.

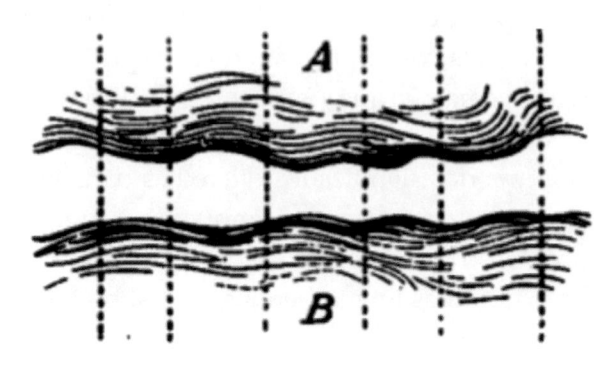

Figura 3.3. Formas impostas por signos (colunas verticais) nos contínuos amorfos das ideias (A) e dos sons (B) (linhas onduladas) (1916, p. 131).

No diagrama famoso da Figura 3.3, Saussure representa as esferas amorfas dos pensamentos ou das ideias (A) e dos sons das palavras (B). Tanto A quanto B são zonas nebulosas, e entre A e B há ainda uma zona vazia, que representa que as ideais e os sons, isto é, os significados (A) e os significantes (B), são sem conexão uns com os outros, devido ao princípio de arbitrariedade. Os sete segmentos representados como os "cortes" entre os pares adjacentes de linhas verticais representam os signos. Eles são assim representados como formas criadas de duas substâncias sem conexão entre elas. O exemplo abstrato representa, portanto, uma sequência de sete signos verbais, digamos "A nuvem passa, mas a chuva fica". As substâncias são massas amorfas tanto na esfera das ideias como na dos sons. O diagrama é um modelo do racionalismo estruturalista porque ele mostra como só a lógica dos signos e não a experiência vivida são os determinantes do nosso pensamento. O radicalismo dessa teoria fica claro nos argumentos seguintes:

> O pensamento, caótico por natureza, é forçado a precisar-se ao se decompor. Não há, pois, nem materialização de pensamento, nem espiritualização de sons; trata-se, antes, do fato, de certo modo misterioso, de o "pensamento-som" implicar divisões e da língua elaborar suas unidades constituindo-se entre duas massas amorfas (1916, p. 131).

3.2.4 O signo, o sentido e a significação

Saussure distingue entre o significado, o sentido e a significação de um signo verbal. As definições desses conceitos-chave da semiótica estruturalista são as seguintes:

3.2.4.1 Significado e sentido

O *significado* é um dos dois lados do signo, considerado do ponto de vista do sistema. Ele é o conceito ou a imagem mental associado a um significante no coletivo dos usuários de uma língua. Para saber o que é o significado de *boi*, os usuários da língua portuguesa podem consultar um bom dicionário. Conforme uma das definições principais do dicionário *Houaiss*, *boi* tem o significado "mamífero artiodáctilo do gên. *bos*, da fam. dos bovídeos [...], sob domesticação, encontrado em grande parte do mundo; de cornos ocos, pares e não ramificados". Evidentemente essa descrição nem esgota o escopo do significado da palavra. Ela nem fala da carne do boi, que é uma das razões principais da sua existência na pecuária.

<small>O significado</small>

Sentido (fr. *sens*) é um termo que Saussure usa em muitos contextos simplesmente como um sinônimo de *significado* como definido acima. Por exemplo, Saussure escreve que a língua "constitui-se num sistema de signos onde, de essencial, só existe a união do sentido e da imagem acústica" (1916, p. 23). Se o *sentido* é aquilo que é associado à imagem acústica do signo, que é o *significante*, Saussure se refere evidentemente ao conceito que ele definirá, mais tarde, como o *significado* do signo.

<small>O sentido</small>

Em outros contextos, Saussure usa o termo *sentido* como sinônimo de "função" ou o "papel" semântico atribuído às palavras em um contexto específico. Nesses contextos, *sentido* é aquilo que determina a segmentação da cadeia contínua da fala em unidades que são signos (cf. 1916, p. 121). Aqui, "sentido e função são concebidos como idênticos e [...] a língua está fixada nos casos em que empregará uma ou outra forma" (1916, p.186). Porém, a relação entre o sentido e a unidade material (significado e significante) é recíproca: "Uma unidade material existe somente pelo sentido, pela função de que se reveste [...]. Inversamente [...], um sentido, uma função, só existem pelo suporte de alguma forma material" (p. 162).

3.2.4.2 A significação

A significação

Para Saussure, a *significação* é a relação entre o significado e o significante de um determinado signo. Enquanto *valor* é um conceito relativo ao sistema, *significação* é um conceito relativamente à fala ou mais precisamente aos processos da produção da fala. O modelo da Figura 3.2 pode ajudar a entender a significação. Nele, a relação entre o significante e o significado é representada pelas flechas verticais. Em termos abstratos, Saussure descreve a relação da significação assim: "Tudo se passa entre a imagem auditiva e o conceito, nos limites da palavra considerada como um domínio fechado existente por si próprio" (1916, p. 133).

Em outros lugares, Saussure define a natureza do signo num contexto dado pelas suas relações duplas de *associação* e de *coordenação* (ver cap. 3.3.1: relações sintagmáticas e paradigmáticas). Para a significação como significado textual do signo verbal, vale o que Saussure diz: "Uma faculdade de associação e de coordenação [...] se manifesta desde que não se trata mais de signos isolados" (1916, p. 21). Nesse contexto, o fundador da semiótica estruturalista também vê uma relação de analogia entre a significação do signo verbal e os elementos da arquitetura:

Um exemplo de significação arquitetônica

> Desse duplo ponto de vista, uma unidade linguística é comparável a uma parte determinada de um edifício, uma coluna, por exemplo; a coluna se acha, de um lado, numa certa relação com a arquitrave que a sustém; essa disposição de duas unidades igualmente presentes no espaço faz pensar na relação sintagmática; de outro lado, se a coluna é de ordem dórica, ela evoca a comparação mental com outras ordens (jônica, coríntia etc.), que são elementos não presentes no espaço: a relação é associativa (1916, p. 143).

Em resumo, a significação é a união associativa e efetiva dos significantes da cadeia fônica com os seus significados. Sem significação, a cadeia fônica "é apenas uma linha, uma tira contínua, na qual o ouvido não percebe nenhuma divisão suficiente e precisa" (1916, p. 120). O que falta, quando ouvimos uma língua desconhecida, é a capacidade de produzir significações. A mensagem permanece sem sentido, mas, quando sabemos associar os significados aos significantes "a cada parte da sequência, vemos então tais partes se desprenderem umas das outras, e a fita amorfa partir-se em fragmentos" (*ibid.*).

O exercício seguinte da aplicação de uns dos conceitos-chave introduzidos neste subcapítulo se encontra no livro *Semiótica, Informação e Comunicação* de Teixeira Coelho Netto (1980, p. 23):

> Uma pessoa vê-se diante do signo /macutena/. Supondo-se que não conheça previamente o seu significado, o que ela vê aí é um simples significante, estando no máximo autorizado a dizer (pelo modo como a palavra está composta) que se trata de um possível signo. O fato de não reconhecer o significado desse signo não implica, naturalmente, a inexistência desse significado: ele está no dicionário, devidamente transcrito. Trata-se, portanto, de um signo perfeito, com significante e significado. Para essa pessoa, porém (que não conhece seu significado), esse signo não tem significação. A partir do momento em que alguém lhe diz: o significado de /macutena/ é "pessoa azarenta", ela está em condições de unir esse significado ao significante dado, formando-se aí, para ela, a significação do signo.

3.3 Sistema, estrutura e o signo

Depois da questão do signo, a natureza do sistema é um dos grandes temas da semiótica saussuriana. Os conceitos de signo e de sistema são inseparáveis, visto que o valor do signo é determinado pelas estruturas do sistema do qual ele é um elemento.

3.3.1. Sistema, as relações paradigmáticas e sintagmáticas

"A língua é um sistema de signos que exprimem ideias", diz Saussure (1916, p. 24) e especifica que *sistema* é a totalidade das "diferenças conceituais e diferenças fônicas resultantes desse sistema" (1916, p. 139).

> O sistema

Nunca se deve isolar o elemento do sistema do qual faz parte. Tal separação seria tão errada quanto o procedimento de "começar pelos termos e construir o sistema, fazendo a soma deles, quando, pelo contrário, cumpre partir da totalidade solidária para obter, por análise, os elementos que encerra" (1916, p. 132).

Esses postulados de Saussure formulam, em termos estruturalistas, um *insight* fundamental da teoria da Gestalt, formulada na Alemanha, na mesma década em que Saussure escreveu o seu *Curso*. Na percepção de uma "forma" ou "configuração", o todo ou conjunto é

> Afinidades entre sistema, Gestalt e conjunto

sempre mais do que as suas partes, provaram os psicólogos da Gestalt, e a parte sempre se relaciona ao conjunto. Traduzido para a terminologia da teoria cognitiva do século XXI, o postulado de Saussure é que a estratégia da análise de um sistema só pode ser de cima para baixo (*top-down*) e não de baixo para cima (*bottom-up*).

O que importa mais do que o elemento, diz Saussure, é o seu *valor*, mas o valor de um elemento não é uma característica do próprio elemento. Ele é determinado pelo sistema do qual o elemento faz parte. Destarte o valor não é inerente no elemento mesmo. Ele tem a sua origem nos outros elementos do sistema, dos quais ele difere. Saussure derivou deste *insight* a conclusão de que o valor é algo negativo. Ele é negativo porque é algo que o elemento em si *não* tem, mas que é imposto nele pelos outros elementos.

Sintagma – paradigma
Combinação – seleção

Entre as relações fundamentais que constituem o sistema estão as que Saussure define como sintagmáticas e "associativas". Para as últimas, Louis Hjelmslev (1943, p. 34, 115) introduz o termo *relações paradigmáticas*, que adotamos neste subcapítulo. Jakobson (1960) introduziu os termos *eixo da combinação* e *eixo da seleção* para os dois eixos. Como princípios da seleção, Jakobson (1960, p. 358) aponta a "equivalência, a similaridade e a dissimilaridade, a sinonímia e a antonímia". Um exemplo encontra-se na seleção de uma palavra num determinado contexto de alternativas igualmente apropriadas. O político, que fala das "*metas* ambiciosas de seu governo", podia ter escolhido, como alternativa para a primeira palavra do seu discurso, entre as palavras como "planos", "intenções", "projetos", "esperanças" ou mesmo "sonhos". A lista das palavras que podem ser escolhidas alternativamente no mesmo contexto caracteriza o eixo paradigmático ou da seleção. A combinação da palavra *metas* com *ambiciosas...* exemplifica o eixo sintagmático do discurso.

Qualquer discurso se desenvolve num processo contínuo de seleções e combinações. Depois de cada palavra articulada, o falante faz uma nova seleção conforme as regras e restrições vigentes para as relações sintagmáticas. As regras que determinam o eixo sintagmático nos dizem, por exemplo, que o artigo *o* combina com os substantivos *pato*, *gato* ou *prato*, mas não com preposições como *para*, *de* ou *em* (Figura 3.4).

	pato			mato
O	gato	vê	o	rato
	rato			prato

Figura 3.4 Os dois eixos da fala: As relações verticais, dentro das colunas, representam relações paradigmáticas (ou "associativas"). As relações horizontais entre as palavras escolhidas das opções oferecidas pelas colunas (em negrito) exemplificam relações sintagmáticas.

Os dois eixos da língua têm frequentemente sido representados diagramaticamente na forma de um plano cartesiano, no qual o eixo horizontal representa as relações sintagmáticas e o eixo vertical as relações paradigmáticas. O *Curso* de Saussure também tem um diagrama (Figura 3.5). Com ele, o autor quer ilustrar dois outros eixos de um sistema semiótico, que ele define como o eixo da simultaneidade (AB), das relações entre os signos entre si num determinado estado da língua (sincronia), e o eixo das transformações dos signos no decorrer da evolução do sistema (CD) (diacronia).

1º O eixo da simultaneidade (AB), concernente às relações entre coisas coexistentes, de onde toda intervenção do tempo se exclui, e *2º o eixo das sucessões (CD)*, sobre o qual não se pode considerar mais que uma coisa por vez, mas onde estão situadas todas as coisas do primeiro eixo com suas respectivas transformações.

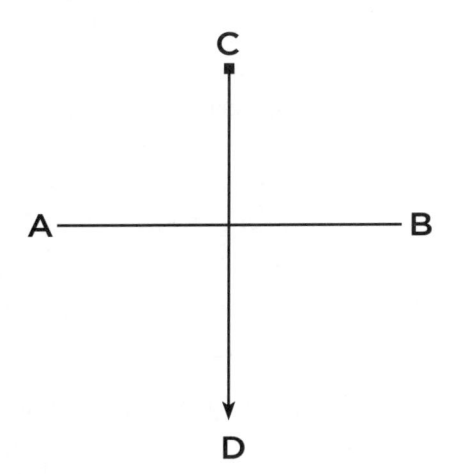

Figura 3.5 Dois eixos dos sistemas semióticos (SAUSSURE, 1916, p. 95).

O que Saussure diz sobre os eixos da sincronia e da diacronia também se aplica para os eixos sintagmáticos e paradigmáticos na linguística e até em outras ciências. Com referência ao diagrama da Figura 3.5, o autor escreve: "Todas as ciências deveriam ter interesse em assinalar mais escrupulosamente os eixos sobre os quais estão situadas as coisas de que se ocupam. [...] Para as ciências que trabalham com valores, tal distinção se torna uma necessidade" (1969, p. 95). Como as relações sintagmáticas e paradigmáticas entre os signos determinam os seus valores será examinado na secção 3.3.3.

3.3.2 Língua, linguagem (*langue, langage*) e a fala

Língua e fala

A língua é, portanto, o sistema semiótico *par excellence*. Mas Saussure também distingue entre língua e fala de um lado e língua e linguagem do outro. Diferentemente da língua, nem a fala nem a linguagem são sistemas no sentido estruturalista.

A língua é o sistema abstrato, a gramática, morfologia e fonologia, que determina a fala, enquanto a fala (*parole*) é o uso da língua em situações concretas. Quando falamos, a nossa fala pode desviar e sem dúvida desvia muitas vezes das regras do sistema da língua por erro ou por livre e espontânea vontade. Tais desvios não podem imediatamente influenciar o sistema, mas eles são a fonte de criatividade semiótica e da evolução da língua de geração para geração.

Linguagem

Linguagem, pelo contrário, é a faculdade humana de comunicar por meio de mensagens verbais: "A língua é para nós a linguagem menos a *fala*. É o conjunto dos hábitos linguísticos que permitem uma pessoa compreender e fazer-se compreender" (1969, p. 92). Todos os seres humanos, desconsiderando destinos patológicos, têm a competência da linguagem, mas os membros de culturas diferentes comunicam com línguas diferentes. Daí resulta a seguinte diferença entre língua e linguagem:

Língua *versus* linguagem

> A língua [...] não se confunde com a linguagem; é somente uma parte determinada, essencial dela, indubitavelmente. É, ao mesmo tempo, um produto social da faculdade de linguagem e um conjunto de convenções [...]. A linguagem é multiforme e heteróclita; a cavaleiro de diferentes domínios, ao mesmo tempo física, fisiológica e psíquica, ela pertence, além disso, ao domínio individual e ao domínio social (1916, p. 17).

O sistema de valores puros

A característica abstrata da língua como "sistema de valores puros" (1916, p. 95) também se revela quando Saussure fala da língua como um "mecanismo complexo" (1916, p. 87). A palavra "mecanismo" cria associações com máquinas, quer dizer, sistemas rígidos. A terminologia que o estruturalismo introduz com termos tais como estrutura, sistema e mecanismo funda um novo paradigma das ciências que se opõe ao paradigma anterior das ciências humanas predominante no século XIX, o paradigma orgânico ou biológico. Um dos representantes desse paradigma era Wilhelm von Humboldt (1767-1835). Na sua terminologia, que vigorava nas ciências humanas do século XIX, a língua não era um mecanismo, mas um *organismo*. Assim sendo, o modelo mecanicista de Saussure opõe-se ao paradigma biológico e orgânico do século de Humboldt. Depois de Saussure, o modelo mecanicista ainda cumulou na teoria de que a mente humana não se distingue essencialmente da máquina universal do computador.

3.3.3 Valor

O valor de um signo é "a propriedade que [um signo] tem de representar uma ideia" (1916, p. 132). Ele é sempre relativo, nunca absoluto, e deriva da relação do signo com os outros signos do sistema, que se determinam mutuamente nos seus significados. O valor de um signo não vem do seu uso no discurso, mas do sistema, mais especificamente, dos signos do sistema dos quais o signo dado difere ou se complementa. A figura 3.6 representa o valor dos signos como função das suas relações com outros signos do sistema pelas flechas horizontais, que representam essas relações. Não é o signo em si que tem valor; só as diferenças que os distinguem de outros signos criam o seu valor: "O valor de um [signo] resulta tão somente da presença simultânea de outros" (1916, p. 133). Sendo determinado pelas suas relações com outros signos, o valor é, portanto, determinado pelo sistema semiótico.

```
---( Significado / Significante )<->( Significado / Significante )<->( Significado / Significante )---
```

Figura 3.6 O valor do signo, determinado por sua relação com outros signos (1916, p. 133).

O conceito de valor é emprestado da economia. O que as duas ciências têm em comum é que ambas são ciências de valores: "Nas duas ciências trata-se de um *sistema de equivalência entre coisas de ordens diferentes*: numa, um trabalho e um salário; noutra, um significado e um significante" (1916, p. 95). O valor das palavras é até comparável ao valor das unidades monetárias:

<small>O valor do signo verbal e o valor do dinheiro</small>

> Para determinar o que vale a moeda de cinco francos, cumpre saber: 1º que se pode trocá-la por uma quantidade determinada de uma coisa diferente, por exemplo, pão; 2º que se pode compará-la com um valor semelhante do mesmo sistema, por exemplo, uma moeda de um franco, ou uma moeda de algum outro sistema (um dólar etc.). Do mesmo modo, uma palavra pode ser trocada por algo dessemelhante: uma ideia; além disso, pode ser comparada com algo da mesma natureza: uma outra palavra. Seu valor não estará então fixado enquanto nos limitarmos a comprovar que pode ser "trocada" por este ou aquele conceito, isto é, que tem esta ou aquela significação; falta ainda compará-la com os valores semelhantes, com as palavras que se lhe podem opor. Seu conteúdo só é verdadeiramente determinado pelo concurso do que existe fora dela. Fazendo parte de um sistema, está revestida não só de uma significação, como também, e sobretudo, de um valor, e isso é coisa muito diferente (1916, p. 134).

Saussure explica o conceito de valor do signo verbal com o exemplo da palavra *carneiro* em português em oposição à palavra *sheep* em inglês. As duas palavras diferem no seu respectivo valor "em particular porque, ao falar de uma porção de carne preparada e servida à mesa, o inglês diz *mutton* e não *sheep*" (1916, p. 134), distinção que não é feita em português. Portanto, "a diferença de valor entre *sheep* e [...] carneiro se deve a que o primeiro tem a seu lado um segundo termo" (*ibid.*). Outro exemplo: O valor da palavra portuguesa *professor* difere do valor da palavra inglesa *professor* porque, por um lado, o português não tem a oposição que o inglês faz entre *teacher* e *professor* e, por outro lado, o inglês não faz a distinção que o português faz entre *professor* e *professora*. Em resumo:

> A ideia de valor, assim determinada, nos mostra que é uma grande ilusão considerar um termo simplesmente como a união de certo som com certo conceito. Defini-lo assim seria isolá-lo do sistema do qual faz parte; seria acreditar que é possível começar pelos termos e construir o sistema fazendo a soma deles, quando, pelo contrário, cumpre partir da totalidade solidária para obter, por análise, os elementos que encerra (1916, p. 132).

3.3.4 Diferença

A característica pela qual um signo exibe o seu valor em relação aos outros signos é o da diferença. Um signo só tem valor porque ele é diferente dos outros, pois esta é a única função do signo: servir para ser diferente de todos os outros signos do sistema. Ser diferente significa ter um valor negativo no sentido de ter uma característica que os outros signos não têm. Saussure exemplifica essa ideia com o exemplo do valor do sistema da escrita em letras romanas. O argumento é que o "valor das letras é puramente negativo e diferencial" porque a mesma letra (*t*) pode ser escrita com variantes tais como $t \not\leftarrow \leftarrow$ (1916, p. 138). Aplicando a dicotomia de substância e forma a esse exemplo, também podemos dizer que, nas três maneiras de escrever a letra *t*, se manifesta a mesma forma da expressão (no sentido de estrutura), embora a substância difira.

O que vale para os significantes também vale para os significados. Os valores não existem como "*ideias* dadas de antemão", mas "emanam do sistema" (1916, p. 136). Eles "são puramente diferenciais, definidos não positivamente por seu conteúdo, mas negativamente por suas relações com os outros termos do sistema. Sua característica mais exata é a de ser o que os outros não são" (1969, p. 162). O valor negativo do significado não pode ser representado pelas flechas verticais, que caracterizam as relações entre o significante e o significado (Figura 3.2), mas só pelas linhas horizontais, que representam as relações entre os significados dos signos do sistema (Figura 3.6). O valor do significado é só determinado pela sua diferença negativa em relação aos outros significados do sistema e o mesmo é o caso do valor do significante. Em contrapartida, a relação entre dois signos não é negativa. Dois signos são meramente distintos e em oposição:

> Quando se comparam os signos entre si – termos positivos –, não se pode mais falar de diferença; a expressão seria imprópria, pois só se aplica bem à comparação de duas imagens acústicas, por exemplo, pai e mãe, ou de duas ideias, por exemplo, a ideia de "pai" e a ideia de "mãe"; dois signos que comportam cada qual um significado e um significante não são diferentes, são somente distintos (1916, p. 140).

No contexto do estruturalismo geral, o conceito-chave saussuriano de diferença tem sido muitas vezes usado como um sinônimo de oposição, mas Saussure, pelo menos, distingue entre diferença e oposição. "Diferença" caracteriza as relações horizontais em cada um dos dois níveis do sistema semiótico (Figura 3.6). Por exemplo, uma das diferenças entre os significantes das palavras *pai* e *mãe* seria que a primeira começa com uma consoante oclusiva, enquanto a segunda começa com uma consoante nasal. A diferença entre os significados é que *pai* é masculino, enquanto *mãe* é feminino.

<small>Diferença *versus* oposição</small>

Oposição, pelo contrário, caracteriza a relação entre dois signos na sua totalidade, o que compreende unidades compostas de significantes e significados. O conceito de oposição é, portanto, mais complexo. O mesmo par de palavras discutido acima, *pai* e *mãe*, também exibe uma relação de oposição, mas, quando se fala da oposição entre elas, trata-se de uma relação entre os dois signos verbais na sua totalidade. É nesse sentido que "todo o mecanismo da linguagem [...] se funda em oposições", que implicam "diferenças fônicas e conceptuais" (1916, p. 140).

☞ Atividades

1. Conceitos-chave

a) Se você tivesse que determinar seis conceitos-chave da semiologia saussuriana, qual seriam eles? Justifique a sua escolha, defina e exemplifique.

b) Como é que Saussure justifica a exclusão do "objeto do signo" da sua semiologia?

c) Em que sentido é que os princípios da arbitrariedade e da imutabilidade do signo são complementares?

d) Defina o conceito de significação de Saussure.

2. Exemplos e temas suplementares para apresentar e discutir em aula

Apresente exemplos da diferença entre o vocabulário da língua portuguesa e o de outras línguas que podem exemplificar a tese saussuriana das diferenças arbitrárias entre as línguas.

3. Sugestões para trabalhos finais do curso

a) A linguagem do dinheiro sob a perspectiva da semiologia de Saussure.
b) Saussure e Peirce: ideias em comum e as principais diferenças.

4. Literatura suplementar

Santaella (2002).

4
A semiótica hiperestruturalista de Louis Hjelmslev

Louis Hjelmslev (1899-1965; pronúncia ['jelmsleu]; Figura 4.1) fundou a Escola Semiótica de Copenhague, também chamada de glossemática. A palavra grega *glõssa* significa "língua". O termo *glossemática* refere-se, portanto, a uma abordagem específica ao estudo das linguagens. Para entender as ideias semióticas de Hjelmslev, o seu livro *Prolegômenos a uma teoria da linguagem* é fundamental. Ele foi publicado originalmente em dinamarquês em 1943. A sua tradução inglesa é de 1961. É ela que foi traduzida por Teixeira Coelho Netto para o português numa edição de 1975 citada no que vem a seguir.

A glossemática é uma teoria formal e abstrata, que examina as estruturas "imanentes" das línguas e de outros sistemas semióticos. De Saussure, ela adota o princípio de excluir os dados "extralinguísticos", e o projeto de ampliar o horizonte do estudo da língua verbal para outras linguagens, verbais e não verbais, literárias ou estéticas. O modelo glossemático do *signo* e da *linguagem*, da *denotação* e da *conotação* bem como as definições de *estrutura*, *texto* e *sistema*, exerceram uma influência considerável sobre o desenvolvimento da semiótica estrutural do século XX, sobretudo na França e na Itália. Na sua semiótica radicalizou-se a teoria saussuriana de modo que o estruturalismo de Hjelmslev tem sido caracterizado como hiperestruturalismo. No que se segue focalizaremos nos conceitos centrais da semiótica glossemática porque

> A glossemática de Hjelmslev

eles influenciaram a semiótica posterior de Roland Barthes, A. J. Greimas, Umberto Eco e outros.

Figura 4.1 Louis Hjelmslev (1899-1965).

4.1 Linguagem e semiótica e as estruturas imanentes a elas

O objeto do estudo de Hjelmslev é a linguagem como um sistema autônomo. A abordagem é caracterizada pelo objetivo de alcançar "um conhecimento imanente da língua enquanto estrutura específica que se baseia apenas em si mesma, procurando uma constância no próprio interior da língua e não fora dela" (1943, p. 23). Língua, linguagem, sistema, estrutura e texto são os conceitos-chave cujo conhecimento é necessário para entender essa abordagem. Estudar a linguagem como sistema de estruturas imanentes significa, para Hjelmslev, deixar os fenômenos "não linguísticos" de lado: "Os fenômenos físicos, fisiológicos, psicológicos e lógicos enquanto tais não constituem a própria linguagem, mas sim apenas aspectos a ela externos" (1943, p. 2).

Semiótico *versus* não semiótico

4.1.1 Língua, linguagem e semiótica

Hjelmslev distingue entre *língua* e *linguagem*. Exemplos de línguas são todas as línguas naturais, as línguas nacionais e regionais (1943, p. 24, 122-24), mas Hjelmslev diferencia mais precisamente entre *uma* língua e *a* língua, definindo a primeira como uma língua específica, tal como o francês ou o português, e a última como a totalidade das línguas: "Se a fala é a manifestação da língua, uma língua é por sua vez a manifestação [...] desta classe de classes que é *a* língua" (1948, p. 33).

Língua

O conceito de linguagem, em contrapartida, precisa ser entendido "num sentido muito mais amplo" (1943, p. 109). A diferença é que a linguagem é a língua (como sistema) mais a fala (ou os textos). Hjelmslev estende, portanto, a linguística saussuriana, que se restringe ao estudo da língua como sistema, para incluir também o estudo da fala, dos textos ou discursos: "A linguagem é a totalidade constituída pela língua e pela fala", inclusive as variantes estilísticas de uma língua como as linguagens regionais. "Portanto, ao falar aqui de *linguagem*, falamos de linguagem humana em geral, e ao mesmo tempo de cada uma das línguas, consideradas em sua relação com a fala" (1948, p. 31).

Linguagem: Língua + fala

Hjelmslev distingue entre as *línguas linguísticas*, que são o tema da linguística tradicional, e as *línguas não linguísticas*, que são "manifestações possíveis 'da língua' no sentido mais amplo". As últimas compreendem "qualquer sistema de signos organizado como uma estrutura de transformação" (*ibid.*, p. 33).

Línguas não linguísticas

No contexto do seu projeto de estender o estudo da linguagem para as línguas e linguagens não linguísticas, Hjelmslev introduz o conceito de *semiótica*, não como o nome dos estudos de signos, mas no sentido do seu objeto de estudo. Isto é, "semiótica", para Hjelmslev, é um sinônimo de linguagem num sentido ainda mais amplo, quer dizer, de sistema semiótico não linguístico. Nessa definição, uma semiótica é "uma estrutura análoga" à língua natural, e essa última "deve ser considerada apenas como um caso particular desse objeto mais geral" (1943, p. 113).

A semiótica como estrutura análoga à língua

Hjelmslev esboça o âmbito de uma nova semiótica na tradição da semiologia saussuriana, mas com ambições a uma cientificidade ainda mais rigorosa. O programa dessa nova ciência é o seguinte:

<small>O programa da nova ciência de signos</small>

Portanto: parece frutífero e necessário estabelecer num novo espírito um ponto de vista comum a um grande número de ciências que vão da história e da ciência literária, artística e musical à logística e à matemática, a fim de que a partir desse ponto de vista comum estas se concentrem ao redor de uma problemática definida em termos linguísticos. Cada uma à sua maneira, estas ciências poderiam contribuir para a ciência geral da semiótica ao procurar especificar até que ponto e de que modo seus diferentes objetos são suscetíveis de serem analisados em conformidade com as exigências da teoria da linguagem. Deste modo, provavelmente uma nova luz poderia ser projetada sobre essas disciplinas e provocar um exame crítico de seus princípios. A colaboração entre elas, frutífera sob todos os aspectos, poderia criar assim uma enciclopédia geral das estruturas de signos (1943, p. 114-115).

4.1.2 Sistema e processo

Diferentemente de Saussure, que se interessa pouco pelas estruturas da fala (*parole*), considerando a linguagem o verdadeiro objeto dos estudos semióticos, Hjelmslev postula que o estudo do sistema é inseparável do estudo do processo de realização do sistema na fala e em textos. Sistema *versus* processo e linguagem *versus* texto são, portanto, dicotomias-chave da glossemática. Os textos fornecem os dados para a análise do sistema: "Esses dados são, para o linguista, o *texto* em sua totalidade absoluta e não analisada" (1943, p. 14). Texto não significa só "texto escrito", mas o conceito inclui a fala, o discurso e qualquer outro processo semiótico. Processo, cadeia de signos e texto são sinônimos.

O procedimento da análise do texto é empírico e dedutivo. O projeto desse procedimento segue os princípios formalistas do neopositivismo da primeira metade do século XX. Nesse espírito se insere a definição do texto como "uma classe analisável em componentes", cujos "componentes são, por sua vez, considerados como classes analisáveis em componentes, e assim em diante até a exaustão de possibilidade de análise" (*ibid.*).

Textos são os produtos de processos semióticos. Os elementos de um texto estão conectados por relações sintagmáticas, enquanto o sistema da língua se constitui por relações paradigmáticas (ver cap. 3.3.1). O estudo dos textos não se restringe a textos existentes,

Sistema/linguagem *versus* processo/texto

O texto: processo semiótico

mas ele se estende a "todos os textos possíveis e concebíveis ou teoricamente possíveis" e, além disso, a "todos os textos de qualquer outra língua" (1943, p. 20).

4.1.3 O lugar privilegiado das línguas entre as linguagens

Apesar das perspectivas da extensão dos estudos das linguagens para as linguagens não linguísticas, e apesar da importância das analogias entre os sistemas não linguísticos com a língua, Hjelmslev não deixa nenhuma dúvida de que a linguagem verbal tem um lugar privilegiado nos estudos semióticos. Uma das justificativas do papel central da língua em relação às linguagens não linguísticas é aquilo que Hjelmslev chama de princípio da tradutibilidade. Podemos falar com palavras sobre pintura ou música e descrever essas estruturas semióticas em pormenores, mas não podemos representar o conteúdo de mensagens verbais com gestos ou com os recursos semióticos da pintura ou com os da música. Todos os textos de qualquer língua do mundo podem ser traduzidos em qualquer outra língua, e qualquer estrutura semiótica não linguística pode ser expressa através de uma língua específica, mas não vice-versa:

O princípio da tradutibilidade

> Uma língua é uma semiótica na qual todas as outras semióticas podem ser traduzidas, tanto todas as outras línguas como todas as estruturas semióticas concebíveis. Esta tradutibilidade resulta do fato de que as línguas, e elas apenas, são capazes de formar não importa qual sentido; é apenas uma língua que é possível "ocupar-se com o inexprimível até que ele seja exprimido" [Kierkegaard] (1943, p. 115).

Uma língua é uma semiótica

A tese com a qual Hjelmslev postula, nestas palavras, a soberania da língua humana em relação aos outros sistemas de signos é tanto ousada como contestada. Críticos veem nela a raiz daquilo que eles chamam de *logocentrismo*, a tendência de colocar o verbal no centro da cultura humana. Hjelmslev tem razão se o seu argumento da tradutibilidade quer dizer que os sons da música ou as figuras de uma imagem podem ser traduzidos (ou representados em descrições minuciosas) em palavras, enquanto as palavras dos seus *Prolegômenos* não podem ser traduzidas em sons musicais ou em figuras de uma imagem, mas as traduções às quais ele se refere estão

A acusação do logocentrismo

longe de produzir signos equivalentes aos signos que eles pretendem traduzir. Nenhuma descrição de uma peça musical pode substituir e transmitir as qualidades dos sons e dos ritmos do original.

4.2 O signo e as figuras que os formam

A glossemática se baseia no modelo diádico do signo de Saussure na sua estrutura fundamental, mas, ao mesmo tempo, ela redefine os seus componentes e desenvolve o modelo saussuriano para um modelo mais complexo.

4.2.1 Os dois planos do signo e das linguagens: expressão e conteúdo

O plano da expressão e o plano do conteúdo

Hjelmslev redefine os dois lados do signo que Saussure chamou de significante e significado (ver cap. 3.2.1) como os dois "planos" do signo e de uma linguagem em geral. O primeiro é o *plano da expressão* e o segundo o *plano do conteúdo*. A expressão e o conteúdo de um signo são inseparáveis. Hjelmslev chama a relação entre os dois planos de interdependência. Sem conteúdo não há expressão e vice-versa.

O conceito de conteúdo tem frequentemente sido definido em oposição ao conceito de forma. Nos estúdios literários, por exemplo, a forma de um poema é contrastada ou comparada com o seu conteúdo. Porém, a dicotomia "forma *versus* conteúdo" não é compatível com a terminologia de Hjelmslev porque forma, para Hjelmslev, tem uma definição muito mais abstrata que será examinada abaixo.

A expressão de um signo pode ter diversas formas. O mesmo conteúdo pode ser exprimido por meio da escrita, da fala, de gestos, pelo código telegráfico, o código binário, o código Morse, por outras palavras com o mesmo conteúdo ou pelas palavras de outra língua que traduzam o mesmo conteúdo. Todas as expressões que exprimem o mesmo conteúdo constituem o plano da expressão do signo.

No plano do conteúdo, encontramos os significados na forma pela qual a linguagem os articula. O conteúdo não existe independentemente da expressão do signo. O sistema do semáforo tem só três ou quatro unidades de conteúdo e de expressão, enquanto os conteúdos das palavras da língua portuguesa são milhares. O sistema semiótico determina a estrutura do conteúdo, que não existe fora desse sistema. Neste respeito, Hjelmslev concorda com Saussure, que usa a metáfora da frente (significante) e do verso (significado) de uma folha de papel para ilustrar essa inseparabilidade (cf. cap. 3.2.1).

Uma linguagem é, portanto, um sistema de elementos de expressão, que servem para exprimir elementos de conteúdo. Na língua escrita, as letras, as palavras separadas por espaços, as frases separadas por pontos finais e os parágrafos que começam com as novas linhas são os elementos do plano da expressão. O conteúdo que eles representam consiste das ideias ou dos significados que eles exprimem. O estudo do plano da expressão de uma língua é o assunto da fonologia e da grafêmica (o estudo da língua escrita). O estudo do plano do conteúdo é o tema da semântica estrutural.

Linguagem

4.2.2 O signo e a função semiótica

Para Hjelmslev, um *signo* é "um portador de significação" (1975, p. 195). O signo não exprime nenhum conteúdo que existisse independentemente dessa sua expressão semiótica. Seguindo Saussure, a glossemática define o signo como uma união indissolúvel entre uma expressão e um conteúdo: "Uma expressão é expressão somente pelo fato de que é expressão de um conteúdo, e um conteúdo é somente conteúdo pelo fato de ser conteúdo de uma expressão" (1975, p. 48-49).

O signo

Palavras e textos são signos, porque elas "veiculam uma significação" (*ibid.*). Como os signos, assim definidos, são unidades de estruturas bem diversas e porque as línguas também consistem de elementos sem significação – portanto, elementos que não são signos –, Hjelmslev rejeita o pressuposto de que a semiótica seja um estudo de signos. Nem as palavras, nem os morfemas, dos quais elas se compõem, são os signos últimos ou irredutíveis de uma língua. Palavras derivadas e flexionadas, por exemplo, são compostas de constituintes mais elementares, igualmente portadores de significações. O ponto de partida da semiótica hjelmsleviana é, portanto, o de procurar os elementos semioticamente fundamentais das linguagens, e esses elementos são as figuras.

4.2.3 As figuras dos planos da expressão e do conteúdo

Palavras formadas por composição ou as formas flexionadas consistem de mais do que um único signo. Mesmo entre os elementos que constituem as palavras declinadas ou conjugadas – os radicais e os prefixos ou sufixos flexionais ou derivacionais –, há elementos mínimos no nível da expressão que contêm mais do que uma significação em uma única forma da expressão. Por exemplo, a palavra *cantavam* contém dois signos. O primeiro, *canta-*, significa um conteúdo que se pode parafrasear como "emitir sons vocais musicais". O segundo signo dessa palavra é o sufixo *–vam*. Essa forma mínima, no plano da expressão, é associada a três elementos mínimos do conteúdo, porque ela significa "passado", "plural" e "3ª pessoa".

Figuras: componentes de signos

Assim, a análise semiótica de uma língua como a língua portuguesa, na verdade, não é um estudo de signos. A ambição da semiótica estrutural hjelmsleviana é a de entrar por baixo do nível dos signos e de revelar elementos mínimos, tanto no plano da expressão como no plano do conteúdo. O termo técnico que Hjelmslev introduz para descrever os elementos mínimos de cada um dos dois planos é *figura*. Figuras não são signos, mas elas constituem signos. Uma paráfrase de *figura* seria *componente sígnico*.

Cenema: figura da expressão

A semiótica glossemática procura figuras tanto no plano da expressão como no plano do conteúdo dos signos. As *figuras da expressão* de uma língua são seus fonemas ou grafemas. Hjelmslev (1936, p. 157) introduz o conceito mais geral de *cenema* para as figuras de uma linguagem em geral. O termo vem do grego *kénos*, "vazio", e quer dizer que esse elemento do signo é sem conteúdo. As figuras, nesse plano de análise, são os *fonemas* na língua oral e as *letras* ou grafemas na língua escrita. Cenemas não significam nada e, portanto, não são signos. A sua função é servir para distinguir signos. Por exemplo, a figura *f* no signo verbal *franco* distingue esse signo do signo *branco*, cuja primeira figura é a letra ou o fonema *f*. O termo "cenema" é mais geral do que o termo "fonema", e assim pode ser aplicado a elementos sígnicos de linguagens não verbais também.

Plerema: figura do conteúdo

No plano do conteúdo, Hjelmslev introduz o termo técnico *plerema* para os componentes mínimos dos signos. O termo vem do grego *pléres*, "cheio", e quer dizer que os elementos mínimos do plano do conteúdo já têm um significado próprio. As *figuras do con-*

teúdo são os *componentes semânticos* da semântica estrutural. Por exemplo, os componentes semânticos "humano", "jovem" (ou "não adulto") e "feminino" são as figuras das quais a palavra *menina* é composta no seu plano do conteúdo.

Um exemplo da decomposição de um signo nos dois planos da linguagem verbal é a forma *sou* (Hjelmslev, 1957, p. 126). Ela consiste em três figuras da expressão, *s*, *e* e *r*, e cinco figuras de conteúdo, a saber, "ser", "indicativo", "tempo presente", "primeira pessoa" e "singular".

Portanto, os planos da expressão e do conteúdo das línguas estruturam-se analogamente ao mesmo tempo que cada plano é decomponível em figuras. O paralelismo estrutural comprova que "as duas faces da língua (os planos) têm uma estrutura categorial e perfeitamente análoga" (1943, p. 107). No entanto, as analogias entre o plano da expressão e o plano do conteúdo não significam que o signo esteja estruturado isomorficamente, isto é, em relações um a um entre as figuras dos dois planos. Como vimos acima, um signo pode ter cinco figuras de conteúdo e só três figuras da expressão, e o elemento que é figura num nível não é necessariamente também figura no outro nível. A figura do conteúdo "feminino" distingue os significados das palavras *menina* e *menino* tanto como a figura *m-* do plano da expressão distingue o signo *meu* do signo *teu*.

Com base no *insight* de que os elementos mínimos das línguas naturais não são signos, mas figuras, Hjelmslev conclui que as línguas não deviam ser definidas como *sistemas de signos*. A definição alternativa é:

> As línguas não poderiam ser descritas como simples sistemas de signos. A finalidade que lhes atribuímos por pressuposição faz delas, antes de mais nada, sistemas de signos; mas, conforme sua estrutura interna, elas são sobretudo algo de diferente: sistemas de figuras que podem servir para formar signos (1943, p. 52).

A língua como sistema de figuras

4.3 Estratificação:
Forma, substância e matéria (sentido)

Hjelmslev não esboçou nenhum modelo do signo em forma diagramática, mas a sua teoria dos dois planos do signo (expressão e conteúdo) e da estratificação dos dois planos em forma, substância e matéria é um modelo que pode ser lido como uma tentativa de renovar o modelo diádico do signo de Saussure, mas, antes de esboçar esse modelo biplanar e estratificado, é mister introduzir os conceitos que compõem os seus estratos e planos, forma, substância, matéria, expressão e conteúdo.

4.3.1 Forma, substância e matéria

Eidós, ousía, hýle
Forma, substância, matéria

Forma, substância e matéria têm sido conceitos filosóficos-chave desde a Antiguidade. Platão e Aristóteles usam os termos *eidós* ("forma"), *ousía* ("substância"), e *hýle* ("matéria"). Para os gregos e os medievais, a substância é o ser de uma coisa, aquilo que permanece sempre idêntico, enquanto a forma é a aparência exterior da coisa, que pode sofrer alterações com o tempo (cf. cap. 3.2.3). De acordo com Aristóteles, qualquer coisa é composta de substância, matéria e forma, mas o ser da substância das coisas é independente da sua matéria e da sua forma.

Substância

A substância é algo que não se pode conhecer. A matéria, por outro lado, é o concreto, de certo modo, a matéria-prima da qual se compõem as coisas do mundo. Para Aristóteles, a matéria é sem forma, enquanto a substância se apresenta com forma. Todo objeto concreto compõe-se de matéria e tem uma forma, mas também existe matéria sem forma, e ela é amorfa. A forma faz com que a matéria amorfa se torne perceptível.

Hjelmslev usa os três conceitos, de um lado, de uma maneira compatível com a terminologia antiga, mas, de outro lado, também de uma maneira nova. Sem adotar as implicações metafísicas dos filósofos antigos, ele os aplica tanto para descrever o plano do conteúdo quanto o plano da expressão dos signos. Os conceitos glossemáticos mais próximos das definições antigas são os da forma, que dá estrutura aos fenômenos, e da matéria, que ainda não tem estrutura. Começamos com a análise da esfera da matéria ainda amorfa da qual os signos verbais emergem.

4.3.2 A matéria do conteúdo e da expressão e o sentido

O conceito hjelmsleviano da matéria do conteúdo e da expressão torna-se difícil de entender por razões de terminologia e de traduções. Nos *Prolegômenos*, na versão inglesa autorizada por Hjelmslev, o termo é *purport*, uma palavra erudita, que se traduz como "significado, sentido, teor, conteúdo, substância", o que ajuda pouco por falta da distinção entre os conceitos semióticos já estabelecidos com outros sentidos. A tradução portuguesa dos *Prolegômenos* utiliza a palavra *sentido* (1943, p. 136), por exemplo, no contexto seguinte, que descreve a esfera ainda amorfa da matéria do conteúdo:

> O sentido, em si mesmo, é informe, isto é, não está submetido, em si mesmo, a uma formação, mas é suscetível de uma formação qualquer. Se há limites aqui, eles estão na formação e não no sentido. É por isso que o sentido é, em si mesmo, inacessível ao conhecimento, uma vez que a condição de todo o conhecimento é uma análise, seja qual for a sua natureza. Portanto, o sentido só pode ser reconhecido através de uma formação, sem a qual ele não tem existência científica (1943, p. 79).

_{Sentido: informe, mas maleável}

O uso do termo *sentido* para designar a esfera ainda não estruturada antes do signo lhe dar forma é problemático porque soa algo contraditório conceber "sentido" como algo sem estrutura de conteúdo. Isto deve ser uma das razões pelas quais Hjelmslev, em 1954, substituiu a palavra inglesa *purport*, e com isso, a palavra *sentido*, na tradução portuguesa, pela palavra *matter*, isto é, *matéria* (1954, p. 61). A esfera da *matéria do conteúdo* é, portanto, o mundo ainda não semioticamente estruturado, quer dizer, o mundo dos fenômenos para os quais ainda não existem palavras que imponham as suas limitações semióticas a eles. Para Saussure essa esfera era a da "substância amorfa", que ele descreve como a "massa de pensamento amorfa" (ver cap. 3.2.3). Mas para Hjelmslev, como se verá abaixo, a substância do pensamento já é estruturada.

_{Sentido, *purport* e matéria}

Um exemplo de matéria de conteúdo é o espectro contínuo das cores. Ele é semioticamente amorfo antes que uma língua específica selecione segmentos específicos dela para designá-los com o seu vocabulário das cores. Só o vocabulário de cada língua dá forma semiótica ao espectro cromático, mas as formas de conteúdo que duas línguas impõem a esse espectro podem não ser as mesmas (1943, p. 58):

Em galês, "verde" é em parte *gwyrdd* e em parte *glas,* "azul" corresponde a *glas,* "cinza" é ora *glas,* ora *llwyd,* "marrom" corresponde a *llwyd*; o que significa que o domínio do espectro recoberto pela palavra portuguesa *verde* é, em galês, atravessado por uma linha que leva uma parte desse mesmo domínio para o domínio coberto pelo português *azul,* e que a fronteira que a língua portuguesa traça entre *verde* e *azul* não existe em galês; [...] Um quadro esquemático permite perceber de imediato a não concordância entre as fronteiras:

Cores básicas em português e em galês

verde	gwyrdd
azul	glas
cinza	
marrom	llwyd

A semiótica em relação com as outras ciências

O diagrama representa, portanto, as formas que duas línguas impõem com o seu vocabulário respectivo ao mesmo espectro cromático. A linha vertical no meio do diagrama pode ser lida como a representação do contínuo cromático. Esse contínuo ótico permite ainda outras formas de divisão do espectro além das duas que o diagrama exemplifica. É nesse sentido que a matéria do conteúdo do contínuo cromático é ainda sem forma semiótica. Ele pode ser formado de maneiras diferentes pelas diversas línguas do mundo. A matéria é só amorfa antes que o vocabulário das duas línguas dê forma a ela.

Porém, quando Hjelmslev caracteriza essa esfera amorfa da matéria de conteúdo como sendo "não formada" ou "inacessível ao conhecimento" (1943, p. 80), ele se restringe, com essa caracterização, ao ponto de vista semiótico. Ele não quer dizer que aquilo que é semioticamente amorfo exista sem nenhuma (outra) estrutura. Pelo contrário, Hjelmslev frisa que os fenômenos semioticamente amorfos têm outras estruturas (ou formas), nesse caso, estruturas óticas. Evidentemente, a ciência da ótica é capaz de revelar estruturas e, portanto, formas físicas naquela esfera semioticamente amorfa. O que Hjelmslev defende com esse argumento é uma metodologia perspectivista. Cada ciência tem a sua própria perspectiva e a perspectiva semiótica é só uma de muitas. Nesse perspectivismo, Hjelmslev até chega a postular que "toda ciência é uma semiótica" (1954, p. 61), mas não podemos entrar nos pormenores desse argumento aqui.

Hjelmslev postula a existência do estrato da matéria tanto no plano do conteúdo quanto no plano da expressão. Além da matéria do conteúdo há, portanto, uma matéria da expressão. A matéria da expressão da língua oral é simplesmente o conjunto de todas as possibilidades dos homens e mulheres de articularem sons fonéticos por meio da voz, da língua, dos lábios etc. É o potencial articulatório comum dos locutores. A matéria da escrita é o alfabeto ou, mais geral, o sistema da escrita. Em paralelo com o que vale para a matéria do conteúdo, a matéria da expressão caracteriza a esfera dos sons da fala humana ainda não articulada por uma língua específica. A matéria fonética da qual as diversas línguas são feitas.

> Matéria de conteúdo e matéria da expressão

Deste paralelismo entre os estratos da expressão e do conteúdo Hjemslev conclui que há uma homologia entre os dois planos, quer dizer uma correspondência estrutural, mas não uma isomorfia. Isto é, não existe uma correspondência um a um entre os dois planos do signo. Em resumo, os dois planos são estruturados pelos mesmos princípios (e, portanto, homólogos), mas, como elas não têm uma correspondência perfeita entre as suas estruturas, eles não são isomorfos.

> Homologia dos dois planos

4.3.3 A substância formada

Diferentemente de Saussure, para quem a substância da língua é amorfa (ver cap. 3.2.3), para Hjelmslev ela é já formada. A substância formada é a forma que a matéria assume, quando ela é formada pelos signos verbais de uma língua específica. Hjelmslev explica por que a substância é formada assim:

> Cada uma dessas línguas estabelece suas fronteiras na "massa amorfa do pensamento" ao enfatizar valores diferentes numa ordem diferente, coloca o centro de gravidade diferentemente e dá aos centros de gravidade um destaque diferente. É como os grãos de areia que provêm de uma mesma mão e que formam desenhos diferentes, ou ainda como uma nuvem no céu que, aos olhos de Hamlet, muda de forma de minuto a minuto. Assim como os mes-

> As estruturas das línguas estabelecem suas fronteiras na "massa amorfa do pensamento"

mos grãos de areia podem formar desenhos dessemelhantes e a mesma nuvem pode assumir constantemente formas novas, do mesmo modo é o mesmo sentido [ou a mesma matéria, WN] que se forma ou se estrutura diferentemente em diferentes línguas. [...] O sentido se torna, a cada vez, substância de uma nova forma e não tem outra existência possível, além da de ser substância de uma forma qualquer (1943, p. 57).

As diferenças entre o vocabulário das cores em inglês e galês discutidas acima eram um primeiro exemplo de como a substância formada divide a matéria do conteúdo de uma maneira arbitrária. Um exemplo da morfologia é o número gramatical. A maioria das línguas distingue só entre as formas do singular e do plural, mas há línguas que dividem a matéria do conteúdo da pluralidade ainda por um dual, um trial ou até um quadral para designar, morfologicamente, grupos de dois, três ou quatro agentes (*ibid.*, p. 58).

A partir desses e de outros exemplos da *relatividade linguística*, Hjelmslev conclui que é impossível descrever a linguagem com base em uma substância não formada. "A descrição da substância pressupõe [...] a descrição da forma linguística. O velho sonho de um sistema universal de sons e de um sistema universal de conteúdo (sistema de conceitos) é [...] irrealizável" (*ibid.*, p. 80). Porém, o dogma da arbitrariedade, no fundo desse argumento, também impede o reconhecimento na medida em que também há elementos da não arbitrariedade na forma da iconicidade das linguagens.

<small>Substância e matéria da expressão</small>

No plano da expressão, Hjelmslev postula a mesma independência da substância formada da matéria da qual ela é feita. Há línguas que escolhem do contínuo articulatório da voz humana só três vogais, e línguas que formam mais do que quarenta do mesmo contínuo. Há línguas que permitem a combinação das consoantes *pf-* ou *sf-* no início das suas sílabas, e há línguas que não permitem essas combinações. Cada língua escolhe a sua substância da matéria disponível entre outros elementos. Por outro lado, a matéria da expressão pode ser a mesma, enquanto a substância formada da expressão difere, como no exemplo de homônimos translinguísticos. A matéria das palavras inglesa *got* e alemã *Gott* ("Deus") são feitas da mesma matéria fonética [gɔt], mas a substância formada difere porque ela é determinada por outras formas da expressão.

Com a sua ênfase na independência da forma dos signos em relação ao universo não semiótico, Hjelmslev atribui uma autonomia absoluta às formas em relação à matéria: "É em razão da forma de conteúdo e da forma de expressão, e apenas em razão delas, que existem a substância do conteúdo e a substância da expressão. Estas surgem quando se projeta a forma sobre o sentido [ou a matéria], tal como uma rede estendida projeta sua sombra sobre uma superfície contínua" (*ibid.*, p. 61). Nessa metáfora, a superfície do chão sem a sua divisão pelas sobras da rede é a matéria do conteúdo (ou o sentido), e a rede estendida é a forma, enquanto a sombra que ela projeta no chão é a substância do conteúdo. Esta visão da primazia da forma sobre a substância reverte a visão aristotélica da primazia da matéria (e da substância) sobre a forma, conforme a qual a forma é secundária à substância. Na perspectiva glossemática, a forma ou estruturação semiótica e cultural do mundo determina a nossa cognição das suas substâncias.

A forma determina a substância como uma rede estendida no sol cria a sua sombra

4.3.4 A forma (pura)

Hjelmslev define o estrato da forma da expressão e do conteúdo como sistemas de relações puras: "As grandezas da forma linguística são de natureza 'algébrica' e não têm denominações naturais, podendo ser designadas arbitrariamente de diferentes maneiras" (*ibid.*, p. 112). Esse sistema formal-abstrato de relações, de acordo com Hjelmslev, deveria ser o objeto da pesquisa semiótica.

Entretanto, a dependência da substância formada em relação à forma pura não implica sempre uma correspondência um-a-um entre substância formada e forma pura. Podem surgir diferenças entre a forma pura e a sua manifestação no estrato da substância. Lacunas no vocabulário de uma língua são exemplos. Na língua portuguesa e provavelmente em todas as línguas, falta uma palavra para designar um peixe fêmea, enquanto ela distingue entre "cão fêmea" – *cadela* – e a sua contrapartida masculina. Na visão portuguesa do mundo dos peixes existe, portanto, uma forma (a possibilidade de "peixe feminina") sem alguma substância, quer dizer, uma palavra, que exprima essa ideia logicamente concebível.

4.3.5 O modelo dos dois planos estratificados do signo e da linguagem

A Figura 4.2 apresenta o modelo dos dois planos e da estratificação do signo, que representa o modelo do signo de Hjelmslev. Na elipse central, encontramos o equivalente ao modelo saussuriano. As duas semielipses representam os planos da expressão e do conteúdo do signo, que correspondem ao significante e ao significado de Saussure (Figura 3.2). O modelo é estratificado para levar em consideração que Hjelmslev divide cada um dos dois planos em três estratos (1954, p. 50) ou esferas das quais o signo se constitui, as da forma, da substância e da matéria.

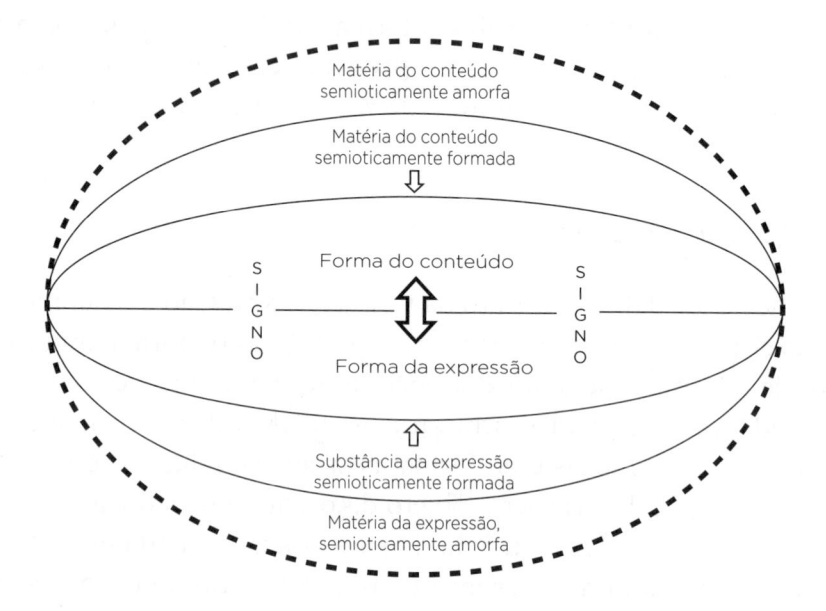

Figura 4.2 O modelo biplanar do signo de Hjelmslev, estratificado nos seus dois planos.

Da premissa saussuriana de que a semiótica é uma ciência das formas (quer dizer, das estruturas) e não das substâncias (ver 2.2.3), Hjelmslev (1943, p. 52-58) conclui que, o signo (a elipse central do modelo) consiste em cada um dos seus dois planos, só por sua forma. Há, portanto, uma forma de expressão e uma forma de conteúdo. A relação entre os dois planos do signo é uma de interdependência (↔), pois sem conteúdo não há expressão e sem expressão não há conteúdo.

Cada um dos dois planos da forma depende (→) de uma substância no sentido de que a sua forma, sendo abstrata, precisa de uma substância para manifestar-se (tornar-se concreta e perceptível). A forma da expressão manifesta-se na substância fonética formada do signo, e a forma do conteúdo manifesta-se no conteúdo dos signos verbais. É nesse sentido que a forma *depende* da substância.

4.3.6 Comentário: Da matéria hjelmsleviana ao corpo sem órgãos de Deleuze e Guattari

Pode-se anotar, no final deste subcapítulo, que a ideia da estratificação da língua e o conceito da matéria de Hjelmslev foram de influência não só para semioticistas como Barthes, Eco e Greimas, mas também para Deleuze e Guattari.

No terceiro capítulo dos *Mil Platôs* (1980, p. 57), os autores falam, num tom meio humorístico e meio irônico, do "geólogo dinamarquês espinozista, o príncipe sombrio descendente de Hamlet, que trabalhava com linguagem, mas para, justamente, depreender sua 'estratificação'". Chamar Hjelmslev de geólogo é certamente uma alusão humorística ao seu artigo "A estratificação da linguagem", de 1954, e chamá-lo de espinozista só pode ser uma alusão ao fato de que o conceito-chave hjelmsleviano de substância era também um conceito-chave de Baruch Espinoza (1632-1677).

> Deleuze e Guattari sobre o "geólogo dinamarquês espinozista"

Porém, o mais importante segue depois desta introdução, num parágrafo onde Deleuze e Guattari explicam que foram inspirados a desenvolver um dos seus conceitos-chave pelo conceito hjelmsleviano de matéria. Sem poder entrar em pormenores ou poder explicar esse conceito filosófico, aqui restringimo-nos a citar o seguinte trecho da obra de Deleuze e Guattari e deixar o leitor interessado a seguir as ideias desses filósofos em estudos suplementares:

> Hjelmslev tinha conseguido elaborar uma grade com as noções de matéria, conteúdo e expressão, forma e substância. Esses eram os "strata", dizia Hjelmslev. Ora, essa grade já tinha a vantagem de romper a dualidade forma/conteúdo, pois havia tanto uma forma de conteúdo quanto uma forma de expressão. Os inimigos de Hjelmslev só viam nisso uma maneira de rebatizar as noções desacreditadas de significado e significante, mas a coisa não era bem assim. [...] Cha-

mava-se matéria o plano de consistência ou o Corpo sem Órgãos, quer dizer, o corpo não formado, não organizado, não estratificado [...]. Chamava-se conteúdo as matérias formadas que deviam, por conseguinte, ser consideradas sob dois pontos de vista: do ponto de vista da substância, enquanto tais matérias eram "escolhidas", e do ponto de vista da forma, enquanto eram escolhidas numa certa ordem (*substância e forma de conteúdo*) (1980, p. 57-58).

4.4 Símbolos, sistemas simbólicos e sistemas semióticos

No cap. 21, "Linguagem e não linguagem", dos seus *Prolegômenos*, Hjelmslev distingue entre signos e símbolos de uma maneira diferente de outras teorias do signo. Conforme a definição glossemática, só são signos aquelas unidades semióticas que são compostas de figuras, tanto no plano da expressão como no plano do conteúdo. Um *signo* é, portanto, uma unidade semiótica com dois planos de estruturas elementares não isomórficas. Isomorfismo, do grego *iso-*, "mesma", e *morphé*, "forma", significa "correspondência um a um entre os elementos de duas estruturas". Os dois planos da língua não são isomórficos porque, embora tenham figuras em cada um dos seus dois planos, isto é, fonemas no plano da expressão e componentes semânticos no plano do conteúdo, as estruturas desses dois tipos de figuras são inteiramente diferentes (1943, p. 118). Os cinco fonemas da palavra *fonte* não correspondem a nenhum dos componentes semânticos dessa palavra ("lugar do", "começo", "de um rio").

> Signo: os planos da expressão e do conteúdo não são isomorfos

Enquanto os dois planos do signo verbal têm, portanto, figuras não isomórficas nos seus planos da expressão e do conteúdo, o *símbolo*, na definição de Hjelmslev, é uma unidade semiótica cujos planos da expressão e do conteúdo não se estruturam em figuras, de maneira que eles são isomórficos. Exemplos de símbolos conforme essa definição são o símbolo do comunismo na forma de uma foice cruzada por um martelo e a imagem da balança que simboliza a justiça (Figura 4.3). O símbolo do comunismo é uma unidade semiótica de duas subestruturas, o martelo, que representa, metonimicamente, o trabalhador industrial e a foice, que representa o trabalhador rural, mas justamente porque cada um desses dois elementos no plano da expressão tem um conteúdo próprio, sem meramente distinguir os

> Símbolos: os dois planos são isomorfos

conteúdos de signos dos quais eles sejam componentes semânticos, eles não são figuras. Símbolos, em resumo, são unidades semióticas nas quais a forma da expressão corresponde um a um à sua forma do conteúdo. Para Hjelmslev, símbolos são unidades não semióticas, o que mostra que, para ele, estruturas semióticas são definidas em analogia estrita com os signos linguísticos.

	Símbolo	Signo verbal	Símbolo	Signo verbal
Símbolo / signo	 (martelo e foice)	Comunismo	 (balança)	Justiça
Componentes não verbais / componentes semânticos	Martelo e foice	"Organização", "socioeconômica", "com propriedade coletiva", "distribuição igual da riqueza" etc.	Balança de dois braços iguais	"Princípio moral", "direito respeitado" etc.
Comentário	Os componentes dos dois símbolos "martelo e a foice" e "balança..." não são componentes de ideia de "comunismo".			

Figura 4.3 Símbolos e signos (verbais) conforme Hjelmslev.

Há símbolos únicos, que não pertencem a um sistema simbólico, e *sistemas* simbólicos. Nem o símbolo do comunismo nem o símbolo da justiça pertencem a um sistema semiótico que contenha outros símbolos, nos quais elementos desses dois símbolos apareçam com a mesma significação. As imagens das duas ferramentas de trabalho representadas no símbolo do comunismo não têm nenhuma relação sistemática com qualquer outro símbolo que contenha a imagem de um martelo. Um símbolo único parecido com aquele do comunismo é o símbolo da mineração, que consiste de um martelo com uma picareta cruzados (⚒), mas a função semiótica da imagem do martelo nesses dois símbolos é certamente diferente. Enquanto o martelo no símbolo do comunismo representa metonimicamente o trabalhador industrial, ele representa uma ferramenta do trabalhador mineiro no símbolo da mineração.

Símbolos únicos e sistemas simbólicos

> Sistema simbólico
>
> O semáforo como exemplo

Num *sistema simbólico*, pelo contrário, há relações paradigmáticas (regras de equivalência e não equivalência) e sintagmáticas (regras de combinação) entre os símbolos e os símbolos formam um sistema de valores. Hjelmslev dá o exemplo do sistema do semáforo, no qual "uma sucessão de *vermelho*, *amarelo*, *verde*, *amarelo* corresponde, no plano da expressão, a uma sucessão de 'pare', 'atenção', 'siga', 'atenção', no plano do conteúdo" (*ibid.*). Esse sistema exemplifica o método da análise semiótica glossemática. Diferentemente dos signos verbais, que exprimem o mesmo conteúdo, os signos do semáforo consistem de unidades da expressão e do conteúdo que se relacionam um a um. O semáforo é, portanto, um sistema simbólico sem ser um sistema de signos, porque nenhum dos seus três elementos tem estruturas distintivas no seu plano da expressão ou no seu plano do conteúdo. As três luzes formam um paradigma consistindo de três símbolos. Entre eles também há uma relação sintagmática, que consiste da sequência ilimitada *vermelho, amarelo, verde, amarelo...* Essa sequência constitui o texto produzido por esse sistema.

Num resumo dos seus estudos de sistemas simbólicos simples da vida cotidiana, Hjelmslev (1948, p. 45) enumera outros exemplos de sistemas simbólicos estudados por ele. Entre eles estão o sistema da numeração telefônica (por regiões e bairros), o sistema das badaladas de um relógio de torre ao dar as horas e os quartos de hora, o alfabeto Morse e o código das batidas dos prisioneiros e o relógio comum. Como justificação desses estudos, Hjelmslev alega o seguinte:

> Linguagem: cinco características

> Desenvolvi esses exemplos [...] com o fito de obter uma visão mais profunda da estrutura básica da linguagem e de sistemas semelhantes à linguagem; comparando estes últimos à língua comum, em seu sentido convencional, utilizei-os visando lançar luz sobre as cinco características fundamentais que, segundo minha definição, estão envolvidas na estrutura básica de qualquer linguagem na aceitação convencional, ou seja: (1.) Uma linguagem consiste em conteúdo e uma expressão. (2.) Uma linguagem é constituída de uma sucessão – ou um texto – e um sistema. (3.) O conteúdo e a expressão relacionam-se mediante comutação [quer dizer a substituibilidade mútua dos membros do paradigma, W.N.]. (4.) Existem certas relações definidas no interior da sucessão e do sistema. (5.) Não existe uma corres-

pondência exata entre o conteúdo e a expressão, porém os signos são decomponíveis em componentes menores (1948, p. 45-46).

4.5 A linguagem como instrumento e a sua autonomia estrutural

Hjelmslev defende a tese da instrumentalidade dos signos humanos. No primeiro parágrafo dos *Prolegômenos*, ele declara:

> A linguagem – a fala – [...] é o instrumento graças ao qual o homem modela o seu pensamento, seus sentimentos, suas emoções, seus esforços, sua vontade e seus atos, o instrumento graças ao qual ele influencia e é influenciado (1943, p. 179).

Instrumentalidade das linguagens

Na concepção instrumental da linguagem humana, a comunicação verbal é apenas um meio para fins, que são outros. Assim a linguagem, enquanto instrumento, tende a obliterar-se no processo da comunicação. Ela possui a tendência de se autoconsumir através do uso, pois "a linguagem quer ser ignorada: é seu destino natural ser um meio e não um fim, e é apenas artificialmente que a pesquisa pode ser dirigida para o próprio meio do conhecimento", escreve Hjelmslev (1943, p. 5).

Porém, a relação entre o plano da expressão e o plano do conteúdo de um signo verbal é fundamentalmente diferente da relação entre os dois lados ou aspectos correspondentes de um instrumento técnico, que são o lado da sua materialidade e o lado da sua utilidade ou funcionalidade. Enquanto a relação entre os dois planos de um signo é arbitrária e, ao mesmo tempo, constitutiva – para o estruturalista a forma do conteúdo é inseparável da forma da sua expressão – na relação entre os dois lados de um instrumento prático, a materialidade do instrumento não é arbitrária. Pelo contrário, ela é determinada pelas necessidades do seu uso e da sua utilidade.

Além disto, o argumento da instrumentalidade dos signos verbais sugere que o usuário dos signos verbais seja o dono deles da mesma maneira como o técnico é dono dos seus instrumentos. Ele pode usá-los ou não, usá-los para outras finalidades do que aquelas para as quais eles foram produzidos, substituí-los por outros, ou até jogá-los fora. Na linguagem humana, porém, os usuários não são donos dos valores dos signos que eles usam. Os signos não são intei-

Argumentos contra a tese da instrumentalidade dos signos

ramente nossos, visto que os herdamos de muitas gerações de ancestrais. É justamente nesse respeito que o próprio Hjelmslev se contradiz, quando ele mantém (acima) que o instrumento do signo verbal tende a obliterar-se no processo da comunicação. Pelo contrário, o signo não perde o seu valor, porque não é o usuário que determina o seu valor, mas o sistema.

O próprio Hjelmslev parece reconhecer essa contradição, quando ele também dá destaque ao lado não instrumental do signo nas palavras seguintes: "Antes mesmo do primeiro despertar de nossa consciência, as palavras já ressoavam à nossa volta, prontas para envolver os primeiros germes frágeis de nosso pensamento e a nos acompanhar inseparavelmente através da vida" (*ibid.*). Se o homem é dessa maneira determinado pelos valores dos signos que ele usa e que lhe são impostos desde o nascimento, ele não pode mesmo ser o dono desses signos. Conforme a linguagem verbal é inseparável da nossa vida, ela não pode ser o instrumento dos seres vivos, visto que instrumentos são objetos separáveis dos seus usuários e elas podem ser substituídas por instrumentos diferentes para fazer o mesmo trabalho.

A tese da instrumentalidade dos signos está também em conflito com a tese estruturalista de que o sistema semiótico é um sistema autônomo e que só ela determina os valores dos seus signos. No jargão estruturalista, as estruturas da linguagem são *imanentes* à linguagem e tanto independentes dos usuários que têm que respeitar a imutabilidade dos signos, como da "realidade", que é uma mera neblina antes dos signos, nas palavras de Saussure. O antirrealismo, que era uma característica da semiótica saussuriana, é também uma caraterística do pensamento glossemático. O fundamento antirrealista da glossemática é o seguinte:

> Essa teoria deve procurar uma constância que não esteja enraizada numa "realidade" extralinguística – a constância que faça com que qualquer língua seja linguagem, qualquer que seja a língua, e que faça com que uma determinada língua permaneça idêntica a si própria através das suas mais diversas manifestações; uma constância que, uma vez encontrada e descrita, se deixe projetar na "realidade" externa à língua, qualquer que seja a sua natureza (física, fisiológica, psicológica, lógica, ontológica), de tal maneira que essa realidade se ordene em torno do centro de referência que é a linguagem (Hjelmslev, 1943, p. 8).

A "realidade" externa à língua, que se ordene em torno do centro de referência que é a linguagem

☞ Atividades

1. Conceitos-chave

a) Defina os conceitos de *língua* e *linguagem* conforme a distinção feita por Louis Hjelmslev.
b) Conforme Hjelmslev, "uma semiótica" é...
c) Qual é o lugar privilegiado das línguas entre as linguagens conforme Hjelmslev?
c) Defina *signos* e *figuras* conforme Hjelmslev.
d) Como é que Hjelmslev justifica o seu argumento de que as línguas não deviam ser definidas como sistemas de signos?

2. Exemplos e temas suplementares para apresentar e discutir em aula

a) Outros exemplos de figuras de conteúdo na língua portuguesa.
b) Outros exemplos de figuras de expressão na língua portuguesa.
c) Outros exemplos de símbolos e sistemas simbólicos na definição de Hjelmslev.

3. Sugestões para trabalhos finais do curso

a) Berlin e Kay (1969), em *Basic Color Terms*, estenderam o exemplo que Hjelmslev dá para a falta da cor *cinza* para um exame sistemático das cores no vocabulário de umas 100 línguas. Quais são os resultados que justificam e quais são os resultados que não justificam os argumentos de Hjelmslev sobre esse tema?
b) A radicalização do estruturalismo semiótico na obra de Hjelmslev. Um estudo comparativo da semiótica saussuriana e hjelmsleviana.
c) Os elementos hjelmslevianos na semiótica de Umberto Eco.

4. Literatura suplementar

Berlin e Kay (1969); Nöth (1996).

5
Semiótica funcionalista e as funções semióticas

Entre os anos 1940 e 1980 formou-se uma vertente da semiótica teórica e aplicada que pode ser caracterizada como funcionalista. Os representantes principais dessa vertente semiótica são Eric Buyssens, André e Jeanne Martinet, Luis Prieto e Georges Mounin (Buyssens, 1972; A. Martinet, 1967; Prieto, 1973; Mounin, 1970; J. Martinet, 1973). Umberto Eco incorporou vários dos princípios dessa semiótica funcionalista na sua teoria dos códigos (Eco, 1968, 1971, 1975).

Na semiótica, o conceito de função é usado em dois sentidos. Um diz respeito ao papel dos elementos dentro do sistema semiótico do qual eles fazem parte, a outra diz respeito à função dos signos em processos comunicativos. No primeiro sentido, fala-se da função com respeito ao sistema do qual eles fazem parte. Nesse sentido diz-se, por exemplo, que a função de um fonema é aquela de distinguir as palavras. Assim, a função do fonema b é a de distinguir a palavra *boa* da palavra *toa*. No segundo sentido, fala-se da função comunicativa dos signos, que é aquela de possibilitar a interação social entre os seres que interagem.

5.1 Pertinência e a função dos signos no sistema

Dentro de um sistema semiótico, a função de um signo específico visa garantir que as mensagens sejam inteligíveis no seu uso em textos. O signo em A, digamos a palavra *riso*, tem que ser distin-

> O princípio da pertinência

guido do signo em B, digamos a palavra *liso*. A diferença entre A e B é estruturalmente significante e *pertinente*, pois ela garante que os usuários do sistema sejam capazes de distinguir o primeiro signo do outro. A diferença entre os elementos distintivos /l/ e /r/ é também pertinente para distinguir outras palavras, tal como *rodo* versus *lodo*, *real* versus *leal*. As consoantes /l/ e /r/ são dois fonemas da língua portuguesa, mas não só os fonemas têm tal papel de distinção, também os morfemas e as palavras o têm. A distinção entre as preposições *de* e *a* é pertinente. O uso da primeira tem a função de exprimir a ideia de origem em contraste com a segunda, que exprime a ideia de destino. A pertinência das diferenças entre as palavras do vocabulário e as formas gramaticais é óbvia.

> O princípio da economia

A diferença entre os verbos *tirar* e *remover* parece pequena. As duas palavras significam "transferir de um lugar para outro", mas se não houvesse nenhuma diferença, não teria necessidade de manter as duas palavras no sistema do vocabulário do português. Uma bastaria. Esse argumento é o da economia dos sistemas semióticos, que, no decorrer da sua evolução, se livra de formas redundantes e desnecessárias. A diferença entre *tirar* e *remover*, porém, tem a função de distinguir entre duas ideias distintas: quando o objeto de transferência é algo de valor negativo, usa-se a palavra *remover* (como *remover* manchas com um líquido "removedor"). Quando o objeto é algo de valor positivo, usa-se a palavra tirar (como tirar dinheiro da conta ou tirar um livro da estante). A diferença entre outras palavras pode ser sem pertinência. O sistema pode admitir variações. Por exemplo, a diversa idade de pronúncias do fonema /r/ no português não é pertinente ao mesmo tempo que nenhuma das variantes da pronúncia dessa consoante modifica o conteúdo das palavras. A diferença entre palavras sinônimas, tal como *básico* e *fundamental* é igualmente sem pertinência. Trocar um sinônimo por outro não modifica o conteúdo das frases, que as contêm.

Não só os signos verbais (as palavras) formam sistemas dentro dos quais a diferença entre os signos é pertinente ou não, mas também os signos de outros sistemas de signos. No sistema mundial das bandeiras nacionais, por exemplo, há vários subsistemas. A figura 5.1 mostra dois deles. O primeiro é representado pelas bandeiras do Japão (1) e de Bangladesh (2). A sua característica é um círculo central (nestes casos: vermelho) sob um fundo unicolor de cor diferente. O segundo é o subsistema de tricolores em ordem horizontal.

O segundo exemplo mostra as três cores da Áustria e de Luxemburgo. À primeira vista, cada par de bandeiras se distingue só por um único elemento, uma única cor. As bandeiras do Japão e de Bangladesh se distinguem pela cor do fundo do círculo vermelho central, que é branco no caso do Japão e verde no caso de Bangladesh. As duas bandeiras tricolores se distinguem por sua terceira cor. No caso da Áustria, ela é vermelha, no caso de Luxemburgo, ela é azul. Num exame mais atento, aparece mais uma segunda diferença, que concerne ao tamanho relativo dos dois pares de bandeiras. Nas bandeiras do Japão (1) e da Áustria (3), a relação entre a vertical e a horizontal é 2:3, mas no caso das bandeiras de Bangladesh e de Luxemburgo, a relação é de 3:5. Portanto, cada um dos dois pares de bandeiras se distingue não só por uma das suas cores, mas também pela relação entre a linha horizontal e a linha vertical.

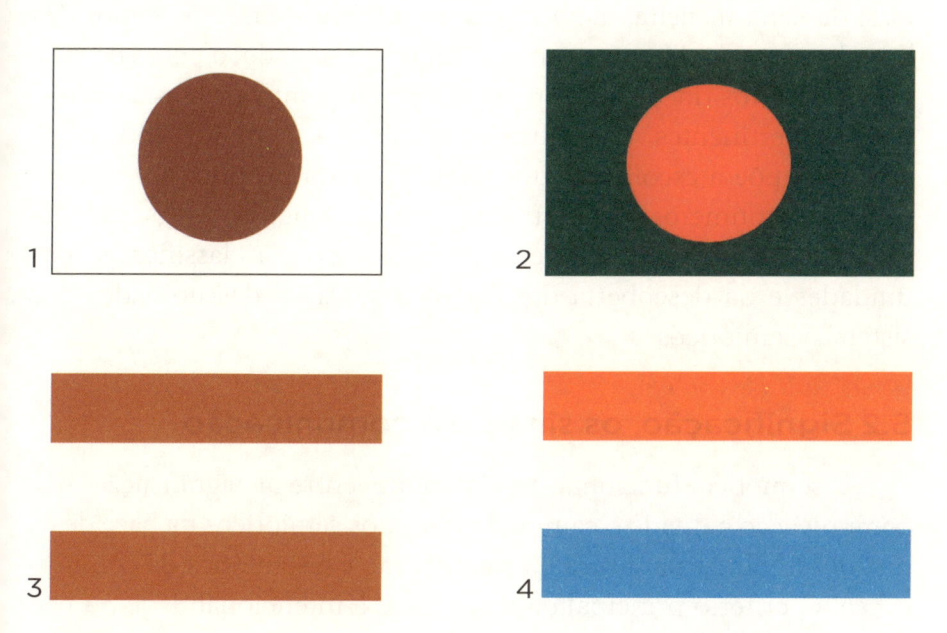

Figura 5.1 As bandeiras do Japão (1) e de Bangladesh (2) e as bandeiras tricolores da Áustria (3) e de Luxemburgo (4). A função da cor do fundo é a de distinguir 1 de 2. A função da terceira cor é a de distinguir 3 de 4.

Aplicar o princípio da pertinência (ou relevância) no estudo dos signos implica restringir-se às diferenças distintivas entre signos. Essas diferenças são determinadas pelo sistema ao qual os signos pertencem. Restringir-se ao pertinente significa, ao mesmo tempo, negligenciar aquilo que é meramente contingente, sem importância para a interpretação do signo. Por exemplo, o tamanho exato das bandeiras comparadas não importa, tampouco importa que uma bandeira fique ao lado esquerdo (ou seja, do lado direito) da outra. Esses detalhes não são significativos para a identificação das bandeiras. Tal restrição representa um ponto de vista da análise semiótica. Pode haver outros pontos de vista, que possam até ser relevantes em outros contextos. Por exemplo, para o vendedor de bandeiras, o tamanho não é irrelevante. Ao contrário, uma bandeira japonesa de mão tem certamente um valor comercial inferior a uma bandeira do tamanho de um lençol. Para ele, o tamanho determina o preço, mas o signo que as várias bandeiras transmitem é sempre um e o mesmo: a bandeira do Japão.

> A perspectiva semiótica retém os traços pertinentes e afasta os não pertinentes

Dessa forma, a perspectiva semiótica se baseia num ponto de vista, mas, de certa maneira, também cria as diferenças entre os signos. Na base desse *insight*, Martinet conclui: "Uma vez adotado, o ponto de vista vai reter certos traços, ditos pertinentes, enquanto ele afasta outros, por não pertinentes" da análise semiótica (1967, p. 30). Toda ciência pressupõe a escolha de um ponto de vista próprio: em aritmética, só os números são pertinentes; em geometria, as formas. Na semiótica, o princípio de pertinência se aplica à classificação das unidades e da descoberta dos traços distintivos das unidades dos sistemas semióticos.

5.2 Significação, os sinais e a comunicação

A semiótica funcionalista distingue entre a significação e a comunicação e divide o campo dos estudos semióticos na base desta distinção entre a semiótica da significação e a semiótica da comunicação. O critério principal da distinção é a intencionalidade ou não intencionalidade dos signos.

5.2.1 Significação e os índices

Significação é um conceito com as definições mais diversas. Acima já discutimos o conceito medieval e a definição saussuriana (cf. cap. 1.4, 3.2.4.2). Entre várias outras definições que se encontram em contextos semióticos, encontra-se uma em que praticamente não há diferença entre significação e o significado do signo verbal. Buyssens define significação no sentido a seguir.

Na semiótica funcionalista, *significação* é uma propriedade de qualquer fenômeno que leva um intérprete a associar um fenômeno com outra coisa. Trata-se aí daquele sentido da definição antiga do *aliquid stat pro aliquo* (cf. cap. 1.2). Os fenômenos que se referem a outra coisa podem ser naturais ou culturais, verbais ou não verbais. Não só os signos convencionais têm significação, mas também os naturais. Signos comunicados e signos não comunicados têm igualmente significação. Significação é uma propriedade de tudo que é interpretado.

<small>Significação</small>

Nessas premissas, a semiótica da significação é uma semiótica dos signos naturais, dos índices, dos sintomas, das diagnoses ou das observações interpretadas como signos. Entretanto, processos de significação não incluem meras percepções, porque elas não se referem a outra coisa e não se enquadram tão bem na definição de signos como algo que está para outra coisa.

5.2.2 Comunicação

Enquanto a semiótica da significação inclui o estudo dos signos naturais, a semiótica da comunicação pressupõe, nessa concepção, a *intenção* de um emissor e sua percepção por parte de um receptor (Prieto, 1966, p. 20). Sob essa pressuposição, os índices transmitidos se tornam *sinais*. Assim, enquanto no processo da significação são recebidos meros índices, no da comunicação enviam-se e recebem-se sinais.

<small>Comunicação e intenção</small>

<small>Índices e sinais</small>

No entanto, resta salientar que o conceito da *significação* é frequentemente usado em outros sentidos. Umberto Eco, por exemplo, define significação como um processo de transmissão e de interpretação de informação por seres humanos e opõe a significação de signos à informação dos sinais assim:

> Definamos agora um processo comunicativo como a passagem de um Sinal (que não significa necessariamente "um signo") de uma Fonte, através de um Transmissor, ao longo de um Canal, até um Destinatário (ou ponto de destinação). Num processo de máquina a máquina, o sinal não tem nenhum poder "significante": ele só pode determinar o destinatário *sub specie stimuli*. Não existe aí significação, embora se possa dizer que existe passagem de informação. Quando o destinatário é um ser humano (e não é preciso que também a fonte

<small>Sinais, signos, significação e informação</small>

o seja para emitir um sinal conforme as regras conhecidas do destinatário humano), vemo-nos, ao contrário, em presença de um processo de significação, desde que o sinal não se limite a funcionar como simples estímulo, mas solicite uma resposta INTERPRETATIVA por parte do destinatário (ECO, 1975, p. 6).

<small>Os índices e os signos naturais</small>

Os funcionalistas também estendem o estudo dos signos para os signos naturais. Buyssens define os signos naturais como índices (BUYSSENS, 1972). Um índice não comunica, mas pode ser interpretado mesmo assim: uma nuvem indica chuva, a palidez indica uma doença. Signos desse tipo têm significação, mas não constituem atos comunicativos. A semiótica da significação (natural), portanto, se restringe aos signos não comunicativos, que são produzidos sem a intencionalidade dos seus emissores.

<small>Semiótica da significação</small>

<small>Semiótica da comunicação</small>

A semiótica da comunicação, pelo contrário, trata de atos comunicativos ou sêmicos. Comunicação, para Prieto, nasce de uma intencionalidade de influenciar os semelhantes a fim de obter deles uma colaboração social (PRIETO, 1973). Um ato sêmico é, portanto, portador de uma significação intencional. Buyssens apresenta uma exposição sistemática dos atos sêmicos. Qualquer elemento pode ser parte de uma significação intencional. Grãos de arroz atirados sobre um casal de nubentes revestem-se de um caráter sêmico. O autor introduz o termo *semia* para designar um sistema de comunicação, mas o termo hoje mais comum na semiótica é linguagem ou código.

<small>O ato sêmico</small>

<small>*Semia*</small>

5.3 A comunicação e as suas funções

<small>A função comunicativa</small>

Com a tese de que: "A função essencial do *instrumento* que é a língua reside na *comunicação*, [...] isto é, na compreensão mútua", André Martinet (1970, p. 6-7) resume a posição da teoria funcional da comunicação humana. O autor exemplifica assim: "Por exemplo, o português é, antes de mais nada o utensílio que permite aos indivíduos 'de língua portuguesa' entrarem em relações uns com os outros" (*ibid.*).

<small>Função expressiva</small>

<small>Função estética</small>

Martinet também distingue algumas funções da língua, que não são comunicativas e, portanto, não essenciais, tal como a função de servir de suporte ao pensamento, a função expressiva, isto é, o uso da língua para exprimir sentimentos "sem se preocupar grandemente com as relações de eventuais ouvintes" e a "função estética" (*ibid.*).

A base da teoria da função comunicativa é a tese de que os signos verbais servem para estabelecer e manter as relações sociais, que definem o homem como tal. Usamos os signos verbais como instrumentos da interação com outros homens e, como sem comunicação não há vida humana, comunicamos também para garantir a nossa própria sobrevivência. A teoria das funções da linguagem humana está estreitamente ligada às teorias semióticas de Karl Bühler e Roman Jakobson (cf. HOLENSTEIN, 1978, p. 157-169).

5.3.1 As funções da linguagem conforme o modelo *órganon* de Karl Bühler

Na sua *Teoria da Linguagem* de 1934, Karl Bühler desenvolve a sua semiótica funcionalista sob o título *modelo órganon* da linguagem (Figura 5.2).

A palavra grega *órganon* é emprestada do diálogo *Crátilo* de Platão. Nesse diálogo, Platão atribui a Sócrates a seguinte tese: "Um nome é um instrumento [*órganon*] utilizado para ensinar ou para dividir a realidade" (*Crátilo* 388b). A partir da tese de que a linguagem é um instrumento do homem quando fala sobre as coisas para outras pessoas, Bühler deriva o nome de seu modelo. Com esse modelo, Bühler é, portanto, um dos autores que defendem uma teoria instrumentalista da linguagem, ao mesmo tempo em que ele defende a tese de que os signos verbais são instrumentos.

O modelo *órganon*

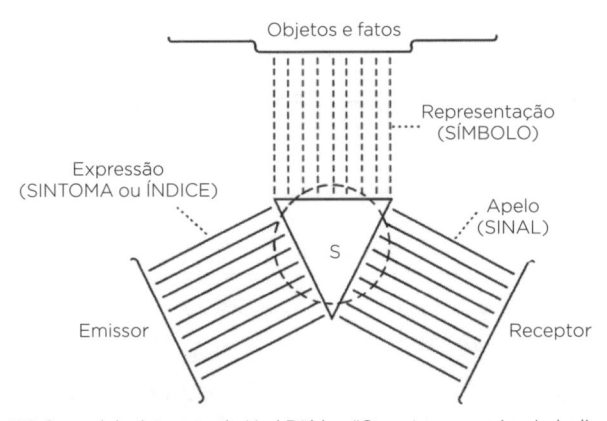

Figura 5.2 O *modelo órganon*, de Karl Bühler: "O centro, ao meio, simboliza o fenômeno acústico concreto. São necessários três momentos variáveis para que ele seja capaz de se elevar, de três modos distintos, ao nível de signo [S]. Os lados do triângulo interno simbolizam esses três momentos. [...] Os feixes de linhas simbolizam as funções semânticas do signo linguístico" (1934, p. 28).

As três variáveis do modelo de Bühler são o Emissor (ou Remetente), os Objetos e fatos de referência e o Receptor (ou Destinatário) do Signo (S). A variável que está no centro da atenção do Emissor e do Receptor determina a função predominante na situação comunicativa e, ao mesmo tempo, o tipo de signo. A função emotiva predomina se o Eu do emissor for o tema predominante do discurso. Nesse caso, o signo é um sintoma ou índice. Se os objetos e fatos de referência estão no foco da mensagem, então a função predominante é a função da Representação e o signo é predominantemente um símbolo. Quando a função apelativa predomina, o signo passa a ser predominantemente um Sinal, quando o Receptor da mensagem está no centro da atenção do emissor da mensagem.

Nesse contexto, Bühler postula o princípio da *predominância*, conforme o qual todas as funções estão envolvidas em qualquer ato comunicativo, mas uma das três funções tem a tendência de ser predominante.

5.3.2 As seis funções da comunicação de Roman Jakobson

Roman Jakobson estende o modelo triádico dos fatores e funções da comunicação de Bühler de três para seis. A Figura 5.3 é o diagrama com o qual ele representa os participantes e fatores da situação comunicativa.

	CONTEXTO	
REMETENTE	MENSAGEM	DESTINATÁRIO
	....	
	CONTATO	
	CÓDIGO	

Figura 5.3 Os seis fatores da comunicação conforme R. Jakobson (1960, p. 123).

Nas palavras de Jakobson, o diagrama mostra o "REMETENTE, que envia uma MENSAGEM ao DESTINATÁRIO" (*ibid.*). O CONTEXTO corresponde ao referente da mensagem, os "objetos e fatos", que são o assunto da mensagem no *modelo órganon* de Bühler. "Um CÓDIGO total ou parcialmente comum ao remetente e ao destinatário" garante que os dois se entendem mutualmente e o CONTATO representa o "canal físico e uma conexão psicológica entre o remetente e o destinatário, que capacite a ambos entrarem e permanecerem em comunicação" (JAKOBSON, 1960, p. 123).

REFERENCIAL
EMOTIVA   POÉTICA   CONATIVA
FÁTICA
METALINGUÍSTICA

As seis funções da comunicação humana de Jakobson

Figura 5.4 As seis funções da comunicação de Jakobson (1960, p. 129).

Como no *modelo órganon*, a predominância de cada um dos fatores determina uma função comunicativa. A Figura 5.4 apresenta o esquema das seis funções que correspondem aos seis fatores. Um resumo, que explica as correspondências, é o seguinte:

- Uma mensagem orientada para o "referente" (o contexto do mundo ao qual a mensagem se dirige) é marcada pela *função referencial*. Exemplos de mensagens que têm essa função são notícias de rádio ou da imprensa, em geral, sobre acontecimentos do dia ou textos descritivos.

- A *função expressiva* ou *emotiva* é dominante quando se focaliza a atitude do próprio emissor em relação ao texto (e menos o conteúdo da mensagem). Exclamações, interjeições e falas enfáticas ou eufóricas são exemplos do uso da linguagem com função emotiva.

- A *função apelativa ou conativa* é dominante em mensagens orientadas primariamente para o receptor. Suas expressões gramaticais mais puras são o vocativo e o imperativo.

- A *função fática* predomina em mensagens que não servem a outra finalidade senão à de manter o contato com o outro, de segurar e não interromper o diálogo ("Olá, você pode me ouvir?") ou à de chamar a atenção do outro para se assegurar de sua atenção ("Você está prestando atenção?"). Dentre as mensagens com uma função fática estão as fórmulas de cumprimento ("Olá").

- A *função metalinguística*, mais geral, metassemiótica, predomina em uma mensagem que se refere aos seus próprios signos, bem como à maneira como eles são usados no processo comunicativo. Aqui se trata do discurso sobre a linguagem. O discurso das gramáticas é tipicamente metalinguístico. Toda definição e toda regra de ortografia formam um discurso metalinguístico. No entanto, também em situações corriqueiras do dia a dia, ocorre a sua predominância, como em expressões do tipo: "O que você acha?", ou: "Não estou seguindo seu raciocínio".

- A *função poética*, na definição de Jakobson, é característica de um discurso que se focaliza na forma da mensagem, ou seja, aquele que volta seu interesse basicamente para o seu som, o seu ritmo, a sua tonalidade.

5.3.3 Aplicações na publicidade

O modelo jakobsoniano oferece uma multiplicidade de aplicações em estudos dos textos e estilos. O próprio Jakobson aplicou-o aos gêneros literários. Na poesia predomina, por definição, a função poética, no drama predomina a função apelativa ou conativa, e nos romances realistas, a função referencial. O Realismo valorizava a função referencial enquanto no Romantismo a função emotiva predominava.

Os *slogans* e *jingles*, textos e imagens e os *spots* da publicidade são um campo de pesquisa que pode ser abordado do ponto de vista da teoria jakobsoniana das funções comunicativas. O grau de predominância das seis funções pode servir para esboçar uma tipologia de textos ou até gêneros publicitários. Vejamos os exemplos da Figura 5.5:

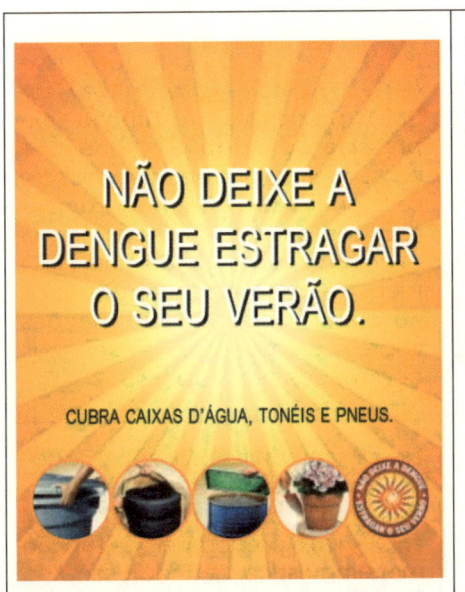

(imagem: cartaz "NÃO DEIXE A DENGUE ESTRAGAR O SEU VERÃO. CUBRA CAIXAS D'ÁGUA, TONÉIS E PNEUS.")	No *slogan*: *Não deixe a dengue estragar o seu verão: Cubra caixas d'água, tonéis e pneus* (http://goo.gl/O4b37W) de uma publicidade do Ministério de Saúde do Brasil predomina, à primeira vista, a **função conativa**. O enunciador anônimo do *slogan* dirige-se aos leitores duas vezes num tom imperativo. Ao mesmo tempo, o anúncio é também informativo, o que implica uma **função referencial**. Os objetos a serem cobertos são enumerados individualmente e fotos de alguns objetos são apresentadas a seguir (embora não na ordem das palavras).	Função conativa Função referencial
(imagem: logo "Big Brother Brasil")	No nome *Big Brother Brasil* do *reality show* da Rede Globo no ar desde 2002 (http://goo.gl/u59vbd) predomina a **função poética**. As três palavras aliteram [b-, b-, b-] e a segunda e terceira começam com [br-]. As vogais das sílabas formam a estrutura simétrica [i-ʌ-ʌ-i].	Função poética
(imagem: "Entre em Contato — SAC 0800 728 9001 FREE, Fale Conosco, Ouvidoria, Acesso à Informação, TRANSPARÊNCIA PÚBLICA, Acompanhe-nos")	Nesta seção de um *site* da Petrobras Distribuidora (http://goo.gl/1IoS9l) predomina a **função fática**. A única finalidade das mensagens é a de entrar e permanecer em contato com o consumidor por vários canais, como: telefone, pelas redes sociais YouTube, Twitter e Facebook, e por um *click* em vários links, que o texto mesmo oferece. O imperativo tem uma **função conativa**, que dá ainda mais ênfase à função fática da mensagem.	Função fática Função conativa

Função expressiva ou emotiva		No *slogan*: *amo muito tudo isso* do McDonald's (http://goo.gl/Vg4Mza), predomina a **função expressiva ou emotiva**. O enunciador anônimo pretende declarar o seu sentimento de amor em relação aos produtos e serviços da cadeia de alimentação rápida. O foco na mensagem emotiva é absoluto. Faltam informações sobre os produtos e serviços designados por "tudo isso".
Função metalinguística Função referencial Função expressiva		No *slogan*: *Das Auto.* sob a logomarca do fabricante de automóveis Volkswagen (http: //goo.gl/zFQH7m), predomina a **função metalinguística**, quando usado no Brasil. A frase nominal alemã "Das Auto." ("o carro") precisa ser traduzida para o consumidor brasileiro, de maneira que ele é obrigado a refletir primeiro sobre a natureza linguística das palavras alemãs. Evidentemente, essa função metalinguística é só um meio para uma outra finalidade, isto é, a de transmitir a conotação da origem alemã de qualidade. O ponto final depois da frase incompleta sugere que esta mensagem nem precisa ser completada por ser evidente que não há alternativas. A função dessa mensagem é em parte **referencial**, por ser uma afirmação indireta, e em parte **expressiva**, por ser um autoelogio.

TV 42" LCD Full HD - 42PFL5432 - (1920 X 1080 Pixels), HDTV Ready, 2 Entradas HDMI, Entrada PC e Contraste de 4000:1 - Philips R$1.469,90 COMPRE AGORA!	Em publicidades como esta, de uma empresa que vende televisores e eletrodomésticos (http://goo.gl/b6ViOw), predomina a **função referencial**. O produto é descrito de uma maneira detalhada e o preço é especificado. A mensagem soa informativa, mas, para a maioria dos consumidores, ela deve ser pseudoinformativa. (Quem sabe o que "43PFL5432" significa?) Só no final da mensagem segue um apelo num tom imperativo. Nela predomina a **função apelativa** ou conativa.	Função referencial Função apelativa

Figura 5.5 Anúncios de *sites* de internet 2015 exemplificando as funções da publicidade.

☞ Atividades

1. Conceitos-chave

a) Defina os conceitos de pertinência e de função nas suas definições na semiótica funcionalista.
b) Em que sentido o ponto de vista cria as estruturas semióticas?
c) Explicite a semiótica da comunicação *versus* a semiótica da significação.
d) Examine os signos naturais em relação ao conceito de índice.

2. Exemplos e temas suplementares para apresentar e discutir em aula

a) As funções jakobsianas na publicidade: mais exemplos e análises.
b) Sintoma, índice e sinal: Exame terminológico do ponto de vista da semiótica.

3. Sugestões para trabalhos finais do curso

a) Umberto Eco e a semiótica funcionalista.
b) Doze bandeiras nacionais do ponto de vista da semiótica funcionalista.
c) A instrumentalidade dos signos.

4. Literatura suplementar
Eco (1968, 1971, 1975).

6
A semiótica dos códigos

Sob a influência da teoria da informação, da engenharia de comunicações e da semiótica funcionalista surgiu uma vertente da semiótica conhecida como a semiótica dos códigos. Os semioticistas do paradigma da semiótica dos códigos são Roland Barthes, Luis Prieto, Umberto Eco e Roman Jakobson, cujo conceito de código já introduzimos acima (cap. 5.3.2).

6.1 Os dois sentidos de código e os códigos primários e secundários

Para entender as teorias semióticas dos códigos, é importante saber que o conceito de código, já na sua história, tem sido usado em dois sentidos diferentes, o que tem resultado numa ambiguidade fundamental no discurso semiótico (cf. ECO, 1971, p. 62). O primeiro sentido tem a sua origem na criptografia, onde um código serve para converter textos escritos em uma forma para terceiros. Por meio de um sistema de regras secretas, o emissor codifica o texto destinado para o receptor, que por sua vez decodifica a mensagem recebida por meio do mesmo código. O código é, portanto, um conjunto de regras para transformar textos em uma forma secreta.

<small>Os códigos da criptografia</small>

No segundo sentido, um código é essencialmente sinônimo de linguagem, um sistema semiótico autônomo que não precisa de tradução para tornar-se inteligível. O protótipo de código nesse sentido é o *Código Civil*, um compêndio de leis, normas e regulamentos e instru-

<small>O código como uma coleção de leis</small>

ções para a conduta na vida social. Outro exemplo é o código da etiqueta, que formula as regras de conduta em ocasiões e encontros formais. Nesse sentido, um código é, portanto, um sistema de normas.

Para poder deixar clara a distinção entre os dois tipos de código, adotamos a seguir os termos *código primário* para os códigos que são sistemas de normas ou linguagens e *código secundário* para os que servem para transformar mensagens de uma para outra forma. Nessa base podemos estabelecer uma lista provisória de códigos primários e códigos secundários, que inclui os exemplos já discutidos e acrescenta outros (Tabela 6.1):

Tabela 6.1

Código primário e secundário: exemplos

Códigos Primários	Códigos Secundários
línguas e linguagens	códigos secretos ou cifras
Código Civil	código binário
código eleitoral	código de barras
código de trânsito	código Holerite
código da etiqueta	código Morse
códigos estilísticos	código postal
código genético	código de programação

6.2 Os códigos da criptografia: Paradigma dos códigos secundários

A etimologia da palavra *criptografia* faz referência ao método de transmitir uma mensagem escrita (Gr. *grafía*) por uma forma secreta (Gr. *kryptós*). Agentes secretos usam códigos secretos para tornar as suas mensagens ilegíveis no processo da transmissão por um determinado canal. O código é a chave que torna primeiro a leitura da mensagem ilegível e depois legível outra vez. Um modelo desse processo é a Figura 6.1. A mensagem original para ser cifrada é o "texto claro". O código é o livro secreto só conhecido ao emissor e ao receptor. Ele estabelece, portanto, regras de correspondência entre o texto claro e o texto cifrado.

Codificação e decodificação criptográfica

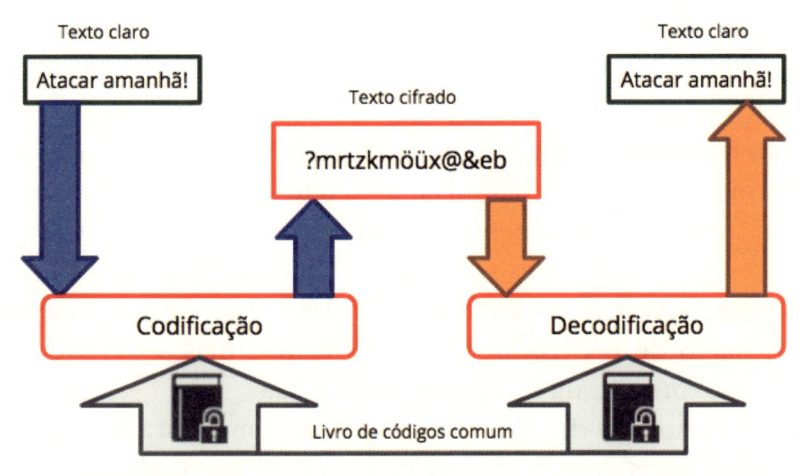

Figura 6.1 Modelo da transmissão de uma mensagem secreta por meio de um código.

A criptologia clássica distingue entre cifras e códigos. Uma cifra opera na base de letras, um código opera na base de palavras. Um exemplo simples para o primeiro tipo de codificação é uma cifra que estabelece a regra de substituir cada letra do texto claro pela letra que lhe segue no alfabeto. O texto cifrado da mensagem *te-amo* seria, então, *uf-bnp*.

Um código, pelo contrário, usa um dicionário secreto como método de codificação. O livro desse código consiste de tabelas de correspondência entre as palavras em texto claro e os signos nos quais elas devem ser cifradas, que podem ser letras ou números. Um exemplo é o código usado pelo diplomata alemão Zimmermann num telegrama no início de 1917. Nele as palavras *Texas*, *México*, e *acordo de paz* foram codificadas por *36477, 67693* e *17149* conforme o livro do código secreto alemão. Códigos desse tipo já foram ultrapassados há muito tempo. A criptografia moderna não se baseia mais em cifras ou livros de códigos, mas tem um formato digital, que é também capaz de codificar imagens.

Códigos criptográficos

Depois da invenção da telegrafia, surgiu outro tipo de código, chamado de código comercial. Códigos comerciais tinham a nova finalidade de codificar mensagens longas para mensagens mais curtas de modo a economizar custos da transmissão telegráfica, que eram calculadas pelo número das palavras. Um exemplo de um código comercial é o *Great Western Railway Telegraphic Code*. Na sua versão de 1939, ele estabelecia regras do tipo:

Tesourinha → "Precisamos urgentemente do seguinte."
Cegonha → "Não encontramos a sua fatura: mande uma cópia no próximo trem."

No processo da codificação e decodificação de uma mensagem conforme os princípios de um código, o texto claro e o texto cifrado devem transmitir exatamente o mesmo conteúdo. Nesse sentido, os signos cifrados são signos secundários. Um código criptográfico não gera uma linguagem no sentido de Hjelmslev porque ele não modifica o plano de conteúdo dos textos claros, mas só os signos do plano de expressão da mensagem codificada.

A terminologia da criptografia tornou-se metáfora na linguagem dos engenheiros de telecomunicação. Para eles, o código serve para transformar sinais acústicos ou visuais em impulsos eletrônicos a serem transmitidos por fios ou ondas. Só no plano da expressão das mensagens, nos sinais, ocorrem transformações, não no plano do conteúdo. É isso que as mensagens criptográficas têm em comum com as mensagens telegráficas.

6.3 Os códigos dos semioticistas

Para entender as diversas maneiras em que os semioticistas entendem o conceito de código é útil começar com a maneira como Roman Jakobson introduziu o conceito no discurso dos semioticistas, sob a influência da teoria da informação de Shannon e Weaver e outros.

6.3.1 O código de Shannon e Weaver e de Roman Jakobson

Uma das mais famosas concepções do código no processo da comunicação baseia-se no modelo da comunicação de Shannon e Weaver. Esse modelo mistura uma descrição técnica da telecomunicação por telefone com uma descrição da transmissão de uma mensagem de um locutor para um ouvinte em geral (Figura 6.2).

Comunicação conforme Shannon e Weaver

Fonte de informação → Mensagem → Emissor → Sinal → Canal → Sinal recebido → Receptor → Mensagem → Destinatário

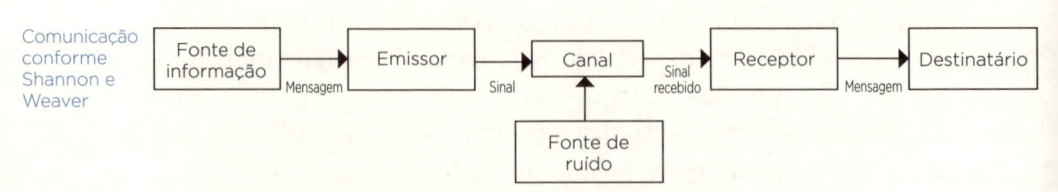

Fonte de ruído → Canal

Figura 6.2 A cadeia comunicativa de Shannon e Weaver (1949, p. 7).

Shannon e Weaver (1949, p. 10) descrevem comunicação como a transmissão de uma mensagem de uma fonte de informação a um destinatário. O *transmissor* transforma a cadeia de sinais acústicos de tal forma que esses podem ser transmitidos adiante através de um canal, o fio do telefone. Aqui se originam *sinais* na forma de impulsos elétricos ou sonoros. O *canal* é o fio ou, no caso da transmissão de rádio, o ar. Esse canal está sujeito a fontes de *interferência*, os chamados *ruídos*. O sinal recebido diferencia-se do sinal emitido essencialmente pelas perdas ou distorções dos sinais causadas pelas interferências da transmissão. O *receptor* é o aparelho técnico que anota os sinais. A anotação representa novamente a *mensagem* na forma de uma mera cadeia de sinais. Essa é decodificada e chega então para o *destinatário*, ou seja, o cérebro do destinatário.

Transmissor

Sinais
Canal

Receptor

Destinatário

Moles (1958, p. 79) desenvolve o modelo de Shannon e Weaver com foco no processo técnico da telecomunicação, num modelo que incorpora os processos da codificação e decodificação da seguinte maneira: "Na telefonia ou radiodifusão normal, o código adotado consiste em transcrever pura e simplesmente num outro campo de variáveis (intensidades elétricas e frequências em função do tempo) as variáveis correspondentes (intensidade sonora e frequência sonora) da mensagem inicial" (Figura 6.3).

Indivíduo transmissor — Codificação — Transmissor — Receptor — Decodificação — Indivíduo receptor

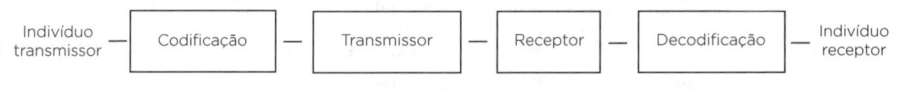

Figura 6.3 Codificação e decodificação conforme Moles (1958, p. 79).

O locutor ou indivíduo transmissor é a fonte da mensagem. A sua mensagem é transmitida de maneira codificada por um transmissor. O receptor decodifica os sinais e os torna perceptíveis ao destinatário, o receptor.

No modelo da Figura 6.3 falta ainda o código. Desde Shannon e Weaver, os teóricos distinguem entre o código do emissor e o código do receptor. Meyer-Eppler (1959, p. 2) foi o primeiro a representar esses dois códigos como dois círculos que se sobrepõem. A Figura 6.4 mostra uma versão simplificada com o foco nos dois códigos.

Código como repertório de signos

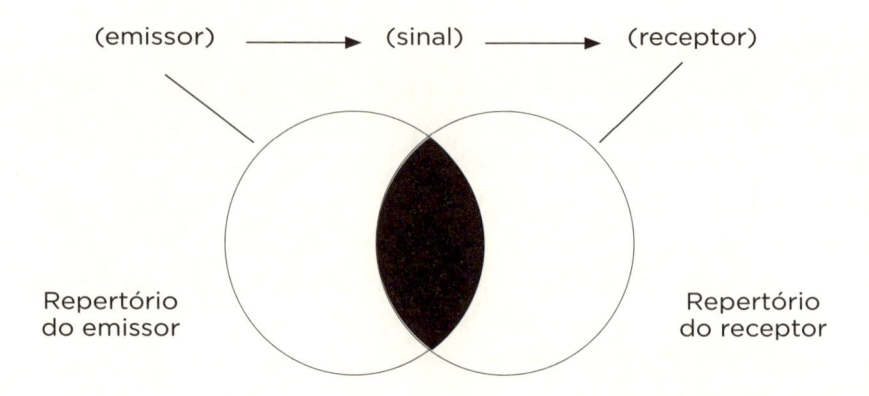

Figura 6.4 Os códigos no modelo da comunicação de Meyer-Eppler (1959).

Neste modelo, o código não é mais um recurso técnico para transformar ondas acústicas em impulsos eletrônicos, mas uma designação metafórica para a competência linguística e cultural dos emissores e receptores da mensagem, que se comunicam não mais na base de um código unívoco, mas com dois códigos, o do emissor e o de receptor da mensagem. O código, nesse sentido, é o repertório dos signos dos dois participantes numa situação comunicativa.

Uma vez que o conceito de código virou metáfora para o repertório de todos os signos na competência do emissor e do receptor, o modelo tinha que levar em consideração diferenças fundamentais entre os códigos dos emissores e dos receptores. A Figura 6.4 representa os códigos do emissor e do receptor como dois círculos entre os quais há uma zona de intersecção, em preto. As zonas em branco representam o repertório daqueles signos que não podem ser usados para o fim de comunicar por serem incompreensíveis ao ouvinte. Só o conhecimento comum dos signos da zona da intersecção em preto torna possível a comunicação entre o locutor e o ouvinte. O pequeno tamanho da intersecção nesse modelo até sugere que se trata de dois comunicadores bem desiguais. Porém, o modelo tenta ser politicamente correto: nenhum dos dois comunicadores é caracterizado por um repertório sígnico menor.

O conceito de código de Shannon e Weaver foi logo adotado pelos linguistas da segunda metade do século XX, primeiro por Roman Jakobson. Em 1953 ele declarou: "De fato, os linguistas têm muito a aprender com a teoria da comunicação. Um processo de comunicação normal opera com um codificador e um decodificador. O decodificador recebe uma mensagem. Conhece o código. A mensagem é nova para ele. Por via do código, ele a interpreta" (1953, p. 23). A sua justificativa para adotar o conceito de código nos seus escritos é a seguinte:

> O problema essencial para a análise do discurso é o do código comum ao emissor e ao receptor e subjacente à troca de mensagens. Qualquer comunicação seria impossível na ausência de um certo repertório de "possibilidades preconcebidas" ou de "representações pré-fabricadas" como dizem os engenheiros [...]. Quando li tudo que escreveram os engenheiros de comunicações [...] sobre código e mensagem, dei-me conta, é claro, de que desde há muito esses dois aspectos complementares são familiares às teorias linguísticas e lógicas da linguagem [...]; é a mesma dicotomia que encontramos sob denominações diversas tais como *langue-parole* (língua-fala), Sistema Linguístico – Enunciado, *Legisigns-Sinsigns*, *Type-Token* [...] (WN: ver cap. 2.3.1), mas devo confessar que os conceitos de *código* e *mensagem* introduzidos pela teoria da comunicação são muito mais claros, muito mais ambíguos, muito mais operacionais do que tudo que nos oferece a teoria tradicional da linguagem para exprimir essa dicotomia. Creio ser preferível trabalhar agora com esses conceitos bem definidos (JAKOBSON, 1953, p. 21-22).

6.3.2 A linguagem, um código?

Com Jakobson começa a tradição de entender o conceito de código como um quase-sinônimo de linguagem ou sistema de signo. Essa concepção é bastante difundida. O *Dicionário Houaiss*, por exemplo, chama o código, em uma das suas definições, de um "sistema de signos simples ou complexos, organizados e convencionados de tal modo que possibilitem a construção e transmissão de mensagens". Também na semiótica, a concepção jakobsoniana de que a língua humana seja um código encontrou os seus adeptos, mas essa concepção é inadequada em alguns respeitos, mesmo que não seja criticável em outros.

6.3.2.1 Sentidos nos quais as linguagens não são códigos

O primeiro ponto fraco da concepção da linguagem verbal como um código aparece quando Warren Weaver conclui que a língua inglesa é uma codificação do chinês e vice-versa. Numa carta de 1947 para Norbert Wiener, o co-fundador da teoria da informação do século XX, Weaver argumenta que um livro escrito em chinês não seria nada senão um livro escrito em inglês codificado para o código chinês (WEAVER, 2003, p. 16).

<small>Sentido em que a linguagem não é um código</small>

O argumento de que traduzir seja uma forma de recodificar um texto é ingênuo. Ele convence com respeito de que o alvo de qualquer tradutor deve ser o de preservar o conteúdo do texto original no texto traduzido. Porém, traduzir nunca significa que as estruturas do plano de conteúdo da mensagem original possam ser preservadas inteiramente e que só os signos do plano da expressão sejam substituídos por signos de outra substância formada, mesmo que fidelidade ao original seja o alvo do tradutor. Diferentemente das mensagens criptográficas decodificadas por um receptor, a melhor tradução até dos melhores tradutores nunca pode alcançar o ideal de uma fidelidade um a um ao conteúdo do texto original. Nesse respeito, traduzir um texto de uma língua estrangeira para a língua materna não pode ser associado, de maneira nenhuma, a um processo de decodificar uma mensagem codificada.

<small>Linguagem como código</small>

Uma segunda interpretação da linguagem como um código que precisa ser rejeitada diz respeito ao argumento de teóricos da fala e da comunicação humana, que interpretam a produção de signos verbais pelo emissor de uma mensagem como um processo de codificação de pensamentos em sua forma falada. A suposição é obviamente que primeiro pensamos e depois articulamos as palavras. Em termos da semiótica estruturalista, a concepção é que a substância dos signos precisa ser codificada na substância da expressão. Um dos semioticistas que adotam essa perspectiva é Paul Thibault, que descreve o processo de uma suposta codificação das estruturas do conteúdo em estruturas da expressão do seguinte modo:

> O emissor (E) de uma mensagem tem uma ideia, pensamento ou qualquer informação na sua mente. E quer transmitir isso para alguém. E codifica a mensagem em uma forma de expressão adequada. E transmite a mensagem para o receptor (R). R entende a mensagem e procura extrair dela (decodificar) o pensamento da mensagem de E. [...] O meio material da expressão é a mídia, na qual os pensamentos de E estão codificados, para serem transmitidos para R (THIBAULT, 1998, p. 125).

O erro dessa interpretação do processo da fala como codificação dos elementos do conteúdo em elementos da expressão é que ela separa os dois lados do signo linguístico, que tanto Saussure como Hjelmslev declararam tão inseparável como a frente e o verso de uma folha de papel. Não existe pensamento antes que os signos da linguagem deem forma a eles. Argumentos contra o pressuposto de que pensar e falar sejam processos sequenciais separados por uma codificação articulatória se encontram não só na semiótica de Saussure e Hjelmslev, mas também em Peirce, cuja tese é que já o pensamento se dá em signos, não algo que precede os signos, de modo que "pensamento e expressão são realmente o mesmo" (CP 1.349, 1903). Evidência que isto é assim vem também da linguística cognitiva. No seu livro *Linguagem, Pensamento e Consciência*, Carruthers chega à conclusão seguinte: "Com toda a plausibilidade pode ser rejeitada a suposição de que existisse algum pensamento determinado antes da sua formulação linguística" (1996, p. 57).

6.3.2.2 As linguagens como códigos primários

Se o conceito de código não é aplicável no sentido de um código secundário, ele também não é aplicável à linguagem no sentido de um código primário introduzido acima (cap. 6.1). As linguagens são códigos no sentido de um sistema de normas culturais. É nesse sentido que a palavra *código* é frequentemente usada no discurso semiótico sobre os códigos musicais, gestuais, culinários ou da moda.

O código da sinalização do trânsito é um código primário não verbal no mesmo sentido em que as linguagens verbais o são. Os seus signos não traduzem necessariamente signos verbais, tal como "pare" ou "prossiga", embora tal tradução seja possível. O motorista que interpreta o sinal vermelho do semáforo não o traduz para a sua forma verbal "Pare!" para saber que é preciso parar. Ele "decodifica" esses signos diretamente, da mesma maneira com que lê ou entende uma mensagem verbal. O código das bandeiras nacionais é outro exemplo de um código primário. Embora uma bandeira possa ser traduzida para o nome do país que ela representa, esse código é um sistema que tem regras semióticas independentes da forma dos nomes dos países.

<small>O código da sinalização do trânsito</small>

6.3.3 A linguagem verbal como modelo dos códigos não verbais

A semiótica dos códigos aborda o estudo dos sistemas de signos não verbais do ponto de vista do modelo da linguagem verbal, estendendo assim o modelo da língua falada para vários sistemas semióticos não verbais. Essa abordagem segue o preceito de Saussure conforme o qual o modelo da linguagem verbal teria o papel de um "patrão geral" nos estudos dos sistemas semióticos não verbais (ver cap. 3.1).

No seu exame dos sistemas de signos não verbais, a semiótica dos códigos se baseia no modelo da linguagem verbal, quando ela pergunta: Quais são as características da linguagem verbal que também caracterizam (ou não) os outros códigos? Algumas dessas características são as seguintes:

Economia
- Economia. A língua humana é um sistema semiótico econômico. Com poucos fonemas ou, nas línguas com escrita alfabética, grafemas podemos criar um número ilimitado de mensagens. O número de fonemas das línguas do mundo varia entre 10 e 80. A escrita alfabética consegue ser ainda mais econômica. Em muitas línguas, as 26 letras do alfabeto romano bastam para escrever e ler uma infinidade de mensagens.

Dupla articulação
- Dupla articulação: fonemas e palavras. O conceito da dupla articulação da língua humana foi introduzido por André Martinet. Uma língua é estruturada ou "articulada" em dois níveis. No nível da primeira articulação, ela consiste de unidades possuidoras de sentido. Nesse nível, as unidades são as palavras ou morfemas. No nível de segunda articulação das línguas verbais, as unidades são os fonemas (vogais ou consoantes) ou letras (grafemas). Essas unidades não significam nada (MARTINET, 1957).

Primeira articulação
- Estruturas no nível da primeira articulação. O sistema da língua humana estrutura-se em unidades de complexidade crescente. No nível da primeira articulação, os linguistas distinguem entre morfemas, palavras, frases, sentenças e textos. Na teoria dos códigos, encontra-se a distinção entre signos, semas e textos, que descreve unidades semióticas correspondentes a palavras, sentenças e o texto. Peirce também distingue três níveis. O nível das palavras é o nível dos signos remáticos (ou remas).

O nível das sentenças ou proposições é o do signo dicente, e o terceiro nível é o do argumento (cf. cap. 3.3.3). Remas são signos que não podem afirmar nem especificar nada, enquanto dicentes podem ser verdadeiros ou falsos, e argumentos podem ser válidos ou não, conforme as leis da lógica.

- Estruturas no nível da segunda articulação. Os fonemas da linguagem verbal têm subestruturas, elementos ainda mais elementares, que são os seus traços distintivos, tal como os traços nasal, oral, bilabial, sonoro. O fonema /p/, por exemplo, contém, entre outros, os traços distintivos "surdo" (em contraste com /b/), "bilabial" (em oposição a /t/ e /k/), "oclusivo" (em oposição ao fricativo /f/) e "oral" (em oposição ao nasal).

Segunda articulação

Um resumo diagramático desses níveis e estruturas de sistemas semióticos é apresentado na Figura 6.5.

Código / Nível	Martinet; Linguística em geral	Hjelmslev	Semiótica dos códigos não verbais	Peirce
1ª articulação	Morfema e palavra	Signo	Signo	Rema
	Frase, sentença		Sema	Dicente
	Texto	Texto	Mensagem	Argumento
2ª articulação	Fonema/grafema (letra)	Figura	Figura	
	Traços distintivos	Traços distintivos		

Figura 6.5 Articulação de códigos semióticos em analogia com as estruturas e níveis da linguagem verbal.

Articulação de códigos semióticos

Estudos de Prieto (1966), Mounin, (1970), Martinet (1973) e outros mostram que a aplicação do modelo da linguagem verbal no estudo de signos não verbais pode ser prometedora quando se trata de repertórios de signos relativamente fechados, como os códigos do trânsito rodoviário, os códigos das placas de sinalização para aeroportos ou o código internacional dos símbolos de conservação de têxteis, que têm sido objetos de estudo de autores nessa vertente de pesquisa. Porém, as tentativas de achar estruturas "gramaticais" para linguagens não verbais mais complexas, tal como pintura, fotografia, filme ou arquitetura, faliu em princípio por causa das diferenças fundamentais entre os símbolos verbais e os signos icônicos e indicais não verbais.

A seguir tentaremos aplicar os modelos da semiótica dos códigos a uns repertórios de signos da vida cotidiana, o alfabeto e códigos alfabéticos, códigos numéricos, o código dos sinais de trânsito e a questão da tipologia dos códigos.

6.3.4 Códigos são sistemas semióticos?

A ambiguidade da palavra *código* resulta numa dificuldade da interpretação dos códigos dos quais os semioticistas falam. Os textos dos códigos primários são sem dúvida sistemas semióticos ou simbólicos na definição de Hjelmslev (cap. 4.4). Eles cumprem o critério de serem sistemas com um plano de expressão e de conteúdo. O plano de expressão dos textos gerados por códigos primários consiste de um texto verbal ou não verbal e um plano de conteúdo, que abrange os conceitos e normas nele formuladas.

No caso de um código secundário, como uma cifra, porém, é duvidoso se tratar de um sistema semiótico porque um texto cifrado não tem nenhum plano de conteúdo próprio; o seu conteúdo é o conteúdo do texto claro (cf. Figura 6.1). O criptógrafo até tem que cuidar muito para não modificar o conteúdo do texto claro no processo da sua codificação para um texto cifrado. Porém, se as mensagens criptográficas não têm um conteúdo próprio, precisamos perguntar se elas são signos em primeiro lugar, porque sem conteúdo, não há signo.

A solução deste paradoxo dos sinais aparentemente sem conteúdo próprio é a seguinte. Em verdade, os signos dos textos cifrados têm dois significados, um que é próprio a eles e um que não é. Na base do exemplo da Figura 6.1, podemos dizer que o conteúdo de um texto cifrado como "?mrtzmöüx@&eb" é a substância da expressão do texto claro que ele codifica em forma críptica, neste caso, "Atacar amanhã!". O conteúdo do texto claro, que informa os militares daquilo que eles devem fazer no dia seguinte, é o conteúdo que não é propriamente um conteúdo do texto cifrado. O livro de código não tem um componente semântico que permitisse criar significados desse tipo. O livro do código comum ao emissor e ao receptor da mensagem só atribui aos seus signos um conteúdo, que consiste meramente das letras ou de suas combinações dos textos que eles codificam.

Tal constelação de um signo, cujo conteúdo é restrito à substância da expressão de outro signo foi analisado por Hjelmslev como a característica de uma metalinguagem (cap. 1.5, 7.2), mas desde já podemos resumir e concluir que os signos dos códigos secundários são metassignos. Signos sem conteúdo próprio não significam nada senão elementos do plano da expressão de outro signo.

O texto criptográfico como metalinguagem

6.4 Códigos alfabéticos e numéricos

O alfabeto é um código secundário? As suas letras servem para codificar as consoantes e vogais da fala? Ou as letras são meramente figuras, que não significam nada, mas servem para distinguir palavras da escrita? Examinemos essas perguntas à luz da discussão anterior, na qual chegamos a distinguir entre códigos como sistemas semióticos secundários e códigos como sistemas semióticos autônomos.

6.4.1 A escrita alfabética é uma codificação da fala?

Nenhuma dentre as várias línguas escritas em letras romanas exibe uma correspondência um a um entre a sua forma escrita e a fala. Portanto, a escrita não é um sistema semiótico secundário, diferente do código Morse, que codifica as letras do alfabeto romano numa relação um a um. Uma vez que a escrita alfabética de uma língua se afasta da fala, ela é um sistema semiótico autônomo e não um sistema secundário.

Desde que as letras do alfabeto romano são usadas para representar a fala de muitas línguas diferentes, elas formam aquilo que Umberto Eco chama de *código móvel* (ECO, 1968, p. 130). O protótipo de um código móvel são as cartas do baralho, cujos valores variam com os vários jogos em que são usados. Numa perspectiva global, o alfabeto é um código móvel porque as letras A, B, C etc. representam valores fonéticos que diferem bastante de língua para língua.

O alfabeto romano: um código móvel

O alfabeto romano: um código híbrido

No seu uso em uma língua individual, o alfabeto romano é um *sistema semiótico híbrido*. De um lado, as letras são figuras ou elementos da segunda articulação da escrita, que não significam nada (ver cap. 3.2). Do outro lado, letras são signos porque elas significam um determinado valor fonético, mesmo que não haja correspondências um a um entre elas. A letra A significa a vogal /a/. Além disso, as letras também servem como signos quando elas são usadas para enumerar itens em listas do tipo (a), (b), (c). Nesse uso, as letras são signos praticamente sinonímicos de números ordinais. Além disso, as letras do alfabeto são os nomes dos sons que elas representam. O nome da letra A se pronuncia *á*, o da letra B se pronuncia *bê* e o da letra C *cê*. Também nesse sentido, as letras são metassignos.

6.4.2 O alfabeto, um sistema semiótico?

Segunda articulação do alfabeto?

O alfabeto é um sistema que consiste de elementos menores, cuja combinação compõe as letras das quais elas são elementos? E se sim, quais são os seus elementos? A questão tem sido discutida com respeito ao paralelismo possível com os fonemas. Elas, na análise dos linguistas, consistem de elementos menores, os elementos distintivos. O fonema /b/, por exemplo, pode ser visto como a combinação dos traços distintivos bilabial, sonoro e oclusivo. A questão é, portanto, se as letras alfabéticas (Figura 6.6) consistem de elementos gráficos mínimos, pelos quais eles se distinguem entre si de uma maneira sistemática.

| A | B | C | D | E | F | G | H | I | J | K | L | M | N | O | P | Q | R | S | T | U | V | W | X | Y | Z |

Figura 6.6 As 26 maiúsculas do alfabeto português.

As figuras do alfabeto

Existem tentativas de analisar as letras do alfabeto romano de uma forma que revela componentes ou traços distintivos das letras (figuras). Com os elementos linha vertical (|), horizontal (–), linha inclinada para a direita ou para a esquerda (/, \), semicírculo para a direita ou esquerda (⊂ ⊃) e modificadores como pleno, baixo, cima, meio, conectado, cruzado e anexado é de fato possível criar o alfabeto em maiúsculos. Por exemplo, o A pode ser criado pelos elementos /, \ com os modificadores "conectado" e "meio". O H contém os elementos distintivos |, | e – com os modificadores "conectado" e "meio", e o X pode ser reduzido aos elementos / e \ com o modificador "cruzado".

Porém, a teoria dos traços distintivos da escrita é problemática. Os maiúsculos têm traços distintivos diferentes dos minúsculos. As letras têm figuras diferentes nas suas diversas variantes tipográficas. Por fim, as letras manuscritas exibem tantas variantes que uma redução a um número limitado de figuras não é mais possível. Diferente do alfabeto romano, que é, portanto, essencialmente um sistema simbólico no sentido de Hjelmslev, letras do alfabeto, o alfabeto Braille é um sistema de signos compostos de figuras bastante econômico. Só seis traços distintivos, isto é, os seis pontos e as suas posições no esquema das duas colunas de três pontos, são suficientes para produzir um total de 64 caracteres (Figura 6.8).

6.4.3 Códigos de transliteração

O alfabeto romano e o alfabeto cirílico são dois sistemas de escrita entre os quais não há uma correlação um a um porque as letras cirílicas representam valores fonéticos distintos das letras da língua portuguesa. Para montar nomes e palavras russas, existe uma convenção de tradução chamada de transliteração (Figura 6.7).

Transliteração

Russo	А	Б	В	Г	Д	Е / Ё	Ж	З	И
Português	A	B	V	G/GU	D	E/O/IE/IO	J	Z	I

Figura 6.7 O código da transliteração de algumas letras do alfabeto cirílico para o português (letras A até I).

As regras de transliteração exemplificam o princípio de um código como correlação entre os elementos de sistemas diferentes. Sistemas de transliteração são códigos do tipo cifra, se desconsiderarmos o aspecto de que eles não têm a finalidade de ocultar as correspondências, mas, pelo contrário, de fazê-las conhecidas. Os signos, entre as quais o código de transliteração estabelece a sua mediação, são as letras (ou grafemas) de dois alfabetos diferentes.

Outro tipo de código alfabético senso estrito é o alfabeto Braille em relação ao alfabeto da língua portuguesa. Diferentemente do código da transliteração do cirílico para o alfabeto português, em que existem certas ambiguidades nas correspondências, as regras da tradução de letras do

O alfabeto Braille

alfabeto português para Braille prescrevem correspondências 1:1 entre os signos dos dois sistemas.

Diferentemente das letras do alfabeto romano, as letras do alfabeto Braille são compostas de meramente seis traços distintivos, isto é, zero até seis pontos em duas colunas de três pontos (Figura 6.8). A combinação delas dá o total de 64 caracteres possíveis.

●○ ○○ ○○	●○ ●○ ○○	●● ○○ ○○	●● ○● ○○	●○ ○● ○○	●● ●○ ○○	●● ●● ○○	●○ ●● ○○	○● ●○ ○○
A	B	C	D	E	F	G	H	I

Figura 6.8 O alfabeto Braille (A até I).

O código Braille é, portanto, mais econômico do que o código do alfabeto romano ou russo, cujos elementos não podem facilmente ser decompostos em unidades mínimas.

Códigos binários

O sistema binário ASCII (Figura 6.9) é mais um exemplo de codificação alfabética 1:1, mas o código binário ASCII é ainda mais econômico do que o código Braille. Como todo código binário, o código binário ASCII consiste de só dois elementos distintivos, 0 e 1, que, na prática computacional, representam um impulso negativo e um impulso positivo. Com esses dois elementos distintivos, é possível codificar ou representar um conjunto de 128 caracteres. Porém, a redução dos elementos mínimos a dois tem o seu custo. Enquanto o alfabeto romano precisa só de um espaço para cada letra, o código Braille precisa de 6 e o código ASCII, de 8.

01100001	01100010	01100011	01100100	01100101	01100110	01100111	01101000	01101001
a	b	c	d	e	f	g	h	i

Figura 6.9. As primeiras nove letras minúsculas do alfabeto ASCII.

O código ASCII

O código ASCII é, portanto, mais econômico porque ele consiste de só dois elementos para representar o código do alfabeto romano inteiro, mas os seus signos geram um custo mais alto. Para representar um único signo são necessários 8 dígitos (Figura 6.9). Evidentemente, na era digital, o "custo" dos códigos não é mais o custo financeiro que ele tinha na era da transmissão telegráfica das mensagens.

6.4.4 Os números cardinais como código primário

O código numérico é usado para duas finalidades. A primeira é representar quantidades, a segunda é enumerar. As duas finalidades se refletem também na diferença entre os signos verbais, que se referem a essas finalidades. Os números que servem à primeira finalidade são os números cardinais, os que referem à segunda finalidade são os números ordinais. Os números cardinais são códigos primários no sentido da definição do cap. 5.1, quer dizer, eles são um sistema semiótico genuíno com um plano de expressão e um plano de conteúdo. No plano de expressão, os números são 1, 2, 3, 4 etc. No plano do conteúdo, eles representam as quantidades dos membros correspondentes de um conjunto.

Os números: um código primário

À primeira vista, os algarismos que representam os números inteiros e as letras do alfabeto parecem elementos semióticos semelhantes. Ambos são *caracteres*, quer dizer, elementos mínimos de um sistema de escrita. Na sua função "Contar palavras", os programas dos computadores contam tanto as letras como os algarismos. Porém, os números diferem essencialmente das letras alfabéticas. Algumas destas diferenças semióticas são as seguintes:

Números como signos ideográficos. Os caracteres que representam números são signos e, portanto, elementos da primeira articulação do código ao qual eles pertencem, mas não existe um plano de segunda articulação. Os algarismos diferem das letras alfabéticas, que são os elementos da segunda articulação e que não significam nada. Só quando as letras compõem palavras, quer dizer, como elementos da primeira articulação do código verbal, elas têm um significado. Os algarismos 0 a 9, pelo contrário, têm um conteúdo próprio. Eles e os outros símbolos que têm um significado próprio, tal como &, $, + ou –, são também chamados de logógrafos ou ideógrafos por serem caracteres que representam ideias correspondentes a palavras e conceitos matemáticos: 1 significa "um" e 2 "dois" etc.

Números: signos ideográficos

Signos, não figuras. Na terminologia da semiótica dos códigos e de Hjelmslev, as letras alfabéticas são *figuras*. As vogais e as consoantes em si geralmente não significam nada no contexto das palavras compostas por elas. Só palavras (e morfemas) são *signos* nessa terminologia. Os algarismos 0 até 9 não são figuras, mas signos, com um

Signos e figuras

significado próprio, não meramente com uma função distintiva, e, na sua combinação em números, as cifras continuam sendo signos que retêm o mesmo significado.

> Sintaxe dos números

Sintaxe. Assim como, na sintaxe verbal, *João ama Maria* não significa a mesma coisa que *Maria ama João*, o valor posicional dos algarismos é sempre significativo. A diferença entre o código numérico e o código verbal é que, nos números, o valor a posição é sempre significativo, enquanto na linguagem verbal ele pode ser significativo ou uma mera variante do mesmo significado. No número 735, o significado do algarismo 3 é o mesmo que no número 375, mas no 735, o algarismo 3 significa, devido à sua posição "três dezenas", enquanto no número 375, 3 significa "3 centenas". Na escrita alfabética, a posição das letras também é importante, mas ela não tem um valor sistemático ou um valor sígnico. A palavra *ombro* não significa a mesma coisa que a palavra *rombo*, que contém as mesmas letras em posições diferentes, mas a posição dessas letras em si não tem significado próprio. O fonema /r/ não depende, na sua função distintiva, da sua posição dentro de uma palavra.

> Economia dos números

Economia. O código numérico é um código inteiramente econômico, porque todas as combinações dos algarismos são possíveis. Por exemplo, por meio das três cifras 3, 5 e 7 se criam seis números, 357, 375, 537, 573, 735, 753, o que esgota todas as possibilidades de combinação. A economia do código verbal é muito menor. Em combinação, as quatro letras *a*, *e*, *m*, *s* podem formar palavras como *mesa*, *sema*, *emas*, mas das 24 combinações possíveis dessas quatro letras, a grande maioria não dá palavras da língua portuguesa, por exemplo, *asem, *esam, *aesm não são palavras portuguesas.

Os números cardeais também se combinam para formar semas? Sim, mas de uma maneira diferente. A posição da cifra, na sequência dos números, tem um valor sintático, como vimos acima. O seu valor posicional é o valor das dezenas, centenas etc. Assim, os números se combinam para signos mais complexos conforme uma regra totalmente econômica. Não há combinação que não signifique nada. As possibilidades da combinação das palavras para frases, pelo contrário, são bastante restritas. Na frase: "O vê gato rato", esse "o" não significa nada senão um fragmento de *nonsense*. Matematicamente os cinco signos dessa frase permitem 120 maneiras de combinação diferente (conforme o cálculo permutativo da fórmula 5!), mas, dessas 120 possibilidades de combinação, só duas fazem sentido. O código verbal é, portanto, um código pouco econômico.

No nível dos semas (ou no nível sintático), surge um novo paralelismo entre os códigos da álgebra e os verbais, se estendermos o estudo dos números para a sua função em equações com os seus operadores +, –, e =. Tanto os semas da álgebra, que são equações, como os semas verbais, que são proposições, podem ter a qualidade de ser verdadeiros ou falsos. O sema "Água é um líquido" é uma afirmação verdadeira, enquanto a afirmação "O dia tem 25 horas" é uma afirmação falsa. O verdadeiro e o falso das equações da álgebra são comumente chamados de correto ou incorreto. A equação correta 15–7=8 é um sema verdadeiro, enquanto a equação incorreta 15+7=8 é um sema falso.

6.4.5 Os números ordinais como códigos secundários

O protótipo de números que servem como código secundário são os números ordinais. Eles não só significam o valor do número, mas também servem para indicar uma ordem a qual esse número cumpre a função de indicar. A língua cotidiana tem palavras especiais para eles, *primeiro*, *segundo*, *terceiro* etc. O sistema dos números ordinais é um código secundário, porque os seus signos significam primeiro a ideia de um número, e segundo também algo não numérico, uma posição numa escala de qualidades, uma classe, um grau etc.

1º, 2º, 3º etc.

Os números ordinais têm, na maioria dos casos, uma semântica linear, visto que eles representam graus ou escalas. Um exemplo clássico é o das notas para trabalhos escolares de 1 até 10. Porém, também existem códigos numéricos secundários de uma semântica não linear.

Semântica linear versus semântica diagramática

O código brasileiro da numeração dos jogadores de futebol é um exemplo. Esse código secundário é um código duplo. Primeiro ele indica os nomes dos jogadores. Os números da seleção brasileira na Copa Mundial de 2014, por exemplo, eram: 1 Jefferson, 2 Dani Alves, 3 Thiago Silva, 4 David Luiz, 5 Fernandinho, 6 Marcelo, 7 Hulk, 8 Paulinho, 9 Fred, 10 Neymar Jr., 11 Oscar, mais 12 números para os jogadores da reserva. O segundo sistema de significação associado aos 11 jogadores é a posição do jogador no jogo. Assim,

Os números dos jogadores de futebol

os números representam um diagrama das posições típicas dos jogadores. As posições em geral (com certas variantes locais) são: 1 goleiro, 2 lateral direito, 3 zagueiro central, 4 quarto zagueiro, 5 primeiro volante, 6 lateral esquerdo, 7 segundo atacante, 8 segundo volante, 9 centroavante, 10 meia-armador, 11 meia-atacante.

<small>Três sistemas de signos num só código</small>

Portanto, o conjunto dos 23 números desse código, inclusive os 12 da reserva, cria um sistema de três vezes 23 signos. Cada signo tem uma tripla significação. A primeira é o significado numérico. O sistema desses signos representa uma ordem linear, uma lista de números de 1 até 23. O segundo sistema não significa mais os números, mas os nomes dos 23 jogadores. É, portanto, um sistema de 23 signos, cada um com um plano de expressão, o número, e um plano de conteúdo, os nomes. A relação entre o primeiro e o segundo signo é uma relação de arbitrariedade no sentido de que o número 1, por exemplo, identifica o nome do jogador Jefferson, mas este nome não está relacionado, de maneira nenhuma, a este número. O terceiro sistema consiste dos números no seu plano de expressão e as 23 posições dos 23 jogadores descritos acima. O código de três vezes 23 signos produz 23 semas do tipo: O número 1 é o jogador Jefferson, que é o goleiro.

6.5 O código rodoviário

Os sinais rodoviários são um código de um repertório limitado de elementos, tal como cores (preto, branco, amarelo, verde e vermelho), formas geométricas (círculo, triângulo, retângulo e romboide), figuras (flechas, imagens de veículos ou pedestres) e palavras.

Por meio de códigos produzimos mensagens, que se estruturam em semas (cf. cap. 6.3.3). Um sema verbal é uma proposição, que consiste de um sujeito com um predicado. Um exemplo de um sema não verbal é o sema da luz vermelha do semáforo, cuja mensagem é: "Você deve parar!".

<small>O código do semáforo</small>

Enquanto as luzes do semáforo não são articuladas em unidades mais elementares, outros semas o são. Frases consistem de palavras, e a placa do código do trânsito brasileiro da Figura 6.10 é articulada em dois semas: (1) O "romboide amarelo com margem preta" é um signo que significa "sinalização de advertência", e (2) a "flecha preta indo para a esquerda" é outro signo que significa "curva acentuada à esquerda". O sema, quer dizer, a mensagem não verbal "Atenção: curva acentuada para a esquerda!", consiste de dois signos.

Figura 6.10 Sinal de trânsito para curva acentuada à esquerda: Sema de dois signos.

Pela combinação de poucos signos, constrói-se um número maior de semas. No código de trânsito brasileiro, o romboide amarelo sempre significa "advertência", mas esse signo é combinado com uns 70 signos diferentes produzidos por uns 70 gráficos pretos diferentes, tal como "flecha à direita", "vaca", "ciclista" etc. Portanto, um único signo, o romboide amarelo, é um elemento de 70 semas. Nesse contexto, o "sema" é também uma "mensagem", porque a mensagem de uma placa de trânsito consiste só de um sema, mas há mensagens que consistem de mais do que um sema, por exemplo, a sequência dos dois sinais de trânsito (ou semas) seguintes: (1) ÚLTIMA SAÍDA A 200m e (2) ÚLTIMA SAÍDA.

6.6 Códigos socioculturais e a semiótica dos códigos de Umberto Eco

Código é um conceito-chave da semiótica da cultura de Umberto Eco, que ensina que "todo ato comunicacional se baseia num código" (1968, p. 127) e que a semiótica estuda "as convenções comunicacionais como fenômenos de *cultura*" (ibid., p. 26). Num resumo da sua teoria estruturalista do código, Eco escreve:

> Definiremos o código como o sistema que estabelece (1) um repertório de símbolos que se distinguem por oposição recíproca; (2) as regras desses símbolos; (3) e, eventualmente, a correspondência termo a termo entre cada símbolo de um dado significado (1968, p. 16).

Nessas premissas, a semiótica é uma ciência da cultura, sem ser um ramo da psicologia, como Saussure postulava. Os signos também não são fenômenos ontológicos ou sociológicos. Os signos têm as suas origens nos códigos culturais, que a semiótica estabelece:

> A partir do momento em que a Semiologia estabelece a existência de um código, o significado não é mais uma entidade psíquica ou ontológica ou sociológica: *é um fenômeno de cultura descrito pelo sistema de relações que o código define como aceito por determinado grupo em determinada época* (ECO, 1968, p. 35).

O campo semiótico de Umberto Eco

O campo semiótico de Eco (1968, p. 392-412) se apresenta como uma rede complexa de códigos, também chamados de "semióticas". Ele inclui a zoossemiótica, os sinais olfativos e táteis, códigos de gosto, a paralinguística (que estuda os tons de voz), a cinésica "entendida como estudo dos gestos e dos movimentos corporais de valor significante convencional" (*ibid.*, p. 393), a prossêmica (que estuda a maneira como as culturas favorecem distância ou proximidade social), línguas naturais e artificiais, textos com estruturas narrativas, a comunicação de massa, as retóricas, os signos das doenças (semiótica médica), e os signos da comunicação visual, inclusive da arquitetura, da pintura, dos sistemas de objetos e outros códigos culturais como a etiqueta.

O conceito de código tem certa conotação mecanicista e pouco dinâmica. O código parece determinar as estruturas possíveis e impedir ao mesmo tempo a criatividade. Contra tal conceito de código, Eco estende a sua definição de código para um conceito dinâmico que permite a descrição de fenômenos culturais mais complexos:

Códigos imprecisos

> Um código também existe quando é *impreciso* e *débil* (isto é, sujeito a rápida estruturação), *incompleto* (porque associa só alguns significantes a poucas porções de um conteúdo bastante mais vasto e segmentável), *provisório* (porque destinado a ser bem depressa substituído) e *contraditório* (no sentido de que faz parte de um subsistema que atribui a um significante um significado contradito pelo significado que lhe atribui um outro código do mesmo subsistema). Nesse sentido, tanto é código o linguístico como o código da moda, mesmo se o segundo é impreciso, débil, incompleto, provisório (ECO, 1973, p. 201-202).

Outra tentativa de Eco de livrar o conceito de código das suas conotações mecanicistas é fazer o conceito de código compatível com uma teoria da criatividade dos códigos. Com essa finalidade, Eco desenvolve uma teoria da transformação dos códigos. Os códigos culturais encontram-se em transformação permanente pelas razões seguintes:

> A mobilidade do espaço semântico faz com que os códigos mudem processualmente. Ao mesmo tempo impõe à atividade de produção sígnica e de interpretação de textos a necessidade de uma PLUS-CODIFICAÇÃO contínua. O intérprete de um texto é obrigado a um tempo a desafiar os códigos existentes e a avançar hipóteses interpretativas que funcionam como formas tentativas de nova codificação. Diante de circunstâncias não contempladas pelo código, diante de textos e contextos complexos, o intérprete se vê obrigado a reconhecer que grande parte da mensagem não se refere a códigos preexistentes e que, todavia, ele deve ser interpretado. Se o é, devem então ser postuladas, pelo menos *ad hoc* (ECO, 1976, p. 117).

<small>Plus--codificação</small>

Portanto, o desafio devido a mensagens determinadas por códigos desconhecidos ao intérprete exige a sua participação ativa no processo da codificação e decodificação das mensagens. Eco distingue dois modos de plus-codificação, a hiper e a hipocodificação (*ibid.*, p. 121).

A *hipercodificação* é o processo interpretativo no qual o intérprete, "com base em uma regra anterior, propõe uma regra aditiva para uma aplicação extremamente particular da regra geral. [...] as regras retóricas e iconológicas pertencem a este tipo" (*ibid.*). Outros exemplos de hipercodificação são o *kitsch*, os estilos gastos e as codificações ideológicas.

<small>Hipercodificação</small>

A *hipocodificação* é a fonte da criatividade interpretativa, que procede de estruturas desconhecidas para a sua codificação pelo intérprete. Ela ocorre quando a codificação da mensagem é imprecisa e a sua interpretação exige hipóteses e um raciocínio abdutivo. Eco define a hipocodificação como:

<small>Hipocodificação</small>

> A operação pela qual, na ausência de regras mais precisas, porções macroscópicas de certos textos são provisoriamente admitidas como unidades pertinentes de um código em formação, capazes de veicular porções vagas, mas efetivas de conteúdo, ainda que as regras combinatórias que permitem a articulação analítica de tais porções expressivas permaneçam ignoradas (*ibid.*, p. 123).

Em resumo, "a hipercodificação procede de códigos existentes a subcódigos mais analíticos [e] a hipocodificação procede de códigos inexistentes (ou ignorados) a códigos potenciais e genéricos" (*ibid.*).

☞ Atividades

1. Conceitos-chave

a) Compare o código binário com o código Morse do ponto de vista da economia.
b) Compare o código da etiqueta com o código postal do Brasil.
c) Código primário e código secundário: Definições e exemplos.

2. Exemplos e temas suplementares para apresentar e discutir em aula

a) Primeira e segunda articulação em códigos semióticos. Mais exemplos em mais códigos.
b) Exemplos e análises de códigos móveis.
c) Diferenças entre a sintaxe verbal e a sintaxe dos números.

3. Sugestões para trabalhos finais do curso

a) Possibilidades e limitações da análise do alfabeto como um sistema semiótico com dupla articulação.
b) Análise do código rodoviário do ponto de vista da semiótica dos códigos.
c) As abordagens dos códigos semióticos de Peirce (cap. 2) comparada com os da semiótica dos códigos.

7
A semiótica estruturalista e pós-estruturalista de Roland Barthes

Roland Barthes (1915-1980; Figura 7.1) influenciou a semiótica estruturalista, sobretudo por seus *Elementos de Semiologia* de 1964 (Barthes, 1971a). Neles, ele define a semiologia como uma translinguística, quer dizer uma ciência à qual cabe estudar as grandes unidades significantes do discurso e não só a fonologia, morfologia e sintaxe (*ibid.*, p. 13). Ao mesmo tempo, Barthes, em contraste com Saussure, postula que essa semiologia translinguística faz parte da linguística, sendo um ramo dela (1971a, p. 13). As fontes dessa semiologia estão na linguística estrutural de F. de Saussure e nos trabalhos de Hjelmslev, Roman Jakobson, Émile Benveniste e André Martinet. A extensão semiológica dessa tradição de estudos linguísticos inclui fenômenos culturais como o vestuário, a alimentação, o automóvel ou o mobiliário.

A semiologia como translinguística

Figura 7.1 Roland Barthes (1915-1980).

7.1 Uma semiótica linguocêntrica e estruturalista

A semiologia como ramo da linguística

Para o primeiro Barthes, a semiologia é um ramo da linguística. Com essa tese, Barthes defende uma posição logocêntrica da semiótica. Um sintoma dessa posição é a sua abordagem ao estudo de imagens e outros signos não verbais: "Objetos, imagens, comportamentos podem significar, claro [...], mas nunca de uma maneira autônoma. Qualquer sistema semiológico repassa-se de linguagem" (1971a, p. 12). Para Barthes, os objetos do supermercado e as roupas que vestimos são signos só porque eles refletem estruturas verbais, palavras e discursos analisáveis em sistemas de oposições. As mercadorias do mercado se tornam signos nos catálogos e nas nomenclaturas dos comerciantes e dos seus fornecedores, e o vestuário da nova estação adquire os seus significados só pelo discurso dos atuais jornais de moda. Os objetos culturais "só alcançam o estatuto de sistemas [semióticos] quando passam pela mediação da língua, que lhes recorta os significantes (sob a forma de nomenclaturas) e lhes denomina os significados (sob a forma de usos ou razões)" (*ibid.*).

O logocentrismo barthesiano

O logocentrismo barthesiano acerca dos objetos culturais cumula na tese de que "parece cada vez mais difícil conceber um sistema de imagens ou objetos cujos significados possam existir fora da linguagem [... porque] sentido só existe quando denominado, e o mundo dos significados não é outro senão o da linguagem" (*ibid.*). Essa posição semiótica reflete claramente o pressuposto saussuriano e hjelmsleviano de que, além das estruturas verbais, o mundo dos objetos culturais é nada senão uma "uma nebulosa" sem forma e sem estrutura (cf. 2.2.3).

A linguagem alimentar

Baseado nesses pressupostos, Barthes começa com o estudo da dicotomia língua e fala, em linguítica (Saussure, Hjelmslev), antes de examinar a semiologia de vários sistemas de objetos culturais, não como sistemas de signos não verbais, mas tendo por base descrições verbais. O resultado do exame de tais sistemas é a descoberta de estruturas análogas ao sistema linguístico. Na linguagem alimentar, por exemplo, há regras de exclusão, oposições significantes, regras de associação simultânea ou sucessiva ou até uma retórica alimentar. O método da análise não é a observação dos hábitos alimentares em si, mas o estudo dos discursos sobre os costumes e as regras alimentares, por exemplo, em revistas culinárias.

Barthes trabalha com a distinção entre o eixo sintagmático e paradigmático, não só na língua verbal, mas também nos sistemas (códigos) dos objetos culturais, e mostra que essas duas dimensões dos sistemas semióticos também determinam a escolha e as regras da combinação dos signos de sistemas semióticos não verbais. Por exemplo, o mobiliário de uma sala de jantar (Figura 7.2) é um sistema semiótico caracterizado por regras. Entre os seus elementos encontramos signos (elementos do sistema), que se combinam conforme regras da arquitetura interior. Uma mesa de jantar combina com uma toalha (por cima) e um carpete (por baixo), e não vice-versa. No teto, em cima da mesa, encontra-se um lustre, mas não uma arandela. Aos seus lados, a mesa é combinada com cadeiras, não com poltronas etc. Tudo isso exemplifica a dimensão ou o eixo sintagmático do sistema do mobiliário da sala de jantar. A dimensão paradigmática do mesmo sistema consiste das alternativas respectivas de cada um desses objetos. As mesas e as cadeiras podem ser brancas ou pretas, estilo barroco, Chippendale, ou Bauhaus, mas as escolhas paradigmáticas, uma vez feitas, criam novas restrições sintagmáticas: Cadeiras Chippendale não combinam com mesas Bauhaus etc.

O eixo sintagmático e paradigmático

Figura 7.2 Ambiente de uma sala de jantar conforme o código mobiliário contemporâneo brasileiro: Sintagmática e paradigmática.

7.2 Denotação, conotação, mitos e ideologias

Denotação

De Hjelmslev, Barthes adota a distinção entre denotação e conotação de signos. Nesta tradição semiológica, a denotação de uma palavra é o seu significado central. O significado central da palavra *pizza* e, por exemplo, a denotação dessa palavra, seria algo como "prato feito de massa de pão, recoberta de queijo, tomate e diversos outros ingredientes, assado em forno". A mesma palavra tem conotações tal como "cozinha italiana", *fast food* ou "aquilo que o motoboy pode trazer em 30 minutos". Em resumo: a denotação é o significado essencial, enquanto a conotação é um significado adicional.

Conotação

Nos seus estudos críticos das mídias da imprensa dos anos 1950 e 1960, Barthes usa a dicotomia de denotação *versus* conotação para esclarecer os métodos com os quais certos jornalistas de revistas de massa transmitem mensagens ideológicas. No discurso verbal e não verbal deles, as conotações são importantes. A foto de um soldado africano fazendo um gesto de reverência em frente da bandeira nacional da França (Figura 7.3), país dos ocupadores coloniais da sua pátria, só se pode decodificar com base nessa dicotomia semiótica. A denotação de tal foto seria que certo soldado negro, em certa hora dos anos coloniais 1950, de fato (se a foto não foi manipulada) fez este gesto de reverência à bandeira dos colonizadores. Mas essa mensagem local seria de pouca importância nacional ou internacional. A mensagem mais importante dessa foto de capa seria a ideologia detrás dela, e essa ideologia se esconde na conotação da foto de capa. A mensagem escondida é que os colonizados são "fiéis e gratos aos colonizadores".

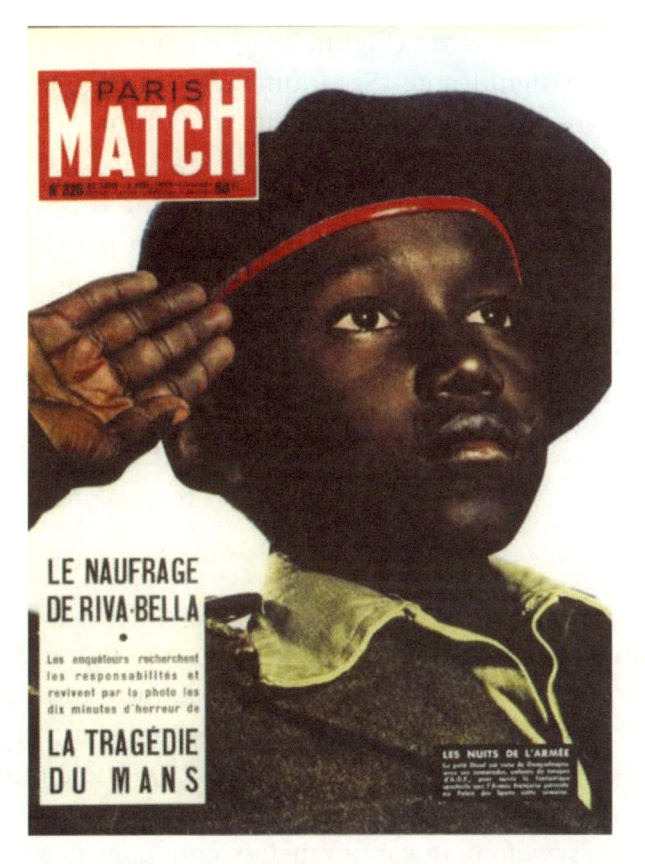

Figura 7.3 Foto de capa da Paris Match dos tempos dos anos 1950, analisado por Barthes, transmitindo a ideologia colonial da França contemporânea por meio de conotações patriotas.

O resumo semiótico desse exemplo é que a ideologia se encontra nas conotações dos signos transmitidos pelas mídias da imprensa, especialmente nas fotos jornalísticas. A eficiência destas mensagens conotativas reside no fato de que a mensagem denotativa, que não transmite nada senão uma realidade local, não pode ser contestada. Esse soldado, de fato saudou a bandeira francesa um belo dia. O que ela esconde é a luta dos milhares de pessoas africanas que se revoltaram contra o colonialismo francês. A conclusão barthesiana é que a ideologia é "a forma (no sentido hjelmsleviano) dos significados de conotação" (BARTHES, 1971a, p. 97).

Na sua generalização diagramática das relações entre os significantes (Se) e significados (So) nos signos conotativos e denotativos (Figura 7.4a), Barthes chega ao *insight* de que a estrutura das conotações, e, com elas, a das ideologias, é o inverso semiótico daquela das metalinguagem

Ideologia

Ideologia *versus* metalinguagem

gens (cf. 1.5). A conotação (Figura 7.4a, 1ª linha), é um signo, que consiste de um significante (Se) e um significado (So) sobreposto num outro signo, que é o signo denotativo (2ª linha). O signo denotativo, por exemplo, a foto do soldado (Figura 7.4b), ao qual o signo conotativo dá um significado (So) suplementar (neste caso: "patriota") tem a sua própria estrutura (Se: foto em papel/So: soldado africano). Dos dois signos, o significante do signo conotativo (Se, 1ª linha) inclui o signo denotativo (Se/So, 2ª linha).

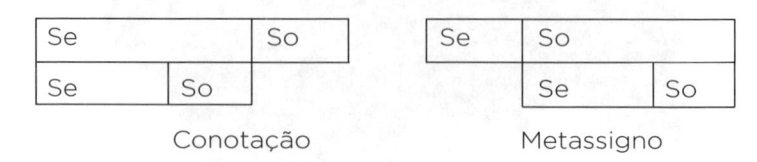

Conotação e metassigno

Se		So		Se	So	
Se	So				Se	So

Conotação — Metassigno

Figura 7.4a (esq.) e 7.4b (dir.) Significados (So) e significantes (Se) no signo conotativo e no metassigno conforme Barthes (1971a, p. 96).

Enquanto o signo conotativo é um signo cujo significante (Se, 1ª linha, Figura 7.4a) inclui um segundo signo, que é um signo denotativo, o metassigno (1ª linha, Figura 7.4b) é um signo cujo significado (So) inclui um segundo signo (ou vários), que é um signo da linguagem-objeto (cf. 1.2). Aplicamos a definição da metalinguagem à palavra *semáforo*, que é um metassigno, quer dizer, um signo que se refere a signos. Barthes quer dizer que "semáforo" é um significante (Se, 1ª linha) que consiste de uma palavra de 8 letras, associado a um significado (So, 1ª linha) que significa algo como "sinal luminoso de trânsito" (Se/So). Esse significado implica outros signos, cujos significantes são as luzes vermelha, amarela e verde (Se, 2ª linha), cada um dos quais tem o seu significado próprio ("pare", "atenção", "procede"; So, 2ª linha).

Mitologias

A mesma estrutura conotativa que Barthes atribui ao discurso ideológico na ocasião da análise da capa da *Paris Match* (Figura 7.3), ele também atribui ao mito. Sobretudo no seu livro *Mitologias*, o autor define mitos como sistemas que transmitem significados secundários (BARTHES, 1972, p. 131). Um mito notório divulgado pela publicidade é o mito da natureza ou do natural. A conotação do natural, e mais recentemente do ecológico, é atribuída a todo tipo de produtos industriais ou industrializados, dos alimentos industrializados, como a margarina, refrigerantes e cerveja, até certos tipos de automóveis, que se gabam de ser "ecológicos". No seu nível denotativo tais produtos não são outra coisa senão produtos industriais. Só a propaganda lhes atribui os valores conotativos do natural ou do ecológico, camuflando assim as suas significações primárias. Na sua avaliação crítica de tais estratégias do discurso das mídias de massa, Barthes conclui que, ao se referir a um nível do conteúdo denotativo que não pode ser questionado (os fatos denotativos apresentados pelas fotos, que "não podem mentir"), "o mito não nega as coisas; [...] ele as purifica, as torna inocentes, ele dá a elas uma justificativa natural e eterna" (*ibid.*, p. 143).

7.3 O sistema da moda

No zênite da sua fase estruturalista, Barthes apresentou o estudo *Sistema da Moda*, um estudo da moda contemporânea, feito com todo o repertório de métodos semiológicos até então elaborado. O objeto dessa pesquisa é a moda na França, conforme apresentada por duas revistas de moda dos anos 1958 e 1959. Entre os princípios estruturalistas que Barthes adota estão a identificação de unidades mínimas do sistema da moda, denominadas *vestemas*, de classes de elementos paradigmáticos, de regras de compatibilidade e incompatibilidade (sintagmática) dos elementos da moda (BARTHES, 1979, p. 76).

Em analogia à dicotomia de Saussure entre *langue* e *parole*, Barthes distingue entre o código vestuário, o sistema de elementos e regras da moda, de um lado, e sua atualização individual em peças de roupa, de outro. O código vestuário determina o que está na moda numa dada estação e corresponde ao nível de denotação desse sistema. Além de dizer o que está na moda, as revistas de moda também fornecem uma "mitologia" de comentários sobre os efeitos sociais, possíveis ocasiões de uso ou estilos pessoais relacionados a esses elementos da moda. Esses são os sistemas de conotação da moda, que Barthes define como um sistema retórico.

Barthes também se serve da distinção entre denotação e conotação como instrumento da crítica da ideologia da moda: "Em uma afirmação como 'Na corrida, ganha o *imprimé* [...]', nada leva a crer que a equivalência entre tecidos estampados e a corrida de cavalos poderia ser determinada pela moda, apesar de que essa equivalência, de fato, seja sempre o significado do significante 'moda'", argumenta Barthes (1979, p. 282). Assim, a única mensagem denotativa da moda é se "uma peça de vestuário está ou não na moda" (*ibid.*, p. 270). Toda a mensagem denotativa da moda reside nessa semântica simples (binária); por outro lado, ela é mascarada através de conotações, e a arbitrariedade de suas regras é velada através de uma "naturalização dos signos" (*ibid.*, p. 282-85), "pois a moda se mascara como um Deus; ela é onipotente e finge deixar, ao *imprimé*, toda a liberdade para conferir um significado natural à corrida dos cavalos" (*ibid.*, p. 283).

Denotação e conotação

Através da contradição entre a mensagem extremamente simples da denotação e a mensagem altamente elaborada das várias conotações da moda, surge um paradoxo peculiar. A moda se apresenta como "um sistema semântico cujo único objetivo é denunciar o significado, que elabora de forma abundante. Logo, o sistema desiste do significado sem, com isso, abdicar de qualquer elemento do próprio espetáculo da significação. [...] Sem conteúdo, torna-se o espetáculo que o público apresenta a si mesmo, o espetáculo do poder que possuem para transformar algo insignificante em algo significativo" (*ibid.*, p. 287).

7.4 A virada semiótica barthesiana para o pós-estruturalismo

Em sua fase posterior, no entanto, Roland Barthes abandona sua interpretação crítico-ideológica da conotação, uma vez que começa a duvidar de que efetivamente exista um nível significativo como o da denotação, livre de ideologia. Em *S/Z*, por fim, Barthes interpreta a denotação como o resultado final de um processo conotativo, o efeito de um fechamento semiótico:

A denotação como ilusão

> A denotação não é a primeira significação, mas aparenta sê-lo; sob esta ilusão, ela não é nada mais do que a última das conotações (aquela que parece tanto estabelecer como fechar a leitura), não é senão o mito superior através do qual o texto aparenta retornar à natureza da linguagem (BARTHES, 1970b, p. 9).

Nessa nova interpretação da dicotomia entre denotação e conotação, o princípio da conotação como constituinte textual é revalorizado. Agora, a conotação se define como "uma determinação, uma relação, uma anáfora, um traço que possui a força de se referir a expressões passageiras, posteriores ou externas, a outros lugares do texto (ou de um outro texto)" (*ibid.*, p. 14).

Ao se reportar à sua fase estrutural da sistematicidade, Barthes afirma criticamente o seguinte: "Naquele tempo, eu acreditava com fervor na possibilidade de uma ciência semiológica: Eu passei por um sonho (eufórico) de cientificidade" (BARTHES, 1971b, p. 97). Esse ceticismo tardio em relação à "atividade estruturalista" é característico da fase pós-estrutural de Barthes. No centro dessa fase tardia, Barthes coloca a questão do texto, no que se vê influenciado por Propp, Lévi-Strauss, Kristeva, Derrida, Foucault e Lacan (BARTHES, 1985, p. 11-13).

> Virada do estruturalismo para o pós-estruturalismo

Primeiramente, Barthes desenvolve sua semiótica narrativa (Barthes *et al.*, 1971) a partir dos princípios do estruturalismo. Com *S/Z* (1970b), no entanto, ele realiza a passagem para o pós-estruturalismo. O seu princípio interpretativo direciona-se contra a teoria monossêmica da codificação complexa dos textos literários. Tomando como exemplo a novela *Sarrazine*, de H. de Balzac, Barthes apresenta seu novo processo analítico. Ele divide o texto em nada menos do que 561 unidades de leitura (lexias). Seus comentários se guiam por cinco códigos (*http://en.wikipedia.org/wiki/S/Z*):

(1) O código hermenêutico (ligado a questões de interpretação),

> Os códigos literários

(2) O código semiótico (que se refere à rede de conotações, metáforas e alusões, entre outros).
(3) O código simbólico (que estrutura as oposições simbólicas).
(4) O código proairético ou código da ação (que determina a lógica da ação).
(5) O código referencial ou cultural da experiência dos saberes cultural e cotidiano.

Em oposição à sua fase estruturalista, Barthes passa a salientar a incerteza e a instabilidade dos semas, a arbitrariedade e o fragmentário de seu próprio princípio.

> Os ideologemas

O aspecto instável, fragmentário ou mesmo destrutivo da interpretação é ligado, por Barthes, ao nível dos significados, que ele procura desacreditar como possíveis lugares de *ideologemas*. A partir dos significados, questionados por Barthes, o autor se dirige mais e mais aos significantes, abordando, em *Prazer do Texto* (1974), a música (1979, 1982); o autor acredita ter encontrado, na *foné*, os significantes ideais.

> A semiótica apofântica

Para Barthes, a função da semiótica, transformada dessa maneira, consiste em se tornar uma disciplina negativa, "apofântica não no sentido de negar o signo, mas no sentido de negar a possibilidade de lhe serem conferidas qualidades positivas, fixas, a-históricas, incorporais, ou seja, qualidades científicas" (BARTHES, 1978, p. 36).

Devido ao seu ceticismo em relação ao domínio ideológico dos significados, Barthes demonstra sempre um interesse especial por signos cujos significantes (lhe) parecem escondidos. A semiótica desse tipo de "signos vazios" é abordada em *Mitologias* (BARTHES, 1972, p. 235) e, em especial, em seu estudo sobre a cultura japonesa, *O Império dos Signos*, no qual o autor se mostra impressionado pela "doutrina" dos signos na cultura nipônica (BARTHES, 1970a).

Da mesma forma como o texto não pode mais ser um "objeto de pesquisa nem uma totalidade de signos fechados", mas "trabalho e jogo", na nova semiologia de Roland Barthes, inteiramente ligada a suas antigas teses da crítica da ideologia da cultura, a língua é desmascarada enquanto um sistema opressor, ao qual a literatura se opõe enquanto uma atividade revolucionária e criativa (BARTHES, 1985, p. 13). Essa semiologia nova e negativa

> *Semiophysis*, semioclastia e semiotropia

> Não se baseia na *semiophysis*, uma naturalidade inerte do signo, e ela também não é uma "semioclastia", uma destruição do signo. Muito mais, [...] ela é uma semiotropia: voltada para o signo, esta semiologia é cativada pelo signo e o recebe, trata-o e, se necessário, imita-o como uma lente imaginária. O semiólogo é, resumindo, um artista (*ibid.*, p.474-75).

☞ Atividades

1. Conceitos-chave

a) Faça uma análise semiótica do conceito de *fast food* com o instrumento barthesiano da dicotomia *denotação* versus *conotação*.
b) Defina os conceitos de *mito* e de *ideologia* conforme Barthes.
c) Confronte as posições estruturalistas com as posições pós-estruturalistas de Roland Barthes.

2. Exemplos e temas suplementares para apresentar e discutir em aula

a) Ideologia hoje: Exemplos e análises da imprensa contemporânea.
b) Exemplifique as dificuldades de aplicar a dicotomia *denotação* versus *conotação* ao sistema da moda.
c) Exemplos de fenômenos culturais que dificilmente justificam o logocentrismo das abordadens barthesianas dos anos 1960.

3. Sugestões para trabalhos finais do curso

a) A abordagem semiótica de Roland Barthes ao estudo do sistema da moda.
b) Os impasses do logocentrismo semiótico.

8
A semiótica discursiva e narrativa de Algirdas J. Greimas

Algirdas Julien Greimas (Figura 8.1) desenvolveu uma semiótica estruturalista de grande influência no Brasil a partir da obra de Louis Hjelmslev. Com sua obra *Semântica estrutural* (1966), ele introduziu uma semiótica influente e produtiva, que se tornou o núcleo de uma escola semiótica, a Escola de Paris. Apesar de altamente elaborada nas diversas fases de sua obra, Greimas continuava chamando sua teoria de "um projeto semiótico". A influência das ideias de Greimas é notável em várias áreas do campo semiótico, indo da semiótica do espaço e da arquitetura à pintura, da música, da literatura, da teologia, do direito e das ciências sociais. O objetivo central da pesquisa do programa semiótico greimasiano encontra-se no estudo do discurso com base na ideia de que uma estrutura narrativa e uma lógica elementar se manifestam em qualquer tipo de texto.

Escola de Paris

Figura 8.1 Algirdas Julien Greimas (1917-1992).

O acesso às ideias centrais do projeto semiótico de Greimas requer o estudo de uma terminologia elaborada em muitos escritos dispersos e até em dois dicionários próprios (Greimas & Courtés, 1979; 1986). Um panorama da teoria greimasiana em língua portuguesa pode ser encontrado em Barros (1988).

8.1 O projeto semiótico greimasiano

A semiótica linguística e geral de Hjelmslev (ver cap. 4), a antropologia estrutural de Lévi-Strauss, a teoria formalista do conto de Propp, a teoria das situações dramáticas de Étienne Souriau e os fundamentos da linguística estrutural do seu tempo são as fontes da semiótica de Greimas. Seu ponto de partida é a tentativa de aplicar métodos de pesquisa da linguística estrutural à análise do texto, que Greimas define como discurso. A linguística greimasiana tem as suas raízes no conceito saussuriano de estrutura como diferença, nos princípios de oposições binárias e da pertinência e no modelo sígnico glossemático de Hjelmslev, além de ter influências da sintaxe de dependência, de Lucien Tesnière (cf. GREIMAS,1974a, p. 58).

Para a Escola de Paris, a *Sémantique structurale* de Greimas (1966) foi a primeira elaboração de uma semiótica linguística (*COQUET et al.*, 1982, p. 15). Baseado na lexicologia estrutural, o objetivo desse estudo é a análise semântica de estruturas textuais. A *Semântica Estrutural* é, assim, mais do que uma semântica linguística, como aquela de Pottier ou Katz & Fodor. Tendo um objetivo além da semântica da palavra, ela é uma semântica do texto.

Depois da sua *Semântica Estrutural*, Greimas continuou o seu projeto semiótico, sobretudo, numa série de ensaios publicados em livros sob os títulos *Du sens* (1970), *Sémiotique et sciences sociales* (1976b), *Du sens II* (1983), no seu estudo exemplar de semiótica discursiva *Maupassant: La sémiotique du texte* (1976a), nos dois dicionários da semiótica greimasiana escritos com J. Courtés (1979; 1986) e nos seus últimos estudos sobre a imperfeição (GREIMAS, 1987) e a *Semiótica das Paixões* (GREIMAS & FONTANILLE, 1991).

Contrário à definição comum tradicional, Greimas opõe-se a um conceito de semiótica como uma teoria de signos. Em concordância com Hjelmslev (ver cap. 4.2.2), Greimas rejeita tal definição e propõe uma definição da semiótica como uma "teoria da significação", que "somente se torna operacional quando situa sua análise em níveis tanto acima como abaixo do signo" (GREIMAS & COURTÉS, 1979, p. 339, 177).

Duas linhas de pesquisa são indicadas nesta definição. No "nível inferior", analogamente à decomposição do fonema nos seus traços distintivos, a "atomização" estrutural dos signos (mais precisamente das "significações") em seus componentes semânticos, chamados de semas, produz elementos analíticos que ainda não são signos. Nesse nível, a significação é analisada na base de uma lógica binária.

A atomização dos signos pelas suas figuras

No "nível superior", a descoberta de unidades textuais produz entidades semânticas, que são mais que signos. Nesse nível, Greimas segue o caminho da semiótica do texto de Hjelmslev, introduzindo elementos novos da sintaxe de Tesnière e da teoria do texto narrativo de Propp. O desenvolvimento da sua semântica estrutural levou Greimas a um novo modelo semiótico da constituição do texto, que ele definiu como trajetória gerativa.

A extensão da semiótica pelo nível do texto

O modelo gerativo de semiótica textual tem como objetivo explicar a geração de discursos de qualquer sistema semiótico. Greimas distinguiu três "áreas gerais autônomas" de análise semiótica textual: estruturas sêmio-narrativas, estruturas discursivas e estruturas textuais (GREIMAS & COURTÉS, 1979, p. 157-160). Na definição de Greimas e Courtés, as estruturas textuais são estruturas da substância de expressão, no sentido de Hjelmslev. No texto falado, elas aparecem na linearidade fonética; no texto escrito, no espaço visual da escritura (cf. COURTÉS, 1976, p. 39-43). A trajetória gerativa estuda o discurso no plano do conteúdo, com as estruturas sêmio-narrativas e as estruturas discursivas. As estruturas textuais, portanto, não fazem parte dessa trajetória, pois a trajetória gerativa descreve a produção discursiva como um processo que se desenvolve em vários níveis de profundidade, cada um contendo uma subcomponente sintática e uma semântica. O processo gerativo começa num nível profundo com estruturas elementares e se estende a estruturas mais complexas em níveis mais elevados. Toda a trajetória descreve estruturas "que governam a organização do discurso anterior à sua manifestação numa língua natural dada (ou em um sistema semiótico não linguístico)" (GREIMAS & COURTÉS, 1979, p. 107).

O modelo gerativo

As estruturas sêmio--narrativas

As estruturas sêmio-narrativas descrevem uma competência semiótica de combinar estruturas semânticas e sintáticas com base em uma gramática fundamental do discurso, comparável à língua de Saussure ou à competência na sintaxe de Chomsky, mas ambas ampliadas pelas dimensões da semântica e do texto (cf. *ibid*., p. 103).

Os níveis profundos semânticos e sintáticos

No nível profundo (cf. *ibid*., p. 330, 380), aparecem a semântica e a sintaxe fundamentais. Na sua elaboração desta semântica fundamental, Greimas foi influenciado pelo modelo da estrutura binária de mito de Lévi-Strauss. A semântica fundamental contém categorias elementares que se articulam em oposições semânticas e constituem relações lógicas elementares analisadas em forma de quadrados semióticos. Nesse nível profundo, aparece o tema global, a significação simbólica, de uma narrativa, por exemplo, o tema da vida em relação à morte, à falta de vida ("não vida") ou da morte ("não morte").

A sintaxe fundamental

A sintaxe fundamental é inspirada pelo modelo das sequências narrativas e consiste de constelações actanciais básicas e ainda abstratas da narrativa. No nível superficial, a sintaxe narrativa analisa a estrutura de sintagmas narrativos elementares (chamados de programas narrativos). As categorias profundas aparecem agora em categorias antropomórficas como ações de sujeitos humanos (*ibid*., p. 4, 242, 331, 381).

As proposições narrativas

As unidades da análise nesse nível são proposições narrativas sobre as ações (o "fazer") de actantes. Elas têm a forma de F(A), quer dizer, descrevem funções (F) de actantes (A). A trama da narrativa se desenvolve na sequência de tais proposições. Os actantes principais são o sujeito e o objeto, do qual ele ou ela é separado (numa relação de disjunção) ou com o qual ele ou ela é unido (numa relação de conjunção). Disjunção, transformação e conjunção de actantes são, portanto, as fontes básicas de qualquer desenvolvimento narrativo.

A semântica narrativa do nível superficial

A semântica narrativa do nível superficial é o domínio da atualização de valores semânticos selecionados da estrutura profunda e conferidos aos actantes da narrativa superficial. Greimas & Courtés (*ibid*., p. 414) distinguem entre valores descritivos e modais. Valores descritivos ou são valores essenciais ou acidentais. Valores modais se referem a categorias como "desejo", "obrigação" ou "conhecimento". Com base nessas categorias, Greimas desenvolveu uma gramática das modalidades.

As estruturas da dimensão discursiva do texto têm a função de "trazer as estruturas superficiais ao discurso" (*ibid.*, p. 160). A sintaxe discursiva tem o efeito de produzir um grupo organizado de atores e uma estrutura temporal e espacial (*ibid.*, p. 107, 330). Assim, ela é o processo de localizar atores narrativos no tempo e no espaço. Os componentes da semântica discursiva (*ibid.*, p. 379, 394) de tematização e figurativização descrevem as concatenações isotópicas de temas abstratos que podem ser ligadas a figuras concretas. Esse nível de análise é mencionado só para proporcionar uma visão de conjunto do modelo, sem podermos entrar nos pormenores. A dimensão semiótica e narrativa do modelo é apresentada no modelo da trajetória gerativa da Figura 8.2.

A sintaxe discursiva

Tematização e figurativização

	TRAJETÓRIA GERATIVA		
	Componente sintático		Componente semântico
Estruturas sêmio-narrativas	Nível profundo	SINTAXE FUNDAMENTAL	SEMÂNTICA FUNDAMENTAL
	Nível superficial	SINTAXE NARRATIVA DE SUPERFÍCIE	SEMÂNTICA NARRATIVA
Estruturas discursivas	SINTAXE DISCURSIVA Discursivação - Actorização - Temporalização - Espacialização		SEMÂNTICA DISCURSIVA Tematização Figurativização

A trajetória gerativa

Figura 8.2 Elementos principais do modelo da trajetória gerativa de Greimas (GREIMAS & COURTÉS 1979, p. 160).

8.2 Significação e o universo semântico

Significação é o conceito-chave da semiótica de Greimas. A totalidade de significações forma o universo semântico. Terminologicamente, Greimas opõe *significação* a *sentido*, ao definir este último como "aquilo que é anterior à produção semiótica", enquanto *significação* é sentido articulado (*ibid.*, p. 352). Greimas elaborou seu modelo da estrutura elementar da significação e da análise sêmica

Significação versus sentido

em seu *Semântica Estrutural* (1966). No seu modelo da trajetória gerativa do texto, as estruturas de significação elementares são localizadas no nível das estruturas profundas.

8.2.1 A estrutura elementar da significação

<small>Definição de estrutura e de significação</small>

O ponto de partida da teoria semântica estrutural de Greimas (1966, p. 19) é sua definição de estrutura, na qual se dá prioridade às relações em vez dos elementos, já que somente as diferenças (que são relações) entre elementos constituem uma estrutura. As relações elementares do mundo semântico de Greimas são relações de oposição: o mundo se estrutura para nós na forma de diferenças e oposições (ver cap. 3.3.3-4). Significações, portanto, não existem como elementos autônomos, mas somente por relações opositivas.

<small>Origem da significação na oposição binária</small>

Assim, a origem da significação é definida como uma relação elementar constituída pela diferença entre dois termos semânticos. Por exemplo, a diferença entre os itens lexicais "filho" e "filha" é devida a uma oposição semântica que pode ser descrita pelos traços "masculino" e "feminino". Mas, para Greimas, essa estrutura semântica binária já possui um aspecto duplo (cf. *ibid.*, p. 362): a diferença entre "masculino" e "feminino", que é uma relação de disjunção, pressupõe o reconhecimento de alguma "semelhança" semântica, nesse caso, a chamada categoria sêmica de "sexo", que é comum tanto a "masculino" como a "feminino". Essa categoria comum constitui uma relação de conjunção.

<small>A estrutura elementar de significação</small>

Tal constelação semântica dupla é definida como uma estrutura elementar de significação. Seu modelo é um eixo semântico linear com dois elementos em seus extremos. O eixo representa o traço semântico comum (a categoria sêmica). Nos pontos extremos estão os termos diferenciais ("masculino", "feminino"). Esses são definidos como semas.

8.2.2 Análise sêmica: sema, semema e lexema

<small>Sema e articulação sêmica</small>

Semas e eixos semânticos são entidades abstratas da substância de conteúdo no sentido de Hjelmslev (GREIMAS, 1966, p. 27). Como foi evidenciado por Hjelmslev, um eixo semântico, como aquele designando um espectro de cores, pode ter diferentes "articulações", quer dizer, formar diferentes campos lexicais em diferentes línguas. A articulação sêmica específica numa dada língua se torna sua forma de conteúdo.

Na semântica lexical, os semas de Greimas possuem um *status* e uma função similar àquelas dos componentes semânticos nos modelos de semântica estrutural de outros autores. O sema é a unidade mínima da semântica, cuja função é a de diferenciar significações. No universo semântico, os semas formam hierarquias de sistemas sêmicos (*ibid.*, p. 33). Quaisquer dois semas agrupados sob uma categoria sêmica comum constituem um elemento de uma hierarquia sêmica.

<small>Sistemas sêmicos</small>

Semas são concebidos como entidades de estrutura abstrata, profunda, de descrição metalinguística. O universo dos semas representa a totalidade de categorias conceituais da mente humana. Nesse nível, que Greimas chama de nível da imanência, as unidades de significação ainda são independentes da forma que elas tomam em qualquer língua particular. A combinação real de semas em significações, como eles aparecem em lexemas, ocorre no nível da manifestação. Porém, lexemas, as unidades da estrutura superficial do léxico, não são unidades da semântica em si. Somente suas significações pertencem ao nível semântico da manifestação. Estas significações, combinações de semas, são definidas como sememas. Já que lexemas podem ser polissêmicos, um lexema pode possuir diversos sememas. Por exemplo, diferentes sememas do lexema "manga" são "parte do vestuário", "fruta" etc.

<small>O universo dos semas</small>

8.2.3 O nível semântico e o nível semiológico

A diferenciação entre semas nucleares e semas contextuais está relacionada a dois outros níveis de análise no universo significativo (GREIMAS, 1966, p. 53-68; GREIMAS & COURTÉS, 1979, p. 338). Semas que constituem o núcleo dos sememas encontram-se no chamado nível semiológico (ou figurativo). Eles se referem a uma esfera de percepção universal, extralinguística ("o mundo sensível") e constituem o nível mais profundo de análise. Os sistemas de sememas contextuais formam o nível semântico (ou não figurativo, também abstrato) do universo significativo. Em oposição aos

<small>Sema nuclear e sema contextual</small>

semas nucleares ao nível semiológico, semas contextuais se referem às categorias da mente humana. Greimas também se refere à dicotomia semiológico *versus* semântico em termos das categorias exteroceptividade (referente às propriedades do mundo exterior) e interoceptividade (referente aos dados que não possuem correspondência perceptual) (1966, p. 120).

8.2.4 O quadrado semiótico

<small>A lógica fundamental do quadrado semiótico</small>

O quadrado semiótico é a estrutura básica no nível da semântica fundamental. Essa determina o processo generativo. As oposições que constituem eixos semânticos podem representar dois tipos diferentes de relação lógica. O primeiro tipo é a *contradição*. Ela é a relação que existe entre dois termos da categoria binária asserção *versus* negação (cf. GREIMAS & COURTÉS, 1979, p. 67). Essa relação é descrita como a oposição entre a presença e a ausência de um sema. Desta forma, um sema s_1, "vida", é oposto a seu não s_1, contraditório ($\sim s_1$), "não vida" (ou "sem vida", no qual o sema "vida" está ausente).

O segundo tipo é o da *contrariedade* (cf. *ibid.*). Dois semas de um eixo semântico são contrários se um deles implica o contrário do outro. O contrário de s_1, "vida", é s_2, "morte". Os dois semas pressupõem um ao outro. A constelação semântica de três termos nos dois eixos, $s_1 - \sim s_1$ (com $\sim$ para "não") e $s_1 - s_2$, pode agora ser expandida pelo contrário de s_2, que é $\sim s_2$ ("não morte"). O resultado é uma constelação de quatro termos, na qual um novo tipo de relação, implicação ou complementaridade, surge entre os termos s_1 e $\sim s_2$ ou s_2 e $\sim s_1$. ("Vida" implica "não morte". "Morte" implica "não vida"). Essa constelação é visualizada como um quadrado semiótico (Figura 8.3; ver GREIMAS, 1970, p. 160; GREIMAS & COURTÉS, 1979, p. 31). Essa maneira diagramática de representar as quatro relações é uma versão modificada de uma formalização conhecida da lógica aristotélica e medieval (ver REICHENBACH, 1947, p. 95). O caráter de estrutura profunda desse quadrado semiótico é evidente pelo fato de que seus quatro valores semânticos não possuem sempre um equivalente lexical correspondente na estrutura superficial. Não há, por exemplo, itens lexicais que expressem as ideias de "não morte" ou "não vida".

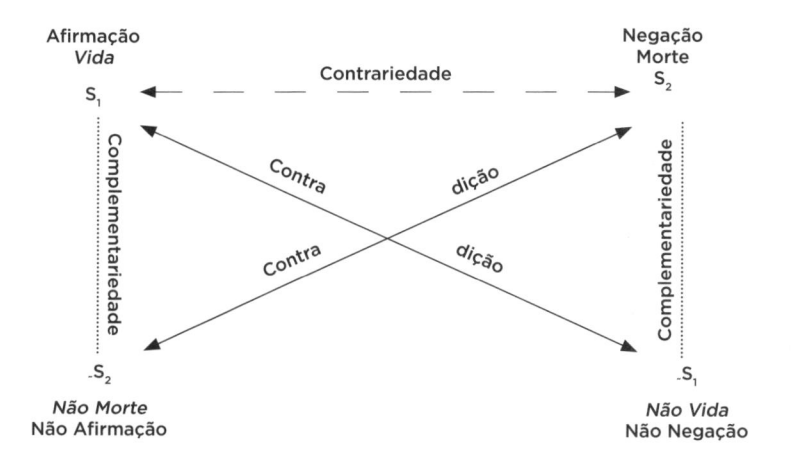

```
     Afirmação                                    Negação              O quadrado
       Vida                                        Morte               semiótico
                        Contrariedade
        S₁  ◄─────────────────────────►  S₂
```

Figura 8.3 O quadrado semiótico de Greimas.

8.2.5 Isotopia

Greimas (1966) emprestou o termo *isotopia* (Gr. *iso* "o mesmo", *topos* "lugar") da física nuclear. Na semântica estrutural, *isotopia* descreve aspectos da coerência e homogeneidade de textos. O conceito foi aceito amplamente como um princípio de constituição de textos na semiótica textual (cf. ECO, 1984, p. 189-201).

Greimas definiu isotopia como "o princípio que permite a concatenação semântica de declarações" (1974a, p. 60; cf. 1970, p. 188). Em sua primeira abordagem, Greimas desenvolveu a teoria da coerência textual com base em seu conceito de semas contextuais: a "iteratividade" (recorrência) de semas contextuais, que ligam os elementos semânticos do discurso (sememas), garante sua homogeneidade e coerência textual (1966, p. 69-101).

Isotopia definida

Greimas (cf. 1974a, p. 60) relacionou esse princípio à teoria de Katz & Fodor da desambiguização semântica. Num texto, um substantivo polissêmico como manga ("parte do vestuário" e "fruta") deixa de ser ambíguo através de um sema contextual como, por exemplo, "camisa". A condição mínima da isotopia discursiva é, portanto, um sintagma de dois semas contextuais. Greimas & Courtés também interpretaram o quadrado semiótico em termos da isotopia discursiva (1979, p. 197). Na sua extensão sintagmática, uma isotopia é constituída por todos aqueles segmentos textuais que estão relacionados por um sema contextual. Já que textos normal-

A abordagem semântica estrutural

mente não são unilineares ou unívocos, Greimas descreveu a superposição de isotopias em diversos estratos isotópicos (1966, p.109-115).

A partir do primeiro modelo de concatenação sêmica contextual, a teoria da isotopia foi expandida progressivamente para englobar recorrências em outros níveis textuais. Além da isotopia semântica, Greimas & Courtés (1979, p. 198) distinguiram isotopias gramaticais, actanciais, parciais e globais. (As globais têm um importante papel nas condensações ou expansões discursivas, como em resumos).

8.2.6 Elementos da sintaxe narrativa

A projeção do quadrado fundamental para a sintagmática do texto

As oposições da semântica fundamental na forma dos quadrados semióticos são atemporais e precisam ainda ser desenvolvidas na sequência sintagmática do discurso. Também no nível sintático profundo, na sintaxe fundamental, Greimas postula uma estrutura atemporal antes da sua temporalização nas proposições de programas narrativos. A estrutura do nível sintático profundo tem a forma do modelo actancial. Embora Greimas tenha derivado ideias básicas desta sintaxe da teoria das funções narrativas do conto de Propp, a sintaxe narrativa não se restringe a textos narrativos. Mesmo textos filosóficos, políticos ou científicos e até qualquer frase da sintaxe cotidiana têm uma estrutura narrativa, conforme entendeu Greimas. As unidades dessa sintaxe são chamadas actantes ou categorias actanciais.

Modalização dos actantes

O modelo básico da estrutura actancial é o seguinte: um sujeito narrativo, tipicamente o herói do conto, deseja e procura um objeto, que pode ser uma pessoa, por exemplo, uma princesa. O sujeito e o objeto fazem ainda parte de duas redes semânticas mais desenvolvidas: o sujeito, de um lado, é assistido por um coadjuvante, mas, do outro lado, tem de lutar contra um opositor, o vilão do conto. Ambos possuem o poder de ajudar ou prejudicar o herói. O objeto se encontra entre um destinador que dá o objeto (por exemplo, ao herói) e um destinatário que o recebe (por exemplo, das mãos do herói). O destinador da princesa do nosso conto seria, assim, o pai; o destinatário seria o futuro marido dela, que pode ser o próprio herói. O destinador e o destinatário possuem um "saber" situacional e representam um eixo de comunicação. Entre o destinador e o destinatário, Greimas vê uma relação de implicação, entre o sujeito e o objeto, uma relação de projeção e, entre adjuvante e opositor, uma relação de contradição. A figura 8.4 apresenta o modelo.

```
Destinador ──────▶  Objeto   ──────▶ Destinatário
(saber)             (saber)          (desejo)
                       ▲
                       │
Adjuvante ──────▶  Sujeito  ◀────── Opositor
(poder)            (poder)
```

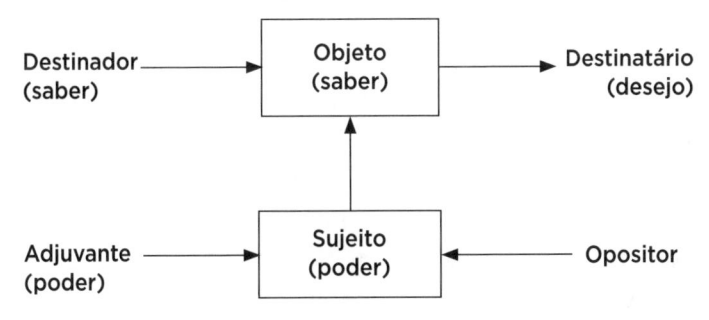

Figura 8.4 O modelo actancial e as modalidades actanciais (GREIMAS, 1966, p. 207).

As categorias actanciais desta sintaxe profunda podem se manifestar em atores na superfície da narrativa. É, portanto, necessário distinguir entre os actantes da sintaxe fundamental e os atores que representam esses actantes na superfície. Já mencionamos um exemplo dessa distinção. O herói do nosso conto exemplar – que é um ator – representa duas categorias actanciais: o sujeito e o destinatário, o qual, no fim do conto, recebe a mão da princesa. Várias combinações de funções actanciais são, portanto, possíveis, na superfície. Numa novela trivial de amor, por exemplo, o amante pode representar tanto o sujeito quanto o destinatário e a namorada tanto o objeto quanto o destinador. Na busca do cálice sagrado de Parsifal, por outro lado, esses quatro papéis ficam bem distintos. Parsifal é o sujeito, o cálice sagrado é o objeto, Deus é o destinador e o homem em geral (a humanidade) é o destinatário.

Actantes e atores

Como é que essas categorias derivadas do modelo do conto de fadas podem pretender uma generalização universal que permita sua aplicação a qualquer texto ou até a qualquer frase? Para avaliar essas possibilidades de generalização, é importante considerar as possibilidades de reduzir as seis categorias actanciais até o núcleo da constelação sujeito-objeto. Aí parece evidente que qualquer frase com um verbo transitivo pode ser reduzida a uma estrutura actan-

Correspondências entre os actantes narrativos e as categorias actanciais sintáticas

cial de sujeito-objeto. Em, por exemplo, "Carlos lança a bola", Carlos é, ao mesmo tempo, sujeito e destinador do objeto "bola". Com a extensão adverbial da mesma frase em "Carlos lança a bola para o gol", já aparece mais uma categoria actancial, a do destinatário ("gol"). Também o adjuvante tem uma correspondência na sintaxe gramatical, que é o dativo ou uma frase do tipo "com X" ("Carlos lança a bola com um pau").

<small>Os actantes em textos não narrativos</small>

É evidente que em textos jurídicos ou ideológicos também se podem verificar categorias de tal generalidade. O sujeito de um texto filosófico seria certamente o filósofo. Os seus adjuvantes são os filósofos que ele ou ela cita com aprovação, os opositores são os autores que ele ou ela rejeita, o objeto seria provavelmente o conhecimento da verdade, o destinador dela seria outra vez o filósofo autor e o destinatário seríamos nós, os leitores.

<small>Aplicação na publicidade</small>

O mesmo padrão é aplicável a uma publicidade de pasta dental, que mostra o sucesso que um consumidor do produto tem com as mulheres depois de comprar e usar esse produto. O sujeito é o consumidor. O objeto do seu desejo é uma namorada. O produto, a pasta dental, é o adjuvante que dá ao nosso herói da propaganda o poder necessário. O opositor, que ele vence nesse drama, é o mau hálito que, até o momento da descoberta da pasta dental, o impedia de procurar seu alvo. O destinatário seria, mais uma vez, o nosso herói e o destinador seria provavelmente desconhecido, podendo ser, talvez, até a companhia da própria pasta dental. Afinal, foi ela que, ao menos, enviou a figura da namorada imaginária através da publicidade para a casa do nosso herói.

<small>Disjunção e conjunção</small>

Na continuação dos seus estudos das categorias actanciais, Greimas (1970, p. 191; COURTÉS, 1976, p. 68) procurou reduzir o modelo actancial a categorias ainda mais fundamentais e chegou à conclusão de que as duas relações lógicas e fundamentais de conjunção e disjunção constituem a base de qualquer processo narrativo. Disjunção entre os actantes e os valores associados a eles gera

<small>Separação *versus* união</small>

separação e luta. Conjunção gera reconciliação e união. A sintaxe mais elaborada, na base da qual a narrativa se desenvolve, contém, no início, tipicamente um sintagma disjuntivo, que se manifesta na separação do herói do seu ambiente tradicional através da partida. Em sintagmas contratuais, ele estabelece ou rompe contratos ou promessas. Em sintagmas performáticos, o herói cumpre deveres (ou não), luta ou vence. Uma estrutura contratual, por exemplo, tem a sua semântica fundamental na oposição entre um mandamento e a sua aceitação. Ambos estabelecem um contrato cuja oposição está na quebra do contrato; essa quebra resulta de um sintagma de proibição e violação.

A manifestação das categorias binárias de conjunção e disjunção em sintagmas narrativos é, portanto, um exemplo do processo transformativo pelo qual estruturas fundamentais se manifestam na síntese superficial da narrativa. Outros exemplos da manifestação dessas mesmas categorias são os processos de atribuição ou privação de valores que o sujeito associa com o objeto desejado. Atribuição, para Greimas, é também a manifestação da categoria básica da asserção, enquanto privação manifesta as categorias básicas através da negação.

_{Manifestação}

8.3 Estruturas modais e aspectuais

A semiótica narrativa de Greimas não se limita a uma mera análise descritiva de estruturas actanciais com base em uma lógica binária de ações. A partir de *Du sens* (1970), Greimas começa a complementar a sua sintaxe das ações por uma gramática modal e aspectual que permite uma extensão da semiótica das ações narrativas para uma semiótica das emoções e paixões dos actantes.

Além das modalidades actanciais (do "fazer"), Greimas também distingue modalidades descritivas (do "ser"). Assim, as ações dos actantes já não são meros produtos de um "fazer", mas também o resultado de um "querer" ou "desejar", um "dever", um "saber" ou um "poder". Essas modalidades das ações já caracterizam as relações entre os actantes na estrutura profunda do modelo actancial. O eixo sujeito-objeto, por exemplo, é ligado pela modalidade teleológica do "querer". O eixo adjuvante-opositor representa a modalidade do poder e o eixo destinador-destinatário representa a modalidade do "saber". A gramática modal de Greimas é uma gramática de valorização das ações, uma axiologia narrativa em vários níveis do universo narrativo. As modalidades do "querer" e do "dever" pertencem ao nível virtual dos valores, as modalidades do "poder" e do "saber" pertencem ao nível da atualidade, e as modalidades do "fazer" e do

As modalidades: fazer, ser, querer, desejar, dever, saber, poder

Gramática modal e gramática narrativa

"ser" pertencem ao nível da realização. No nível da realização, as relações são conjuntivas, no nível da virtualidade, elas são disjuntivas.

A trajetória gerativa

A aspectualização do discurso é outra dimensão dinâmica da trajetória gerativa. Greimas e Courtés (1979, p. 21, 79) distinguem entre aspectualização actorial, espacial e temporal como três modos de perspectivação do sujeito, do espaço e do tempo narrativo. A aspectividade temporal é bem conhecida na gramática verbal, que distingue entre aspectos verbais durativos, perfectivos, imperfectivos, terminativos ou incoativos. A aspectualização actorial descreve o modo de distanciamento do enunciador narrativo do sujeito narrativo. Trata-se, portanto, das relações entre o herói e o narrador. Nas perspectivas que o observador narrativo tem das ações do herói, portanto, na relação entre narrativa e trama, Greimas também vê aspectualizações durativas (em representações da continuidade do evento), incoativas (focalizando o começo do processo) ou terminativas (focalizando o fim de um processo). As aspectualizações, em suma, descrevem continuidades, descontinuidades, estabilidades e instabilidades na representação narrativa dos eventos. São essas categorias da aspectualidade que Greimas aplica, sobretudo nos seus estudos das paixões.

8.4 Semiótica das paixões

Desejos e paixões

As categorias da aspectualização e da modalização ocupam o centro da semiótica das paixões (GREIMAS & FONTANILLE, 1991). Quando as modalidades do querer, poder, saber e dever se relacionam com o ser, manifesta-se a oposição entre *querer* e *não-querer*, na hesitação do sujeito do fazer; a partir da tensão entre o *poder* e o *saber*, surge a emoção da irritação. A mudança da esperança em direção ao desespero ocorre em uma situação definitiva de *não-poder-ser*. O desespero resulta do saber a respeito da impossibilidade de se alcançar aquilo que se deseja. Já o conflito entre o dever-ser e a simultânea impossibilidade desse ser, ou seja, entre o *desejar-ser* o *saber-não-ser*, conduz à ameaça e à fragmentação do sujeito (GREIMAS & FONTANILLE, 1991, p. 73-74).

A gramática aspectual sintática e narrativa

Um dos componentes aspectuais das paixões é, por exemplo, o *incoativo*. Ele se manifesta nas paixões da curiosidade e do entusiasmo, que introduzem o processo do possível. A satisfação e a resignação, por outro lado, são emoções *terminativas*, visto que se encontram no final de experiências positivas e negativas. Enquanto todas essas emoções também podem ser caracterizadas pelo aspecto *perfectivo*, o aspecto da paciência, da dúvida, da esperança e do rancor é *durativo*. A aspectualidade do *iterativo* se manifesta nas emoções da obstinação, da fidelidade e do enfado (*ibid.*, p. 153-163). Outras diferenciações, na semiótica das paixões, resultam de modulações entre modalidades e aspectualizações, por exemplo, através da aceleração e do retardamento dos processos.

8.5 Comunicação como enunciação

A semiótica discursiva de Algirdas Greimas (1917-1992) trata do tema da comunicação no contexto da teoria da *enunciação*. Em vez da cadeia comunicativa "emissor – mensagem – receptor", Greimas reflete o papel do sujeito discursivo e o processo da enunciação de um discurso que um destinador produz para um destinatário. As fontes principais da teoria da enunciação na semiótica de Greimas estão em Greimas (1976) e Greimas e Courtés (1979). Um panorama dos elementos e processos se encontra em Barros (1988, 1990) e Lonzano *et al.* (2002).

Enunciação e comunicação

8.5.1 Comunicação e o fazer comunicativo

Greimas rejeita os modelos da comunicação e da informação nos quais Jakobson e outros se baseiam como pseudocientíficas, superficiais, "mecanicistas e não dinâmicas" (GREIMAS & COURTÉS, 1979, p. 114). Numa crítica devastadora do esquema da cadeia de comunicação "do emissor e do receptor entre os quais se situam os canais de transmissão e os códigos" (ver Figura 6.2), Greimas (1976, p. 36-37) conclui: "Não adianta multiplicar as instâncias da comunicação num quadro elegante, inserindo-as lindamente em círculos ou quadrados, nem mesmo desenhar inúmeras flechas indicando outros tantos percursos e circuitos propostos; o esquema assim obtido não passa de um resumo visualizado dos problemas a resolver".

<small>Comunicação</small>

Na terminologia greimasiana, o conceito de *comunicação* aparece às vezes numa forma mais estrita do que em outras teorias da comunicação. Por exemplo, Greimas & Courtés (1979, p. 67) opõem *comunicação* como a transmissão de um saber informativo com *manipulação* como a transmissão persuasiva de um saber. Porém, nesse nosso panorama do tema da comunicação na semiótica de Greimas, não será tratada a comunicação nesse sentido restrito, mas no sentido mais amplo, que inclui o uso persuasivo das mensagens.

Greimas restringe o tema da comunicação no quadro da sua semiótica das modalidades. O específico dos atos comunicativos, conforme Greimas, revela-se no quadro de uma teoria da ação, cujo fundamento é a distinção entre duas dimensões semióticas e duas <small>Manipulação</small> modalidades de fazer: o *fazer operatório* ou a atividade de *produção*, que pertence à dimensão pragmática, e o *fazer manipulativo*, que pertence à dimensão cognitiva da semiótica discursiva. Enquanto uma *operação* é um "fazer-ser", quer dizer, uma "ação do homem sobre as coisas", uma *manipulação* é um "fazer-fazer", quer dizer, uma "ação do homem sobre outros homens" (GREIMAS & COURTÉS, 1979, p. 52-55, 269, 316, 351).

<small>O fazer comunicativo</small>

O *fazer comunicativo* pertence à dimensão *cognitiva* da semiótica discursiva, em que a "um *fazer saber*, isto é, um fazer cujo objeto-valor a ser conjugado ao destinatário é um saber" (*ibid.*, p.179) ou o "fazer da transmissão do objeto de saber" (*ibid.*, p. 53). Comunicação é, portanto, uma das formas da "articulação do saber", que se manifesta em formas tais como "produção, manipulação, organização, recepção, assunção etc." (*ibid.*, p. 52). Numa tipologia das ações comunicativas, Greimas e Courtés (*ibid.*, p. 53, 143, 236, 371) distinguem entre o fazer informativo, o fazer persuasivo e o fazer interpretativo.

<small>O fazer informativo</small>

O *fazer informativo* consiste numa "simples transferência do objeto-saber" do destinador para o destinatário. O enunciado é um enunciado modalizado apenas pelo modo da afirmação. Trata-se de uma comunicação "em estado (teoricamente) puro" (*ibid.*, p. 179). A atividade do destinador nesse *fazer informativo* é um *fazer emissivo*. A atividade do destinatário consiste num *fazer receptivo*, que pode ser *ativo* ou *passivo*. Um destinatário ativo "escuta" ou "vê", um destinatário passivo "ouve" ou "olha".

Enquanto o discurso informativo tem um caráter neutro, não modalizado, os *fazeres persuasivos* e *interpretativos* modalizam a comunicação do objeto-saber por modalidades tais como *dever*, *poder*, *querer* ou *saber*. O fazer *persuasivo* "consiste na convocação, pelo enunciador, de todo tipo de modalidades com vista a aceitar, pelo enunciatário, o contrato enunciativo proposto e tornar, assim, eficaz a comunicação" (*ibid.*, p. 333). O *fazer interpretativo* caracteriza a atividade do enunciatário, que "convoca as modalidades necessárias à aceitação das propostas-contratuais que ele recebe" (*ibid.*, p. 241).

O fazer persuasivo

8.5.2 O sujeito da comunicação e a intencionalidade comunicativa

O *sujeito* ou *actante* envolvido num fazer comunicativo é o *sujeito discursivo* (*ibid.*, p. 446), que é tanto um sujeito linguístico, que se define, no sentido de Benveniste (1966), através da sua própria fala, quanto um sujeito polifônico, que fala, no sentido de Bakhtin, numa multiplicidade de vozes, assumindo vários papéis discursivos ao mesmo tempo ou no decorrer do texto. Ao contrário do princípio da *unicidade do sujeito*, que se manifestaria num emissor unicamente responsável por todas as enunciações da mensagem, a semiótica discursiva parte do princípio da *heterogeneidade enunciativa*, conforme o qual "o emissor de um enunciado põe em cena um ou mais enunciadores, que são vozes a quem se creditam as representações copresentes no enunciado, sem que se lhes possa atribuir palavras precisas, e com as quais o emissor se identifica ou não" (PINTO, 1994, p. 17-19).

Unicidade do sujeito

Heterogeneidade enunciativa

Para um sujeito cuja unicidade é posta em questão, o critério da *intenção* do comunicador deve ser igualmente repensado, e, de fato, a semiótica discursiva se baseia numa teoria da intencionalidade, que rejeita a ideia da intenção comunicativa como finalidade de um sujeito consciente no ato da comunicação. O problema da noção tradicional de intenção é que ela "reduz a significação a uma única dimensão consciente" e se torna então "criticável na medida em que a comunicação é encarada ao mesmo tempo como um ato voluntário – o que certamente ela nem sempre é – e como um ato consciente – o que depende de uma concepção psicológica, demasiadamente simplicista do homem" (GREIMAS & COURTÉS, 1979, p. 147, 238).

Intenção

Sentido e intencionalidade

O conceito de intencionalidade, no qual a teoria semiótica do discurso se baseia, é de origem fenomenológica e tem as suas raízes na teoria greimasiana do sentido. *Sentido*, numa perspectiva fenomenológica, manifesta-se numa intencionalidade do sujeito num trajeto a percorrer até o seu ponto de chegada (GREIMAS, 1970, p. 63). *Intencionalidade* nessa trajetória se manifesta numa "'visada do mundo', numa relação orientada, transitiva, graças à qual o sujeito constrói o mundo enquanto objeto" (GREIMAS & COURTÉS, 1979, p. 147).

O trajeto do sujeito de comunicação é o trajeto que se desenrola no processo discursivo. O ponto de partida é a virtualidade inicial das estruturas, e o ponto de chegada, a realização final do discurso. A *intencionalidade*, nesse processo, se manifesta então numa "tensão entre dois modos de existência, a virtualidade e a realização, como uma relação orientada, transitiva, entre o sujeito e o objeto" (BARROS, 1988, p. 44).

8.5.3 Comunicação fática

Comunicação, para Greimas e Courtés (1979, p. 181), tem um fundamento naquilo que Malinowski chamava de *comunicação fática*, quer dizer, numa situação de interação social não baseada em informação nem em manipulação, mas em um fazer comunicativo que não procura outra coisa senão estabelecer e manter o contato comunicativo com o outro e que pode manifestar-se num mero "falar de tudo e de nada". Para Jakobson, tal situação demonstra a predominância da *função fática*, que é uma das suas seis funções da comunicação (ver cap. 5.3.2). Greimas considera o fático não como uma função entre outras, mas como um fator fundamental e onipresente nos processos comunicativos. Em vez de *função*, Greimas fala de uma *intenção fática* onipresente no fundamento da comunicação. A intenção fática "funda a comunicação, e o *ato fático* deve ser considerado primeiramente como um ato somático, comparável aos gestos de acolhida e de boas-vindas" (*ibid.*).

Intenção fática

A intenção fática funda um dos contratos que estabelecem a comunicação. Como qualquer contrato, o ato fático estabelece uma relação intersubjetiva e "tem por efeito modificar o estatuto de cada um dos sujeitos em presença" (*ibid.*, p. 84). Sendo uma tomada de contato, o contrato fático é um pressuposto da comunicação como tal e ao mesmo tempo deixa efeitos durante o processo comunicativo, que Greimas e Courtés (*ibid.*) descrevem assim:

> Essa "comunicação fática" constitui a preliminar subentendida a toda comunicação e parece feita ao mesmo tempo de uma tensão (expectativa benevolente ou desconfiada) e de uma distensão (que é como que a sua resposta). O fato é que o estabelecimento da estrutura intersubjetiva é ao mesmo tempo, de um lado, uma abertura sobre o futuro e sobre as possibilidades da ação, e do outro, uma coerção que limita de uma certa forma a liberdade de cada um dos dois sujeitos. Propomos se designe com o nome de *contrato implícito* esse conjunto de preliminares que fundamentam a estrutura intersubjetiva.

<small>Tensão *versus* distensão</small>

8.5.4 Os actantes no processo comunicativo

Os papéis principais na cena da enunciação são o *destinador* e o *destinatário*. Os termos, adotados de Jakobson, são equivalentes aos termos de *emissor* e *receptor* da teoria da comunicação, cuja abordagem "mecanicista" Greimas rejeita para substituí-la por um "ponto de vista mais 'humanizante'" (GREIMAS & COURTÉS, 1979, p. 143). O destinador e o destinatário são as instâncias em atos comunicativos em geral, verbal ou não verbal. No caso mais particular da comunicação verbal, o destinador é o *enunciador* e o destinatário é o *enunciatário*. O termo *sujeito da enunciação* não é um sinônimo de *enunciador*, mas cobre as duas instâncias actanciais da comunicação, o enunciador e o enunciatário (*ibid.*: 150). O resultado do processo da enunciação por um enunciador é o *enunciado*.

<small>Destinador, enunciador e o sujeito da enunciação</small>

As estruturas do enunciado são marcadas por índices de uma *intenção fática*, tais como os pronomes *eu* e *tu*, e dêiticos, que parecem indicar, de uma maneira indireta, a presença da pessoa que produz o enunciado, o *aqui* e o *agora* da sua enunciação e a pessoa para a qual o enunciado se dirige. Portanto, essa indicação da presença dos sujeitos da enunciação é, na verdade, um mero simulacro, conforme Greimas e Courtés (1979, p. 95), pois o verdadeiro enunciador e o enunciatário ficam sempre invisíveis, sendo uma instância meramente implícita:

<small>Os índices de uma *intenção fática*</small>

O sujeito da enunciação, responsável pela produção do enunciado, fica sempre implícito e pressuposto, já que ele, em si, não se manifesta no interior do discurso enunciado (nenhum "eu" encontrado no discurso pode ser considerado como sujeito da enunciação propriamente dita, nem identificado com ele: de nada mais se trata nesse caso do que de um simulacro da enunciação, isto é, de uma enunciação enunciada ou relatada).

<small>O eu do enunciado</small>

O *eu* do enunciado não pode ser o *eu* que deixa as suas marcas no enunciado, porque o sujeito, num primeiro passo da enunciação, precisa "disjungir-se da enunciação para projetar no enunciado um *não-eu*" (*ibid.*). O sujeito da enunciação não é o *sujeito empírico*, que produz a enunciação, porque o sujeito da enunciação pertence a um nível mais profundo da enunciação, sendo uma construção discursiva e lógica responsável pelo texto, mas também construído por ele (cf. LONZANO *et al.*, 2002, p. 130).

<small>A delegação enunciativa</small>

As instâncias que se manifestam pelos pronomes *eu* e *tu* no enunciado são, na verdade, instâncias às quais o sujeito do discurso delegou ou transferiu a competência enunciativa. Por meio de tal *delegação enunciativa* (*ibid.*, p. 104), o sujeito enunciativo consegue distanciar-se do ou identificar-se com o conteúdo do enunciado de várias maneiras, deixando outros falarem com uma voz mais distanciada, irônica, autocrítica, objetiva, parcial, engajada ou subjetiva.

<small>Narrado *versus* narratário</small>

Uma das delegações prototípicas é a delegação da competência para o *eu* de um *narrador*, que pressupõe ou deixa aparecer no *tu* (ou *caro leitor*) do discurso um *narratário*. Outro "simulacro", que resulta de uma segunda delegação de competência enunciativa, é a díade do *interlocutor* e do *interlocutário*, que representam a comunicação de dois interlocutores num diálogo reproduzido dentro do discurso.

Em resumo, a polifonia comunicativa, que se manifesta num discurso com uma dupla delegação da competência enunciativa para um narrador e dois interlocutores apresenta-se no esquema seguinte (cf. BARROS, 1990, p. 57):

<small>O modelo dos actantes na comunicação</small>

Enunciador – {Narrador – [Interlocutor – (Enunciado) –
– Interlocutário] – Narratário} – Enunciatário

Isto é, primeiro um enunciador (que pressupõe um enunciatário) delega a enunciação para um narrador, que pressupõe um narratário e toma a palavra como se fosse um sujeito enunciativo. De vez em quando, o narrador também sai da cena enunciativa e deixa outras pessoas falarem num diálogo, que parece ter novos sujeitos enunciativos, mas do qual o enunciador é o simulacro do narrado, que, da sua parte, é um mero delegado do enunciador discursivo.

8.5.5 Simetrias e assimetrias da comunicação

Entre o enunciador e o enunciatário da comunicação há uma simetria no sentido em que o enunciatário não é apenas um recipiente passivo da mensagem do destinador, "mas também sujeito produtor do discurso, por ser a 'leitura' um ato de linguagem (um ato de significar) da mesma maneira que a produção do discurso propriamente dito" (GREIMAS & COURTÉS, 1979, p. 150). Uma das críticas de Greimas e Courtés (*ibid.*, p. 143) nos modelos da teoria da comunicação encontra-se justamente na negligência desta simetria: "Enquanto na teoria da comunicação o emissor representa uma posição vazia [...] o destinador [na semiótica] é um sujeito dotado de uma competência particular" (*ibid.*, p. 143).

<small>O destinador competente</small>

As simetrias entre as duas instâncias do discurso também aparecem nas complementaridades dos actantes da comunicação (*destinador/destinatário, narrador/narratário, interlocutor/interlocutário*) e nos fazeres cognitivos, por exemplo, o fazer manipulativo pressupõe a complementaridade entre um *destinador-manipulador* e um *destinatário-manipulado*, o *fazer informativo* pressupõe um *fazer emissivo* e um *fazer receptivo* e o *fazer persuasivo* é complementar ao *fazer interpretativo*.

<small>O fazer interpretativo</small>

Do outro lado, aparecem assimetrias nas duas instâncias da comunicação, que se manifestam em diferenças lógicas e diferenças do saber e do poder. A assimetria lógica entre as duas instâncias actanciais consiste na pressuposição unilateral, que existe entre o destinador e o destinatário. Não há destinatário sem destinador. O destinador é o termo pressuposto dessa relação lógica, enquanto o destinatário é o termo pressuponente (*ibid.*, p. 114).

<small>As relações pressupostas</small>

A assimetria do saber nos estatutos dos sujeitos do discurso é também uma assimetria do poder (*ibid.*, p. 299):

<small>Fazer factivo do destinador</small>

O destinador – quer seja manipulador, encarregado de transformar, por sua conta, o destinatário em um sujeito competente, quer seja julgador, que estabelece o poder justo e o saber verdadeiro – exerce um fazer factitivo que o situa em uma posição hierarquicamente superior em relação ao destinatário. Mas isso não é suficiente para defini-lo. [...] Mais do que o poder em exercício, é o poder preestabelecido que caracteriza o estatuto hierárquico do destinador.

<small>Manipulação: as modalidades</small>

A semiótica discursiva tem uma visão da comunicação que implica uma assimetria fundamental. Essa assimetria aparece na definição do fazer comunicativo como um fazer manipulativo. *Manipulação*, definida como um *fazer-saber* e como "ação do homem sobre outros homens, visando a fazê-los executar um programa dado" (*ibid.*, p. 269) implica um *destinador-manipulador*, que "impele o destinatário-manipulado a uma posição de falta de liberdade (*não poder não fazer*), a ponto de ser este obrigado a aceitar o contrato proposto" (*ibid.*, p. 270). Neste cenário de um processo cuja origem é um comunicador poderoso, o papel do destinatário-sujeito, embora não seja passivo, mas exercendo a sua competência discursiva, está inscrito nas modalidades da enunciação: "Se este, por exemplo, conjugue ao *não poder não fazer* um *dever-fazer*, tem-se a provocação ou a intimidação; se ele lhe conjugue um *querer-fazer*, ter-se-á então sedução ou tentação" (*ibid.*, p. 270).

8.5.6 Comunicação como contrato e troca de valores

<small>O contrato enunciativo</small>

A relação entre o enunciador e o enunciatário tem, em vários aspectos, o caráter de um contrato. Além do *contrato implícito* fundamental, discutido acima, a comunicação pressupõe um *contrato enunciativo*, que precisa ser aceito pelo destinatário e mantido pelo destinador (GREIMAS, 1976, p. 16-17). O enunciador tem que levar em consideração a *transmissibilidade* do discurso e precisa escolher um nível de *inteligibilidade* da enunciação, que corresponde à competência semântica e discursiva do enunciatário. Dessa maneira, não só o enunciador, mas também o enunciatário está onipresente no discurso como um sujeito implícito da enunciação. O enunciador de um texto científico, que usa uma terminologia especializada, restringe a inteligibilidade do seu discurso a leitores cuja competência encontra-se nessa área de saber especializado. O nível do enunciatário tem que ser previsto pelo enunciador. Na construção de um discurso que deixa assim aparecer a presença do enunciatário, o enunciador também *constrói* o enunciatário.

Um contrato mais específico entre o enunciador e o enunciatário é o *contrato fiduciário* (GREIMAS & COURTÉS, 1979, p. 85-86, 184). O seu fundamento geral é o cenário da comunicação como uma transferência, uma *troca diferida* de valores, que cria uma tensão entre a confiança do credor do valor e a obrigação do devedor. Num tal cenário, os dois participantes da troca precisam ser "assegurados do 'valor' do objeto a ser recebido em contrapartida" (*ibid.*). Na interação entre as duas instâncias da comunicação, esse pressuposto da troca de valores semióticos se manifesta na forma de uma crença ou confiança que baseia a interpretação do destinatário e de um fazer-crer do lado do destinador, que determina os valores a serem transmitidos.

<small>O contrato fiduciário</small>

As manifestações mais evidentes do contrato fiduciário aparecem no discurso persuasivo, mas o contrato fiduciário também pode basear-se numa *evidência*, que cria uma certeza imediata e não exige nenhum fazer interpretativo. O que é evidente não precisa de apoio retórico.

<small>Evidência</small>

Os efeitos do contrato fiduciário aparecem, sobretudo no *percurso da manipulação*, que descreve o fazer persuasivo do destinador desde a sua proposição do contrato fiduciário e na aceitação (ou recusa) dos valores propostos pelo manipulador no fazer interpretativo do destinatário-manipulado, que tem a opção de rejeitar o contrato proposto e não participar no processo comunicativo. Por causa disso, o destinador-manipulador busca a "adesão" do destinatário e visa a um fazer interpretativo que se baseie em um crer do sujeito e no fazer-crer e fazer-saber do manipulador.

<small>Percurso da manipulação</small>

O contrato fiduciário é um *contrato de veridicção* (ou um *contrato enunciativo*), "se o objeto do fazer persuasivo é a veridicção (o dizer-verdadeiro) do enunciador". Nesse caso, "o contra-objeto, cuja obtenção é esperada, consiste em um crer-verdadeiro que o enunciatário atribui ao estatuto do discurso-enunciado" (*ibid.*, p. 184).

<small>Contrato de veridicção</small>

O percurso da manipulação é seguido pelo *percurso da sanção*, que encerra o fazer manipulativo. O que interessa do ponto de vista

<small>Percurso da sanção</small>

da comunicação é a sanção pragmática. Nesse percurso, o destinador assume o papel de um *destinador-julgador*, que julga a "conformidade dos comportamentos" em relação ao sistema de valores e verifica se o sujeito da enunciação cumpriu os compromissos assumidos no contrato inicial. Em seguida, o destinatário retribui a sua contrapartida nessa troca de valores na forma de uma recompensa ou uma punição do destinador (*ibid.*, p.389).

8.5.7 A base polêmica da comunicação

O contrato fiduciário e as estruturas polêmicas

O contrato fiduciário entre o enunciador e o enunciatário não garante que a relação entre os dois sujeitos seja necessariamente positiva, exibindo uma pura harmonia. A possibilidade oposta também tem que ser levada em consideração. O lado negativo da relação comunicativa é o conflito e a "estrutura polêmica", resultante de rupturas sociais. As estruturas polêmicas são, portanto, "constitutivas do polo oposto das estruturas contratuais (*stricto sensu*), sendo, aliás, que os dois tipos fazem parte de uma mesma organização contratual da intersubjetividade" (*ibid.*, p. 85).

A estrutura contratual "benevolente" e a "estrutura polêmica coercitiva"

O positivo e o negativo são, portanto, também os dois polos de uma oposição que caracteriza o espectro das atitudes dos participantes da comunicação. Greimas e Courtés chamam estas atitudes de "competências modais enunciativas" e definem o polo positivo como a "estrutura contratual 'benevolente'" e o polo negativo como a "estrutura polêmica coercitiva" (*ibid.*, p. 341). No polo positivo há, por exemplo, situações comunicativas baseadas num acordo mútuo ou em obediência, no polo negativo, há situações tal como provocação ou chantagem.

A estrutura polêmica como princípio fundamental da comunicação humana

Apesar da estrutura polêmica constituir só um dos dois polos opostos do espectro das competências modais enunciativas, a semiótica discursiva vê no polêmico um princípio fundamental da comunicação em geral, pois "a atividade humana, concebida sob a forma de defrontações, caracteriza, em larga medida, o imaginário humano" (*ibid.*). Dessa maneira, o cenário da estrutura polêmica, que é o cenário da oposição entre um sujeito e um antissujeito, visando a um mesmo objeto-valor, caracteriza também a relação entre o destinador e o destinatário (*ibid.*, p. 299):

Essa estrutura conflituosa é, finalmente, apenas um dos polos extremos – sendo o outro a estrutura contratual – da defrontação que caracteriza toda comunicação humana: a troca mais pacífica implica o confronto de dois quereres contrários, e o combate inscreve-se no quadro de uma rede de convenções tácitas. O discurso narrativo aparece, então, como lugar das representações figurativas das diferentes formas da comunicação humana, feita de tensões e de retornos ao equilíbrio.

Estrutura conflituosa

8.5.8 Comunicação como construção de simulacros

Apesar do contrato fiduciário, que controla os valores da comunicação e do contrato de veridicção, este que controla se o discurso persuasivo pode ser considerado verdadeiro, falso, mentiroso ou secreto, o modelo da comunicação da teoria discursiva não é um modelo, que se interessa "pela transmissão correta das mensagens nem pela conformidade da mensagem recebida em relação [...] ao seu referente" (*ibid.*, p. 485).

A questão da verdade do discurso não se pode colocar como um problema da relação entre os signos e o mundo designado por eles, porque a semiótica discursiva se baseia no dogma estruturalista que "exclui qualquer relação [dos signos] com um referente externo" (*ibid.*). Como o discurso não pode ter um objeto fora do discurso mesmo, "a teoria saussuriana forçou a semiótica a inscrever, entre suas preocupações, não o problema da verdade, mas o do dizer-verdadeiro, da veridicção" (*ibid.*).

A verdade *versus* o "dizer-verdadeiro", a *veridicção*

Se a verdade do discurso é então inteiramente um assunto "no interior do discurso enunciado" (*ibid.*, p. 486), coloca-se, portanto, a questão de um discurso não controlado por um mundo além dos discursos, ou seja, se o que importa é meramente "a inscrição (e leitura) das marcas da veridicção, graças às quais o discurso-enunciado se *ostenta* como verdadeiro" (*ibid.*, p. 486); então, o discurso, no fim, "constrói a sua própria verdade" (BARROS, 1988, p. 94). Consequentemente, a comunicação se revela como uma produção de simulacros. De fato, essa impressão de que o discurso tem que ser visto como simulacro se alimenta na terminologia do metadiscurso da semiótica discursiva em muitos lugares. O comunicador vira *manipulador*, e em vez de um *ser*, o discurso trata mais de um

As marcas da veridicção graças às quais o discurso-enunciado se *ostenta* como verdadeiro

O discurso que constrói a sua própria verdade

crer ou de um *parecer*, e, em vez de referência, trata-se da "criação de ilusões referenciais [...] para produzir efeitos de sentido 'verdade'".

<small>O discurso como um simulacro</small>

Para o enunciador e o enunciatário de um discurso, que se revela como tal simulacro, a conexão do discurso com o mundo é então um assunto de um mero parecer (*ibid.*, p. 487):

> Em decorrência de não ser mais considerado como a representação de uma verdade que lhe seria exterior, o discurso não pode mais contentar-se com a simples inscrição das marcas da veridicção. A "verdade", para ser dita e assumida, tem de deslocar-se em direção às instâncias do enunciador e do enunciatário. Não mais se imagina que o enunciador produza discursos verdadeiros, mas discursos que produzem um efeito de sentido "verdade": desse ponto de vista, a produção da verdade corresponde ao exercício de um fazer cognitivo particular, de um fazer parecer verdadeiro.

<small>O discurso como um fazer parecer verdadeiro</small>

<small>Não sentido, mas os seus efeitos</small>

Numa mensagem assim construída como um simulacro, não se pode então mais achar *sentido*, mas meramente *efeitos de sentido*: "O enunciador não produz discursos verdadeiros ou falsos, mas constrói discursos que criam efeitos de sentido de verdade [...], que *parecem verdadeiros*. O *parecer verdadeiro* é interpretado como *ser verdadeiro*, a partir do contrato de veridicção assumido", é o resumo de Barros (1988, p. 94).

<small>Semiose como o efeito de sentido</small>

Desta maneira, o discurso não se situa numa realidade, mas meramente numa "impressão de realidade produzida pelos nossos sentidos". Não há sentido no discurso, mas só "efeito de sentido" (GREIMAS & COURTÉS, 1979, p. 136). O que surpreende os que conhecem a definição original de semiose daquele que criou esse conceito é que Greimas e Courtés (*ibid.*, p. 137) chegam à conclusão de que "o efeito de sentido corresponde à semiose, ato situado no nível da enunciação, e à sua manifestação que é o enunciado-discurso". Semiose e com ela o processo discursivo se situam, portanto, mais uma vez no nível do fazer do destinador e do destinatário no processo da comunicação.

☞ Atividades

1. Conceitos-chave

a) Em que sentido é que a Semântica Estrutural de Greimas é um tratado semiótico?
b) Com que justificação Greimas se opõe a um conceito de semiótica como uma teoria de signos?
c) Quais são as unidades mínimas da análise semiótica conforme Greimas?
d) Em que sentido é que uma estrutura narrativa é uma estrutura semiótica?

2. Exemplos e temas suplementares para apresentar e discutir em aula

a) Sujeito *versus* objeto narrativo. Quem são os agentes possíveis?
b) Destinatário e desejo: Em que medida é que os agentes narrativos se relacionam às modalidades discursivas?
c) Como é que a ideia de uma paixão pode combinar com os princípios do estruturalismo semiótico?

3. Sugestões para trabalhos finais do curso

a) Aplicação do modelo greimasiano das modalidades actanciais às campanhas publicitárias de pastas de dentes.
b) Aplicação do modelo greimasiano do quadrado semiótico a um gênero de publicidade que põe em relevo os valores da natureza.
c) O quadrado semiótico de Greimas e as suas raízes na lógica medieval.

9
Iúri Lotman: A semiosfera e a semiótica da cultura

Iúri Lotman (Figura 9.1) desenvolve sua semiótica da cultura numa linguagem cheia de metáforas espaciais. Ele evoca imagens de espaços abertos de dimensões galácticas, quando escreve: "Nós somos tanto um planeta na galáxia intelectual quanto a imagem de sua universalidade" (LOTMAN, 1990, p. 213). Em contraste com essa imagem cósmica, também se encontram imagens de territórios fechados separados por limites, espaços fechados dentro de outros espaços, tais como *matrioscas*, as bonecas russas inseridas umas dentro das outras, ou espaços refletindo outros espaços dentro deles próprios como espelhos refletindo o espaço onde eles estão inseridos (*ibid.*, p. 273, 54-62).

Tais imagens não são desprovidas de qualidades poéticas; algumas delas implicam inconsistências, conduzem a catacreses ou resultam em paradoxos lógicos enigmáticos, como na epígrafe citada anteriormente e outra passagem semelhante como: "O pensamento está dentro de nós e nós estamos dentro do pensamento"; ou, "o mundo encontra-se tanto dentro quanto fora de nós" (*ibid.*). Tais paradoxos enigmáticos refletem uma visão de cultura como sistema autorreferencial no qual os espaços semióticos encontram-se enraizados em mais espaços isomórficos envolventes da semiose cultural.

> "Somos tanto um planeta na galáxia intelectual quanto a imagem de sua universalidade"

> "O pensamento está dentro de nós e nós estamos dentro do pensamento"

Figura 9.1 Iúri Lotman (1922-1993).

9.1 A semiosfera

O semioticista nascido em Tartu tem, ele próprio, uma teoria da metáfora, uma teoria que serve não somente para descrever as metáforas de poetas e romancistas, como também aquelas da própria prosa semiótica.

9.1.1 Modelização secundária e código dual

A modelização primária e a secundária

Lotman (1990, p. 38) distingue entre signos primários e secundários. Exemplos de signos secundários são os metassignos e as metáforas. Até mesmo animais podem comunicar-se metaforicamente, diz Lotman. Por exemplo, um gesto sexual que um animal produz para indicar submissão em vez de estímulo sexual é uma metáfora gestual (cf. *ibid.*).

O discreto *versus* o contínuo

O dualismo entre o verbal e o pictórico

Lotman, que criou tantas imagens espaciais, propõe uma teoria na qual a oposição entre o caráter discreto dos signos no discurso verbal e a continuidade do espaço visual não verbal desempenha um papel essencial. Com relação às diferentes funções cognitivas dos dois hemisférios do cérebro humano, ele postula o paradoxo fundamental que "dentro da consciência existem, digamos, duas consciências" criando dois tipos de "textos" (1990, p. 36-37), verbal e pictórico. Os signos verbais constituem signos discretos lineares e, para que a totalidade verbal do texto seja construída, seus constituintes devem ser lidos numa escala crescente, de baixo para cima; começando pelos elementos, o leitor gradualmente atinge a totalidade do espaço.

Os "textos" visuais, ao contrário, consistem de espaço visual não discreto que é cognitivamente construído na direção oposta, quer dizer, na escala decrescente de cima para baixo. Seus espaços semânticos emergem holisticamente; a totalidade do espaço textual é apreendida primeiramente, enquanto seus constituintes elementares são construídos por derivação. Lotman enfatiza a diferença essencial entre textos discretos e não discretos e postula a impossibilidade de sua mútua tradutibilidade uma vez que "o equivalente ao discreto e à unidade semântica precisamente demarcada de um texto é, no outro, um tipo de borrão semântico sem fronteiras nítidas, com mistura gradual de outros sentidos" (*ibid.*).

> O texto visual

Todavia, o dilema da intraduzibilidade entre esferas semânticas incompatíveis, de acordo com Lotman, pode ser superado por meio de metáforas. Metáforas podem servir de mediadoras entre os dois hemisférios da mente humana. Embora os resultados de tais mediações entre esferas de decomposição e de continuidade não sejam nunca "traduções exatas", mas sempre somente "equivalências aproximadas determinadas pelos contextos psicocultural e semiótico comuns a ambos os sistemas" (*ibid.*), a perda de precisão resultante não significa meramente uma perda no curso da tradução. Ao contrário, metáforas são a fonte de um pensamento criativo, visto que as "associações ilegítimas" que elas criam provocam novas "associações semânticas" (*ibid.*).

> A intraduzibilidade entre esferas visuais e auditivas superada por meio das metáforas

Eis por que uma metáfora é mais que um mero ornamento retórico. Não se trata de "um embelezamento restrito ao plano da expressão, uma decoração em um conteúdo invariante, mas um mecanismo para a construção de um conteúdo que não poderia ser construído por apenas uma linguagem. Um tropo é a figura nascida no ponto de contato entre duas linguagens" (*ibid.*, p. 44).

9.1.2 A semiosfera

A cultura se manifesta somente de modo parcial numa forma tridimensional, por exemplo, em bens, roupas, mobília, arquitetura ou comunicação não verbal, mas não na linguagem, música, mitos, narra-

> Manifestações da cultura

tivas, hábitos, leis, religião ou ideologias. Descrever a cultura como um espaço é, obviamente, descrevê-la amplamente em termos metafóricos. Por conseguinte, é mais do que surpreendente que Lotman, em seu primeiro artigo "Sobre a semiosfera" de 1984, explicitamente rejeite a interpretação metafórica do espaço semiótico da cultura. Seus argumentos contra a visão da semiosfera como uma metáfora espacial parecem mesmo culminar numa contradição de termos quando o semioticista de Tartu reivindica, por um lado, que "o espaço da semiosfera apresenta um caráter abstrato", por outro, "que isso não significa que o conceito de espaço seja usado aqui num sentido metafórico". Temos em mente uma esfera específica, processando signos, que são desígnio de um espaço fechado. "Somente dentro de tal espaço é possível o processo comunicativo e a criação da informação nova" (1984, p. 2).

<small>A cultura como um "espaço real"</small>

Será o empenho de Lotman em interpretar a cultura como um "espaço real" uma tentativa de focalizar as raízes da semiose cultural em espaços comunicativos reais nos quais os signos são, por necessidade, transmitidos de comunicadores a receptores de um lugar para outro? Sua visão ultralocalista da semiosfera como uma esfera de lugares aparentemente mostra a influência de Vernádski, que, de maneira similar, distinguiu entre biosfera e noosfera sem distinguir entre matéria e ideias não materiais. O biólogo russo, de acordo com Lotman (1984, p. 2), descreveu a noosfera como um estágio no desenvolvimento da biosfera conectado com a atividade racional humana que, mesmo assim, "representa um espaço material tridimensional que cobre parte de nosso planeta". Em 1984, o semioticista ainda citou o conceito materialista de noosfera como uma esfera de produtos de atividade racional entre a biosfera e a semiosfera com a distinção de que semiosfera é de um tipo mais abstrato (1984, p. 2).

<small>A biosfera e a semiosfera</small>

<small>A noosfera e a semiosfera</small>

Desde que a semiose não somente acontece num espaço real, mas certamente também num espaço mental assim como no tempo, Lotman reconheceu a debilidade de seu mais forte argumento para a natureza não metafórica e material da semiosfera quando, em seu livro de 1990, ele omitiu toda referência para a noosfera e também à natureza material da semiosfera. Em retrospectiva, ambos os fortes argumentos de Vernádski e de Lotman para a noosfera e semiosfera como espaços não metafóricos parecem ter sido uma concessão à ideologia ortodoxa da filosofia marxista, que requer a esfera de ideias baseada na matéria, e não meramente em uma esfera de ideias.

9.1.3 Ubiquidade das metáforas?

O potencial criativo inerente às metáforas com sua habilidade de expressar analogias entre diferentes esferas de pensamento e experiência é a razão pela qual metáforas são não apenas úteis como ferramentas para poetas e oradores, mas também para cientistas: "Seria um equívoco contrastar o pensamento retórico do pensamento científico [...]. Retórica faz parte tanto da consciência científica quanto da consciência artística" (*ibid.*, p. 45), e esse é o ponto em que a teoria da metáfora de Lotman, mais uma vez, se torna autorreferente; ela claramente aplica-se à retórica de Lotman, uma retórica plena de metáforas espaciais através das quais o semioticista de Tartu expressa suas próprias ideias sobre a natureza da semiosfera.

<small>As retóricas poéticas e científicas</small>

Se as metáforas podem ser encontradas na ciência e na poesia e até em gestos de animais, a questão que se coloca é: por que Lotman não avança um degrau a mais para postular uma ubiquidade das metáforas que se estendem para o comportamento cotidiano verbal e não verbal, igualmente? É verdade que um reconhecimento da ubiquidade da metáfora teria abalado um dos princípios fundadores da semiótica cultural de Lotman, a saber, a distinção entre modelização primária e secundária. Entretanto, à luz da pesquisa linguístico-cognitiva sobre os espaços mentais e sua representação nas metáforas cotidianas, nós sabemos que as categorias espaciais, como "centro *versus* periferia", "alto *versus* baixo", "frente *versus* fundo", estão presentes não apenas na representação verbal do espaço, como também na forma de metáforas que representam conceitos abstratos na linguagem cotidiana.

<small>O espaço e as metáforas</small>

A predominância de esquemas espaciais nas metáforas cotidianas, representando conceitos abstratos tanto quanto no discurso teórico, são reflexos e, por conseguinte, signos de nossa cognição espacial, nossa experiência corporal de orientação humana no espaço. Considerando essas fundações humanas das metáforas, a distinção de Lotman entre modelização primária e secundária pode ser tomada sob outro ponto de vista. Se nós interpretamos a ideia de

<small>As modelizações primárias e secundárias</small>

modelização primária como referente à semiose pré-verbal no sentido cognitivo e evolucionário, a teoria da metáfora como modelização secundária de signos pode adquirir uma nova, mas bem diferente, relevância semiótica.

9.2 O espaço semiótico imerso num universo não semiótico

O espaço semiótico e o espaço não semiótico

Não é por acaso que Lotman escolhe a imagem espacial para descrever o escopo de processos de signos culturais. Para o semioticista de Tartu, o modo espacial de pensar a cultura e representá-la é uma lei universal de toda autodescrição cultural: "A humanidade, imersa em seu espaço cultural, sempre cria em torno de si uma esfera espacial organizada; esta esfera inclui tanto ideias e modelos semióticos, e atividade recreativa de pessoas", argumenta Lotman (1990, p. 203).

9.2.1 Semiosfera em um universo não semiótico

"Semiosfera" refere-se à estrutura semiótica da cultura humana, mas também à cultura em si. Um composto neoclássico metafórico sugere que aquela cultura é um espaço "semiótico" de extensões estelares. É bem conhecido que Lotman tenha cunhado o termo em analogia e em extensão ao conceito de biosfera de Vernádski. Enquanto a biosfera, de acordo com Vernádski e Lotman (1990, p. 125), é "a totalidade e o todo orgânico da matéria viva e também a condição para a continuação da vida", a semiosfera é "o resultado e a condição para o desenvolvimento da cultura" (*ibid.*), "o espaço necessário para a existência e funcionamento da linguagem" (*ibid.*, p. 123), e o "mecanismo unificador (se não organismo)" [...] fora do qual semiose não pode existir (1984, p. 2).

A semiosfera, "o resultado e a condição para o desenvolvimento da cultura"

Apesar da dimensão galáctica evocada pelo conceito de semiosfera, Lotman não aprova a visão pansemiótica do universo no qual signos e semiose sejam ubíquos. Em vez disso, ele oferece uma teoria dualista do Universo da mente constituída de uma esfera semiótica e não semiótica. A última não apenas compreende a biosfera dos humanos, animais e organismos biológicos, mas também uma esfera de fenômenos não semióticos no conhecimento humano que Lotman

Lotman contra a visão pansemiótica do universo

chama "realidade não semiótica". Essa esfera não semiótica compreende objetos desprovidos de "semiotização", que não têm significado cultural e são "simplesmente eles próprios" (LOTMAN, 1990, p. 133).

O semioticista de Tartu geralmente esboça uma distinção muito forte entre as esferas semiótica e não semiótica e tem uma preferência por contrastá-las por meio de termos com o prefixo negativo "não", por exemplo, quando ele afirma que a "cultura consiste da totalidade da informação não hereditária adquirida, preservada e transmitida pelos vários grupos da sociedade humana" (1967a, p. 213) ou "a cultura funciona como um sistema de signos contra o cenário da não cultura" (LOTMAN & USPENSKIJ, 1971, p. 17). Pela sua definição, não somente animais são excluídos da participação no processo da semiosfera, mas também a vida humana ao nível em que ela processa informação não hereditária. Essas distinções estabelecem um alto limiar semiótico entre a semiosfera e o universo não semiótico. A biosfera, por exemplo, não é somente caracterizada pela ausência de linguagem, mas também pela falta de comunicação: "Fora da semiosfera, não pode haver nem comunicação nem linguagem", é um dos axiomas de Lotman (1990, p. 124).

"Fora da semiosfera, não pode haver nem comunicação nem linguagem"

9.2.2 Topografia dos lugares dos espaços semióticos

As características dos espaços metafóricos de Lotman devem ser lidas como uma exemplificação de sua teoria da oposição fundamental entre textos discretos (verbal) e não discretos (visual). O espaço, que é contínuo na cognição humana, torna-se transformado em espaço com lugares discretos na semiosfera cultural. Sabendo que a cognição do espaço real pressupõe continuidade perceptiva, o espaço semiótico culturalmente organizado é tão descontínuo quanto os signos verbais que eles representam. Posteriormente, o espaço, que é geometricamente simétrico, mostrando, por exemplo, a simetria entre esquerdo e direito ou acima e abaixo, torna-se assimétrico na semiosfera cultural cujos *loci* estão associados com oposições marcadas de valores culturais tais como bem *versus* mal ou vida *versus* morte.

O discreto e o não discreto

Assim, os espaços culturais são descontínuos e assimétricos. A descontinuidade de seus *loci* é particularmente aparente nas repre-

Cultura: um espaço descontínuo e assimétrico

sentações narrativas de espaços mitológicos. Lotman & Uspenskij (1973, p. 237) concluem que, no mito, "o espaço não é concebido como um signo contínuo, mas como uma totalidade de objetos separados, portadores de nomes próprios". É como se o espaço fosse interrompido por intervalos entre objetos, carecendo, de nosso ponto de vista, de um traço básico como a continuidade.

<small>As assimetrias do espaço cultural</small>

A topografia binária da semiosfera explicita opostos derivados das categorias espacialmente simétricas, tais como figura e fundo, centro *versus* periferia, direita *versus* esquerda, dentro *versus* fora, ou espaço interno *versus* externo (LOTMAN, 1990, p. 140). Essas simetrias tornam-se assimetrias no espaço cultural quando elas servem para representar a oposição entre valores culturais positivos e negativos: centro, dentro, direito ou representação de figura de valor positivo em contraste com periferia, externo, esquerda ou fundo que tem avaliação negativa.

A assimetria visual é, portanto, a representação metafórica típica de tais oposições entre os *loci* opostos na semiosfera: "A estrutura da semiosfera é assimétrica" (*ibid.*, p. 127). Assimetria caracteriza o relacionamento entre o centro da semiosfera com suas tendências conservadoras, rumo à estabilidade e estagnação, *versus* sua periferia com suas tendências à instabilidade e criatividade.

<small>Homogeneidade do espaço físico *versus* heterogeneidade da semiosfera</small>

Contrastando com o espaço físico, que é homogêneo, a semiosfera é assim caracterizada pela *heterogeneidade* de seus *loci* (cf. *ibid.*, p. 125). A descontinuidade e heterogeneidade da semiosfera é particularmente aparente sempre que seus *loci* sejam descritos por meios de opostos complementares. Tais opostos não admitem gradações, mas requerem decisões ou - ou; algo que esteja dentro ou fora, acima ou abaixo; não há entre, nem há uma transição gradual entre dois opostos.

<small>A cultura, que cria a sua anticultura</small>

Na conceptualização cultural dos *loci* semióticos e espaços em oposição binária, os limites entre as duas esferas em oposição mostram-se de relevância especial. Na semiótica cultural de Lotman, é o limite que separa a cultura da não cultura ou a cultura da alteridade. Ela separa o território entre a cultura própria, boa e harmoniosa e a má, caótica ou mesmo perigosa anticultura. É a fronteira entre um espaço interior e um espaço exterior. Desenhar fronteiras dessa espécie é uma lei universal da cultura; de acordo com Lotman (1990,

p. 131), "toda cultura começa dividindo o mundo em seu espaço próprio, interno, e o seu espaço externo".

A fronteira não apenas separa, ela também funciona como filtro que determina o fluxo de mensagens do exterior para a semiosfera, um processo que requer tradução e semiotização dos sinais não semióticos que procedem de além da fronteira: "Pertencendo simultaneamente ao espaço interno e externo, a fronteira semiótica é representada pela soma dos filtros tradutórios bilíngues, passando por eles, o texto é traduzido em outra linguagem [...] fora da semiosfera dada" (LOTMAN, 1984, p. 3).

A cultura como filtro

9.3 Universo de dualismos, níveis e estratificações

O universo semiótico de Lotman é um dos níveis, extratos e hierarquias baseados na fundação de dualismos que se inicia com o axioma de que "a cultura funciona como um sistema de signos contra o pano de fundo da não cultura" (LOTMAN & USPENSKIJ, 1971, p. 17).

9.3.1 Dualismos e níveis

Nas raízes do universo de Lotman, existe um dualismo fundamental entre o semiótico e o não semiótico. A semiose humana, marcada por esse dualismo, se inicia com a distinção de duas esferas:

O semiótico e o não semiótico

> Qualquer ato de reconhecimento semiótico deve envolver a separação do significante e do insignificante na realidade circundante. Elementos que, do ponto de vista daquele sistema modelizante, não são portadores de sentido, comportam-se como se não existissem. O fato de sua existência atual retrocede ao plano de fundo diante de sua irrelevância num determinado sistema modelizante. Ainda que existam, como que deixam de existir, no sistema da cultura (LOTMAN, 1990, p. 58).

O significante e o insignificante

Lotman não apenas construiu sua distinção dualista entre o mundo semiótico e o mundo não semiótico, mas avançou na distinção entre níveis e metaníveis dentro da esfera da semiose, novamente em princípios binários. Posteriormente, a visão dualista do semioticista de Tartu sobre o universo da mente não esteve restrita à distinção entre bio e semiosfera; ela aparece novamente na sua própria descrição da semiosfera.

> Os sistemas modelizantes primários e os modelizantes secundários

A semiosfera é um espaço semiótico mais uma vez dividido em dois, visto que ele compreende signos que derivam de dois tipos de sistemas, os sistemas modelizantes primários e os modelizantes secundários. Um sistema modelizante, de acordo com Lotman (1967b, p. 7) é um código ou linguagem com signos representando "toda a esfera de um objeto de conhecimento, descoberta ou regulação".

Uma linguagem natural é um sistema modelizante primário no sentido em que ela é um meio de representação do mundo. Os sistemas modelizantes secundários, por contraste, "são dotados de uma linguagem natural como sua base e adquirem superestruturas suplementares, criando assim linguagens de um segundo nível" (*ibid.*). Esses últimos sistemas são criados em textos mitológicos, religiosos, legais, ideológicos e literários. A Figura 9.2 nos oferece um panorama preliminar dessas estratificações da semiosfera e das esferas não semióticas das quais ela emerge.

> As semiosferas e o universo das outras esferas de Lotman

Esfera	Fenômenos	Como os fenômenos são percebidos
(Muitas) Semiosferas secundárias	Cultura (metáforas, mito, arte, religião)	Superestrutura suplementar; segundo nível de sentido; comunicação
Semiosfera primária	Gestos, linguagens (não metafóricos)	Signos representam o mundo e têm um sentido primário; existência da comunicação
(Não semiótica) Biosfera	Seres vivos	Vida, sintomas, mas não comunicação
(Não semiótica) Esfera dos objetos	Objetos	Objetos "são como eles são", sem semiotização, sem significado cultural

Figura 9.2 Semiosferas de Lotman no arranjo de seu universo da mente.

9.3.2 Em busca do nível da codificação primária

> Linguagem *versus* cultura e o problema do primário e do secundário

A pesquisa de Lotman sobre semiosfera está quase exclusivamente preocupada com textos e códigos gerados por sistemas modelizantes secundários. Sua definição de semiosfera como a esfera de sistemas modelizantes secundários ocasionalmente parece excluir a linguagem cotidiana, pelo menos quando Lotman define a linguagem (cotidiana) como um sistema modelizante primário, e a semiosfera como o domínio dos sistemas modelizantes secundários.

Todavia, a consideração da linguagem como sistema modelizante primário não é nunca muito explícita. Em que sentido são os modelos verbais do mundo primários? Os poucos contextos a partir dos quais uma resposta pode ser derivada sugere que os signos de um sistema modelizante primário são menos complexos (LOTMAN, 1974, p. 95), mais diretos em sua representação da "esfera de um objeto do conhecimento" (1967b, p. 7) e, acima de tudo, sem "as superestruturas suplementares".

A codificação primária, de acordo com Lotman (1990, p. 58), não se restringe à linguagem verbal. Muito da realidade da vida humana evidencia uma codificação primária que se inicia com o ato perceptivo de filtrar e separar elementos cognitivamente significantes dos elementos insignificantes, um processo que acontece em cada nível de codificação, mas separa o mundo semiótico do mundo não semiótico no nível mais baixo da semiose.

<small>A codificação primária</small>

A distinção nítida de Lotman entre codificação primária e secundária não está privada de inconsistência. Se as metáforas pertencem à esfera da modelização secundária, e assim à semiosfera, mas animais também usam metáforas, então não se pode admitir que animais não se comunicam, nem que eles sejam excluídos da semiosfera. Parece dualista a oposição rígida entre a semiosfera da cultura humana e o mundo não semiótico dos animais e objetos em uma esfera sem significado cultural.

<small>A modelização secundária</small>

A linguagem natural é raramente um sistema que representa o mundo de um modo direto ou mesmo simples, se é que possa fazê-lo. Bakhtin teve um *insight* mais moderno sobre a natureza da linguagem quando afirmou, em 1930, que "todos os signos estão sujeitos à avaliação ideológica" e que "o domínio da ideologia coincide com o domínio dos signos" (VOLOSHINOV, 1930, p. 9-10). De uma perspectiva bem diferente, a linguística cognitiva, muito recentemente, forneceu evidência similar. A linguagem natural é permeada de metáforas; os signos verbais quase nunca são representações simples ou primárias do mundo.

Definido como um sistema modelizante secundário, muito do que é excluído da semiosfera tem sido descoberto como parte dela. A visão dicotômica de cultura e natureza como duas esferas opostas parece carregar o peso da herança do estruturalismo semiótico, que procura explicar semiose em termos de oposições, mesmo onde gradações e transições entre os opostos prevalece, como aprendemos com o sinequismo, a teoria da continuidade, de Peirce.

> Comunicação entre os animais

À luz dos resultados de décadas de pesquisa em biossemiótica, não se pode continuar afirmando que a comunicação ocorre somente na semiosfera cultural, e nós agora sabemos que a biosfera e talvez mesmo o mundo físico são esferas de semiose e, portanto, semiosferas também. O conceito de bio e semiosfera deve até ser revisto como se segue: biosfera e semiosfera não são duas esferas separadas do universo, mas a biosfera está incluída na semiosfera e a semiose começa com a vida, se não no mundo físico antes do aparecimento da vida.

> A biosfera e a semiosfera

> O primário e o secundário do ponto de vista da evolução

A distinção entre modelização primária e secundária também coloca a questão da prioridade evolucionária, mas Lotman não apresenta uma perspectiva evolucionária a esse respeito e admite que "não há fundamentos suficientes para concluir que o esquema primeiro do sistema modelizante primário, e depois secundário, também corresponde ao processo histórico de estruturas semióticas complexas e pode ter significado cronológico atribuído a ele" (1974, p. 95). O primado do sistema modelizante primário parece ser lógico, e não uma primazia evolucionária.

9.3.3 Estratificações relacionais

> O aumento da complexidade na transição do primário para o secundário

Entretanto, apesar do dualismo fundamental inerente à distinção entre a modelização primária e secundária, o sistema criado por Lotman é mais diferenciado do que seus dualismos podem sugerir, visto que a oposição entre primário e secundário não é nunca categorial, mas sempre relacional. O que é primário num nível elevado pode ser secundário de uma perspectiva de um nível mais baixo, e duplamente secundário de um ponto de vista de um nível mais baixo ainda. Nessa hierarquia de níveis, os níveis secundários são sempre concebidos como espaços semióticos de mais dimensões em relação ao espaço de seus níveis mais baixos. Lotman ilustra esse aumento de níveis semióticos e espaços com o exemplo de relacionamentos intermediários entre textos:

> As dimensões que crescem no nível secundário

Esta palavra secundária é sempre, quando estamos falando de textos literários, um tropo: em relação ao discurso ordinário não literário, o texto literário como que se transfere para espaços semióticos com um grande número de dimensões. Para apreender o sentido do que estamos falando, vamos considerar uma transformação do seguinte tipo: roteiro (ou narrativa verbal literária) → filme ou libreto → ópera. Com esse tipo de transformação, um texto com uma certa quantidade de coordenadas de espaço semântico torna-se um texto com uma dimensionalidade grandemente acrescida no seu espaço semiótico (LOTMAN, 1990, p. 47).

Essa hierarquia de semiosferas estratificadas começa acima do nível que ainda se encontra sem modelização semiótica, quer dizer no nível do não semiótico "mundo das coisas". A transição para a primeira semiosfera conduz ao "sistema de signos e às linguagens sociais" (*ibid.*); altas semiosferas são aquelas do mito, da arte e da religião. Em cada um dos níveis mais elevados, existe uma unificação dos sistemas de signos dos níveis mais baixos, por exemplo, "a unificação de palavra e melodia, canto, pintura mural, luz natural e artificial, o aroma de incenso; a unificação na arquitetura do edifício e do cenário e assim por diante" (*ibid.*, p. 48).

> A semiosfera estratificada

Assim, os níveis mais elevados são unificações, mas nunca traduções dos níveis mais baixos, uma vez que "nenhum estágio da hierarquia pode ser expresso por meios dos estágios precedentes, que são meramente uma imagem (isto é uma representação incompleta) dele. O princípio da organização retórica assenta-se na base da cultura como tal transformando cada estágio num mistério semiótico para aqueles que estão abaixo dele" (*ibid.*, p. 48).

> O mistério semiótico dos níveis mais altos

9.4 A semiosfera de Lotman como um sistema autorreferencial

O conceito de semiosfera de Lotman não é meramente um sinônimo de cultura. A metáfora do espaço semiótico que constitui a semiosfera refere-se à cultura e ao seu ambiente semiótico. Por um lado, as linguagens e os códigos da cultura são "uma constelação de espaços semióticos e suas fronteiras", por outro, a semiosfera é o espaço no qual essas linguagens estão "imersas" e "ela pode funcionar apenas graças à interação com esse espaço" (LOTMAN, 1990, 123-125). Então, enquanto os códigos culturais consistem de espa-

> Os códigos culturais consistem de espaços semióticos criados por esses espaços

ços semióticos, a semiosfera refere-se à ampla estrutura que cria esses espaços. Com o conceito de semiosfera, Lotman geralmente designa uma ampla estrutura que constitui e cria cultura como um todo.

Nesse sentido, a semiosfera precede e está pressuposta pela semiose cultural. Isto é o que Lotman quer dizer quando enfatiza que a semiosfera é "o espaço semiótico necessário para a existência e funcionamento das linguagens", um espaço que tem "existência prévia e está em constante interação com linguagens" (ibid., p.123), ou quando ele argumenta que "a unidade da semiose [...] não é uma linguagem isolada, mas a totalidade do espaço semiótico da cultura em questão" (ibid., p. 125). Ocasionalmente, o semioticista de Tartu também define os produtos da cultura, e até mesmo todos os códigos e textos, como semiosfera, por exemplo, quando ele afirma que "a semiosfera é o resultado e a condição para o desenvolvimento da cultura" (ibid.).

> O espaço semiótico tem "existência prévia e está em constante interação com linguagens"

A fronteira que separa e filtra por meio de traduções de uma esfera externa para os códigos no interior da semiosfera também constitui a identidade da semiosfera. Sua função não é somente proteger o sistema de influências externas indesejáveis, mas também definir a própria semiosfera. Nesse sentido, a fronteira é uma necessidade da semiosfera. Esta até "reivindica uma esfera externa caótica ou a constrói quando esta não existe" (LOTMAN, 1984, p. 6). Uma fronteira que é determinada pelo próprio sistema é uma fronteira de um sistema autorreferencial. Além disso, desde que "a cultura não apenas cria sua organização interna, mas também seu próprio tipo de desorganização externa" (ibid.), a autoconstrução da semiosfera não apenas se estende à construção de sua própria fronteira, como também ao "caos" que a rodeia, o caos que faz a própria estrutura interna parecer mais ordenadamente.

> Separar e filtrar por meio de traduções

Se a semiosfera é um espaço semiótico no qual a cultura está imersa, um espaço que é anterior mesmo ao espaço que ele cria, e se os espaços que ele cria são também semiosferas, nós chegamos a um paradoxo, pois o que mais pode ser a semiosfera no qual a cultura está imersa senão uma esfera cultural? Como pode a semiosfera ser tanto o espaço que cria cultura como o próprio espaço cultural? Como pode a cultura preceder a linguagem, quando a linguagem é

> A autorreferencialidade da semiosfera

definida como cultura? O tipo de paradoxo com o qual nos deparamos neste ponto não necessariamente implica autocontradição; é bem conhecido na teoria dos sistemas autorreferenciais. A descrição da semiosfera realizada por Lotman é uma descrição de um sistema autorreferencial. É uma descrição coerente da cultura no estágio em que cultura cria e é criada pela cultura.

Qualquer descrição da cultura, de acordo com Lotman (1990, p. 37, 134), é uma "estrutura metacultura", quer dizer, um "texto no sistema de autodescrições que formam o nível metacultural" (*ibid.*, p. 46). Cultura é assim um sistema de dois espaços relacionados a dois níveis de semiose cultural. Um é o espaço textual criado nas artes, mitos, códigos sociais ou ideologias; o outro, o espaço metatextual criado na forma de autodescrições culturais. O prefixo "meta-" referente a este último espaço deixa transparecer a ideia de um espaço semiótico separado num nível mais elevado, mas as duas semiosferas da cultura e autodescrição cultural não existem como espaços separados; ao contrário, um está incluído dentro do outro, como as bonecas russas encaixadas umas nas outras.

_{A cultura como metacultura}

As semiosferas criam sua própria metassemiosfera de um modo autogerativo e autorreferencial. Elas atuam no seu próprio centro com o propósito de autoestabilização do sistema cultural (*ibid.*, p. 128): "Se nós temos em mente linguagem, política ou cultura, o mecanismo é o mesmo: uma parte da semiosfera (como, via de regra, uma é parte de sua estrutura nuclear) no processo de autodescrição cria sua própria gramática [...]. Então ele se esforça para estender estas normas para o conjunto da semiosfera". Modos de comportamentos sociais, por exemplo, são autodescritivamente estabilizados por meio de livros de etiqueta ou códigos legais; linguagens são controladas por meio de gramáticas normativas; o espaço arquitetônico de uma capital desenha as relações de poder político e cultural no país e, nesse sentido, não é apenas um produto da cultura, mas também sua autodescrição.

A cultura como sistema autodescritivo

Semelhante a muitas outras formas de autorreferência, este círculo autorreferencial entre descrição e autodescrição conduz, mais uma vez, a um paradoxo: por um lado, "a cultura se organiza na forma de um espaço especial" e, por outro, "esta organização [...] na forma da semiosfera [...] vem à tona com o auxílio da semiosfera" (*ibid.*, p. 133).

<small>A imagem do espelho autorreflexivo</small>

Uma imagem apropriada para caracterizar a relação entre a semiosfera e sua metassemiosfera é aquela do espelho, uma vez que ele é capaz de caracterizar a relação de iconicidade entre dois espaços (cf. LOTMAN, 1990, p. 54-56). A semiosfera é um espelho que representa sua metassemiosfera, mas a metassemiosfera é também um espelho da semiosfera da qual é uma imagem. Lotman ilustra esse argumento com o exemplo da semiose dos espaços urbanos nos quais a igreja principal de uma cidade ou capital de um país funciona como um centro idealizado de um universo cultural mais amplo: "Por um lado, os edifícios arquitetônicos copiam a imagem espacial do universo e, por outro, esta imagem do universo é construída em analogia com o mundo das construções culturais que a espécie humana cria" (*ibid.*, p. 203).

<small>A iconicidade da autorreflexividade</small>

O princípio icônico que se evidencia nesse tipo de modelização cultural bidirecional é o seguinte: "O espaço real é uma imagem icônica da semiosfera, uma linguagem na qual vários significados não espaciais podem ser expressos, enquanto a semiosfera em si transforma o mundo real do espaço no qual vivemos em sua imagem e semelhança" (*ibid.*, p. 191). Numa imagem mais poética, quase reminiscência da doutrina renascentista das assinaturas, Lotman (1990, p. 223) resume: "Nós somos tanto parte como semelhança de um vasto mecanismo intelectual. [...] Nós estamos dentro, mas ele – inteiro – está em nós. Nós somos ao mesmo tempo como matrioscas [...] e à semelhança de tudo [...]. Nós somos tanto um planeta na galáxia intelectual como uma imagem de seu universo".

<small>"Somos tanto parte como semelhança de um vasto mecanismo intelectual"</small>

9.5 A semiótica da comunicação de Lotman

<small>"Dois modelos da comunicação"</small>

Lotman estudou a comunicação com a base das teorias clássicas da informação e da comunicação, sobretudo na sua mediação por Roman Jakobson. As fontes principais para o estudo da sua abordagem estão no seu livro *A estrutura do texto artístico* (LOTMAN, 1970), e nos seus artigos "Dois modelos da comunicação" e "Sistemas primários e secundários modelizantes da comunicação" (*apud* LUCID, 1977, p. 95-101) e o capítulo 2 do seu livro *Cultura e Explosão* (LOTMAN, 1999). De uma forma ampliada, as ideias principais de Lotman sobre os processos de comunicação na vida cotidiana e na cultura em geral se encontram no seu livro *O Universo da Mente* (LOTMAN, 1990; cf. também ANDREWS, 1999).

Os elementos mais originais da semiótica de Lotman, do ponto de vista da teoria da comunicação, encontram-se na sua interpretação dos códigos, da autocomunicação e da semiosfera como o contexto cultural da comunicação.

9.5.1 Comunicação, linguagens e sistemas de signos

Os estudos da comunicação de Lotman estão mais voltados para o estudo dos sistemas do que para os processos de comunicação. Seguindo a tradição estruturalista da semiótica, Lotman (1970, p. 35) define qualquer "sistema de comunicação que utiliza signos ordenados de modo particular" como uma linguagem.

Entretanto, Lotman mostra, na sua tipologia dos sistemas semióticos, que "comunicação" não é meramente um sinônimo de "uso de signos", pois essa tipologia inclui sistemas não comunicativos e sistemas comunicativos, mas sem signos. Os quatro tipos de sistemas semióticos são (*ibid.*, p. 35, 37): (a) sistemas que não servem de meio de comunicação; (b) sistemas que servem de meio de comunicação, mas que não utilizam signos; (c) sistemas que servem de meio de comunicação e utilizam signos pouco ou quase nada ordenados e (d) sistemas de comunicação que utilizam signos ordenados de modo particular (linguagens): línguas naturais (por exemplo, russo, francês), línguas artificiais (por exemplo, sinais de trânsito) e linguagens secundárias (por exemplo, mitos e artes). Uso de signos *versus* comunicação

Um sistema semiótico que não serve de meio de comunicação e que é, portanto, um campo de estudo semiótico além dos processos comunicativos, manifesta-se nas "formas de atividade humana que não se ligam diretamente e pelo seu objetivo para a acumulação e para a transformação de uma informação" (*ibid.*). Nessa definição, fica claro que o conceito de comunicação, para Lotman, está indissoluvelmente conectado com o conceito de informação. Só se comunica com signos informativos, que servem para adquirir conhecimento. Signos não informativos não entram no processo comunicativo. Sistema semiótico que não serve de meio de comunicação

A segunda categoria, dos "sistemas que servem de meio de comunicação, mas que não utilizam signos", deve parecer uma con- Sistemas que servem de meio de comunicação tradição em termos para os que definem comunicação como transmissão de signos ou sinais, mas, para Lotman, o conceito de signo se orienta pelo modelo do signo verbal: só é signo o que se destaca de uma maneira visível ou audível de um fundo não sígnico. Comunicação sem signos, nesse sentido, é, portanto, comunicação "extrassemiótica". Ela ocorre "no interior de um organismo, [...] não só na auto-organização pelo homem do seu intelecto [...], mas também nos casos em que os signos se inserem numa sinalização primitiva" como na comunicação dos animais primitivos, na magia ou telepatia (*ibid.*, p. 35-36).

Na terceira categoria, a dos "signos pouco ou quase nada ordenados", Lotman classifica a comunicação não verbal por mímicas ou gestos. A quarta é a das linguagens.

9.5.2 O ideal da comunicação como transmissão de informação

Seguindo Saussure e Jakobson, Lotman (1970, p. 42) distingue entre o sistema (ou código) e o uso do sistema na forma da fala e se baseia na distinção entre as estruturas invariantes (e, portanto, significantes) e variantes (e, portanto, irrelevantes para a mensagem):

> Dois aspectos do sistema da comunicação

Assim, obteremos dois aspectos diferentes do sistema da comunicação: uma onda de comunicações isoladas, encarnadas nesta ou naquela substância material (gráfica, sonora, [...]) e um sistema abstrato de relações invariantes. [...] O processo de compreensão consiste em que uma determinada comunicação verbal se identifique na consciência do receptor a sua invariante linguística. [...] Só se distinguem como significativas as marcas dos elementos do texto verbal [...], enquanto as outras são afastadas pela consciência do receptor como não essenciais. Assim, a linguagem põe-se como um código, com a ajuda do qual o receptor decifra a significação da comunicação que lhe interessa.

> Informação e código

Para Lotman (*ibid.*), há um paralelismo significante entre os conceitos básicos da linguística saussuriana e da teoria da informação: A dicotomia da fala e da língua, na linguística estrutural, corresponde à dicotomia da informação e do código na teoria da informação. Porém, o código, no sentido dos engenheiros da comunicação, é menos do que uma língua. Na interpretação de Lotman (1999, p. 15-16), o código, nesse sentido, é um sistema sem memória:

> Uma língua é um código mais uma história. [...] A transmissão da informação dentro de uma "estrutura sem memória" garante realmente um alto grau de identidade. Se nós representamos o emissor e o destinatário como dotados de códigos iguais e totalmente privados de memória, então a compreensão entre eles será perfeita, mas o valor da informação transmitida será mínimo e a informação mesma rigorosamente limitada.

Uma língua é um código mais uma história

Da teoria da informação de Shannon e Weaver (ver Figura 6.2), Lotman adota o modelo da cadeia comunicacional para colocar em relevo as diferenças entre o ideal de uma transmissão de mensagens sem perda de informação e a comunicação cotidiana, que não corresponde a este ideal. As instâncias do processo comunicativo conforme Lotman (1970, p. 42) são "o emissor e o receptor da informação". O código é o "intermediário comum" entre os dois. "Do ponto de vista do receptor", Lotman (1990, p. 11) distingue as estações seguintes do processo comunicativo:

Pensamento (conteúdo de mensagem) ➡ Mecanismo linguístico da codificação ➡ Texto ➡ Mecanismo linguístico da decodificação ➡ Pensamento (conteúdo da mensagem)

Na interpretação de Lotman (1990, p.12), a finalidade da comunicação conforme o modelo clássico da teoria da informação é a congruência entre as mensagens emitidas e recebidas: "O sistema trabalha 'bem' se a mensagem recebida pelo receptor é inteiramente idêntica àquela remetida pelo emissor, e ele trabalha 'mal' se há diferenças entre os textos. Essas diferenças são classificadas como 'erros' e há mecanismos especiais na estrutura (por exemplo, a redundância) para evitá-los".

O modelo da simetria entre a mensagem emitida e a mensagem recebida da teoria da informação

Na realidade, os processos comunicativos naturais se distinguem desse ideal da congruência. O ideal não pode ser alcançado porque a transmissão de mensagens sem perda de informação pressuporia a identidade dos códigos do emissor e do receptor: "Em termos semióticos, os dois participantes da comunicação teriam que ser uma bifurcação da mesma personalidade" (*ibid.*, p. 13).

O ideal da congruência

9.5.3 A dinâmica das diferenças entre os códigos do emissor e do receptor

A informatividade da comunicação

Diferenças entre os códigos do emissor e do receptor não são só uma fonte de erro e de falta de congruência entre o emissor e o receptor, mas também a fonte da informatividade da comunicação. Há sempre e necessariamente diferenças entre os códigos do emissor e do receptor, porque um código, conforme Lotman (*ibid.*, p. 13), não é só um sistema de regras para codificar e decodificar mensagens, mas também consiste da totalidade da experiência verbal e da memória dos indivíduos:

> E a isso devem ser acrescentadas a compreensão comum da norma, referência linguística e pragmática. Se levarmos em consideração as tradições culturais (a memória semiótica da cultura) e o fator inevitável do modo individual com que essa tradição se revela a um membro particular de uma coletividade, então será óbvio que a coincidência de códigos entre emissor e receptor é, na realidade, possível apenas em uma extensão muito relativa.

O princípio da "não identidade" dos códigos do emissor e do receptor

Lotman (1999, p. 16) estabelece o princípio da "não identidade" dos códigos do emissor e do receptor e representa a relação entre os dois códigos com o diagrama de dois círculos, A e B, em intersecção (Figura 9.3).

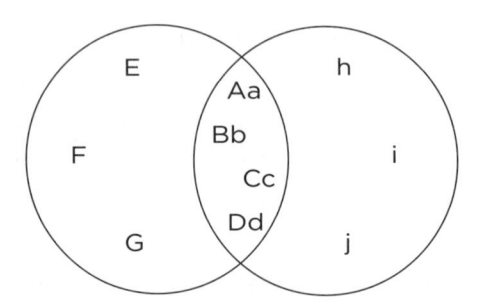

Figura 9.3 A intersecção entre os códigos do emissor e do receptor conforme Lotman: O lugar que possibilita a comunicação.

O modelo dos códigos do emissor e do receptor como espaço da comunicação

O espaço da intersecção dos códigos A e B é o espaço da comunicação. Quando os códigos de A e B ficam sem tal campo de intersecção, a comunicação torna-se impossível, mas a congruência completa de A e B, portanto, a identidade dos dois códigos, também impossibilita a comunicação por falta de conteúdo. Dessa maneira, os dois códigos se encontram inseridos num campo de tensão entre duas forças em conflito: "A aspiração a facilitar a compreensão que, constantemente, levará às tentativas de ampliar o campo da intersecção, e a aspiração a acrescentar valor à mensagem, que se acha unida à tendência a ampliar cada vez mais as diferenças entre A e B" (*ibid.*, p.17). Dessa maneira, a comunicação pressupõe e se desenvolve tanto no espaço da intersecção quanto no espaço da não intersecção, o que leva ao paradoxo semiótico seguinte (*ibid.*):

> O intercâmbio de informação dentro dos limites das partes interseccionadas do espaço de sentido continua sofrendo do mesmo vício da trivialidade. O valor do diálogo resulta unido não à parte que se intersecciona, mas à transmissão de informação entre as partes que não se interseccionam. Isso nos coloca diante de uma contradição insolúvel: estamos interessados na comunicação justamente devido a essa situação que torna a comunicação difícil e, no limite, a torna impossível. Ou melhor, quanto mais difícil e inadequada for a tradução de uma parte não interseccionada do espaço à língua da outra, mais precioso, nas relações informativas sociais, torna-se o fato dessa comunicação paradoxal. Pode-se dizer que a tradução do intraduzível vem a ser de um valor elevado para o portador da informação.

9.5.4 Autocomunicação

Para Lotman (1990, p. 20-22), comunicação não é só comunicação externa entre um eu e um ele. Em paralelo também ocorre comunicação interna entre o eu e o eu, por exemplo, "quando uma pessoa dirige a si mesma em um diário anotações que são feitas não para a lembrança de certas coisas, mas para elucidar a quem escreve de seu estado interior, algo que não seria possível sem as anotações".

Uma das diferenças entre as duas formas de comunicação se manifesta na diferença entre tempo e espaço (*ibid.*):

Comunicação e autocomunicação

> O caso de um sujeito transmitindo uma mensagem para si mesmo, isto é, para uma pessoa que já a conhece, parece paradoxal. Contudo, ele ocorre com frequência e tem um importante papel a desempenhar no sistema geral da cultura. Quando falamos em comunicar uma mensagem pelo sistema "eu-eu", não estamos pensando primariamente naqueles casos nos quais o texto preenche uma função mne-

mônica. Quando isso acontece, o segundo "eu" percebedor é funcionalmente equivalente a uma terceira parte. A diferença vem do fato de que, enquanto no sistema "eu-ele", a informação é transferida no espaço, no sistema "eu-eu" ela é transferida no tempo.

<small>A duplicidade dos códigos</small>

A comunicação de um eu com um eu não se reduz a meras redundâncias ou até tautologias, mas é um processo de recodificação no decorrer do tempo, que, igual à comunicação entre um eu e um ele, implica uma duplicidade de códigos (*ibid.*, p. 22):

<small>Aos processos da recodificação</small>

> O portador da informação permanece o mesmo, mas a mensagem é reformulada e adquire novos significados durante o processo de comunicação. Isto resulta da introdução de um código segundo, suplementar; a mensagem original é recodificada em elementos de sua estrutura e assim adquire traços de uma nova mensagem.

A comunicação do eu com o eu é, portanto, uma autocomunicação do eu em duas situações ou contextos, consecutivos. Lotman representa esse processo com o diagrama da Figura 9.4.

```
        Contexto                    Mudança de contexto

        Mensagem 1 ---------------- Mensagem 2

Eu  -------------------------------------------------- Eu'

        Código 1                         Código 2
```

<small>Figura 9.4 Modelo da autocomunicação de Lotman.</small>

<small>Autocomunicação como transformação</small>

O efeito da autocomunicação é uma transformação do eu, uma reconstrução da própria personalidade, "visto que a essência da personalidade pode ser pensada como um conjunto individual de códigos socialmente significantes, e esse conjunto muda durante o ato da comunicação" (*ibid.*).

9.5.5 Comunicação na semiosfera

A semiosfera constitui o contexto cultural da comunicação. Lotman (1990, p. 125-26) a define como um espaço "semioticamente assimétrico", um gerador de informação no qual comunicação se manifesta como a tradução entre linguagens heterogêneas "sem correspondências semânticas mútuas" (*ibid.*, p. 127). O destinador e o destinatário da comunicação se encontram "imersos" neste espaço semiótico, e "fora da semiosfera não há comunicação" (*ibid.*, p. 124).

> "Fora da semiosfera não há comunicação"

Nesse espaço contextual surge o paradoxo de que "todos os participantes do ato comunicativo precisam ter experiência comunicativa, ter familiaridade com semiose, de maneira que a experiência comunicativa precede o ato comunicativo" (*ibid.*, p. 123). Assim, a semiosfera existe tanto antes da comunicação quanto ela se cria e é transformada por ela.

> A semiosfera existe tanto antes da comunicação quanto ela se cria e se transforma por ela

Essas pré-condições da comunicação impedem os comunicadores de serem instâncias inteiramente autônomas, pois não são só eles que comunicam, mas também a semiosfera, e, através dela, a memória cultural. Para as ideias a serem comunicadas e interpretadas vale o seguinte (*ibid.*, p. 273):

> O sujeito comunicativo não é um sujeito autônomo

> O pensamento está dentro de nós, mas nós estamos dentro do pensamento. [...] É tanto algo engendrado pelo cérebro humano quanto algo ao nosso redor. [...] Somos tanto partes quanto similares a um mecanismo intelectual vasto. [...] Somos, ao mesmo tempo, [...] participantes em um número sem fim de diálogos, e similares a tudo, e somos "o outro" tanto para as outras pessoas quanto para nós mesmos, somos tanto um planeta na galáxia intelectual, quanto a imagem do seu universo.

> O pensamento está dentro de nós, mas nós estamos dentro do pensamento

☞ Atividades

1. Conceitos-chave

a) Defina e descreva o conceito de semiosfera em oposição às outras esferas do universo, que Lotman distingue.
b) Como Lotman justifica a sua tese de que os espaços culturais são descontínuos e assimétricos?
c) Em que sentido se deve entender a heterogeneidade dos *loci* (lugares) culturais?
d) Dê mais exemplos de dicotomias (dualismos) lotmanianas.
e) Discuta o dualismo lotmaniano entre os sistemas modelizantes primários e secundários.
f) Em que sentido a teoria da cultura de Lotman se baseia ou não em metáforas?

2. Exemplos e temas suplementares para apresentar e discutir em aula

a) Exemplifique a dinâmica da tensão entre os centros e as periferias culturais.
b) Os conceitos de simetria e assimetria: em que sentido eles estão no fundamento da teoria lotmaniana da cultura como uma semiosfera?
c) Caracterize o conceito lotmaniano de fronteira e o exemplifique em mais detalhes.

3. Sugestões para trabalhos finais do curso

a) O centro e a perifieira. Como as culturas se apresentam e afirmam.
b) Problemas da divisão entre os sistemas primários e secundários.
c) A autorreferencialidade de cultura e o tema da autocomunicação de Lotman.
d) Crítica dos dualismos de Lotman na luz do sinequismo de Peirce.

10
Bibliografia

ANDREWS, Edna. "Lotman's communication act and semiosis". *Semiotica* 126 (1999), p. 1-15.
BARROS, Diana Luz Pessoa de. *Teoria do discurso: Fundamentos semióticos*. São Paulo: Atual, 1988.
_____. *Teoria semiótica do texto*. São Paulo: Ática, 1990.
BARTHES, Roland.
_____. *L'empire des signes*. Genève: Skira, 1970a.
_____. *S/Z*. Paris: Seuil, 1970b.
_____. *Elementos de semiologia*. São Paulo: Cultrix, 1971.
_____. Réponses. *Tel Quel* 47 (1971), p. 89-107.
_____. *Mitologias*. São Paulo: Difusão Europeia, 1972.
_____. *O prazer do texto*. Lisboa: Edições 70, 1974.
_____. *Sistema da moda*. São Paulo: Companhia Editora Nacional, 1979.
_____. *Aula*. São Paulo: Cultrix, 1980.
_____. *L'aventure sémiologique*. Paris: Seuil, 1985.
_____ et al. *Análise estrutural da narrativa*. Petrópolis: Vozes, 1971.
BENVENISTE, Émile. *Problèmes de linguistique générale*. Paris: Gallimard, 1966. – Port. (seleção) 1976. *O homem na linguagem*. Lisboa: Arcádia.
BERLIN, Brent; KAY, Paul. *Basic Color Terms*. Berkeley, CA: University of California Press, 1969.
BÜHLER, Karl. *Sprachtheorie*. Jena: Fischer, 1934.
BUYSSENS, Eric. *Semiologia da comunicação linguística*. São Paulo: Cultrix, 1972.
BYRNE, Patrick H. *Analysis and Science in Aristotle*. Albany, NY: State University of New York Press, 1997.
CARRUTHERS, Peter. *Language, Thought, and Consciousness*. Cambridge: Cambridge University Press, 1996.
COQUET, Jean-Claude, et al. *Sémiotique. L'école de Paris*. Paris: Hachette, 1982.
COURTÉS, Joseph. *Introduction à la sémiotique narrative et discursive*. Paris: Hachette, 1976.
DELEUZE, Gilles e GUATTARI, Félix. *Mille plateaux*. Paris: Minuit, 1980. Trad. de A. L. DE OLIVEIRA. *Mil platôs*, vol. 1. Rio de Janeiro: Editora 34, 1995.
Dicionário de aromas de vinhos. On-line: http://goo.gl/0LqyQv; acesso em maio de 2015.
DOSSE, François. *História do estruturalismo*, 2. vols. 1-2. São Paulo: Ensaio / Unicamp, 1993.

ECO, Umberto. *La struttura assente*. Milano: Bompiani, 1968. Trad. de P. DE CARVALHO, *A estrutura ausente*. São Paulo: Perspectiva / Edusp, 1971.
_____. *Le forme del contenuto*. Milano: Bompiani, 1971. Trad. de P. DE CARVALHO, *As formas do conteúdo*. São Paulo: Perspectiva / Edusp, 1993.
_____. *Il segno*. Milano: ISEDI, 1973. Trad. de M. DE F. MARINHO. *O signo*. Lisboa: Presença, 1977.
_____. *Trattato di semiotica generale*. Milano: Bompini, 1975. Trad. de A. PÁDUA DANESI e G. C. CARDOSO DE SOUZA. *Tratado geral da semiótica*. São Paulo: Perspectiva, 1980.
_____. *Semiotica e filosofia del linguaggio*. Torino: Einaudi, 1984. Trad. M. FABRIS; J. L. FIORIN. *Semiótica e filosofia da linguagem*. São Paulo: Ática, 1991.
GOODMAN, Nelson. *Languages of Art. An Approach to a Theory of Symbols*. Indianapolis: Hackett, 1968. Port. *Linguagens da arte: Uma abordagem a uma teoria dos símbolos*. Lisboa: Gradiva, 2006.
_____. *Problems and Projects*. Indianapolis: Bobbs-Merrill, 1972.
GREIMAS, Algirdas Julien. *Sémantique structurale*. Paris: Larousse, 1966. Port. *Semântica estrutural*. São Paulo: Cultrix, 1975.
_____. *Du sens*. Paris: Seuil, 1970. Port. *Do sentido*. Petrópolis: Vozes, 1975.
_____. "Dialogue with Herman Parret. Em Parret, Herman", ed. 1974. *Discussing Language*. The Hague: Mouton, 55-79.
_____. *Maupassant. La sémiotique du texte: Exercices pratiques*. Paris: Seuil, 1976a.
_____. *Sémiotique et sciences sociales*. Paris: Seuil, 1976b. Port. *Semiótica e ciências sociais*. São Paulo: Cultrix, 1981.
_____. *Du sens II*. Paris: Seuil, 1983.
_____. *De l'imperfection*. Périgeux: Fanlac, 1987.
_____; COURTÉS, Joseph. 1979 e 1986. *Sémiotique: Dictionnaire raisonné de la théorie du langage*. 2 vols. Paris: Hachette. Trad. port (vol.1) de A. DIAS LIMA et al. *Dicionário de semiótica*. São Paulo: Cultrix.
_____; FONTANILLE, Jacques. *Sémiotique des passions*. Paris: Seuil, 1991. Port. *Semiótica das Paixões*. São Paulo: Ática, 1993.
HAMANN, Renan. Comparativo: Veja o que mudou entre o iOS 7 e o iOS 8. 17 de setembro, 2014. *On-line*: http://goo.gl/aCSRvH, 2014; acesso em agosto de 2015.
HERVEY, Sándor. *Semiotic Perspectives*. London: Allen & Unwin, 1982.
HJELMSLEV, Louis T. "On the principles of phonematics". *Proceedings of the Second International Congress of Phonetic Sciences*. Cambridge: Cambridge University Press, 1936, p. 49-54. Republicado em HJELMSLEV, L. *Essais linguistiques II*. Copenhagen: Nordisk Sprok -og Kulturforlag, 1959, p.157-172.
_____. *Omkring sprogteoriens grundlæggelse*. Kopenhagen: Munksgaard, 1943. Trad. F. J. WHITFIELD. *Prolegomena to a Theory of Language*. Madison: University of Wisconsin Press, 1961. Trad. da trad. inglesa de J. TEIXEIRA COELHO NETTO. *Prolegômenos a uma teoria da linguagem*. São Paulo: Perspectiva (citada).
_____. L'analyse structurale du langage. *Studia Linguistica* 1 (1948), p. 69-78. Trad. de A. de PÁDUA DANESI. "Análise estrutural da linguagem". Em *Ensaios linguísticos*. São Paulo: Perspectiva, 1991, p. 37-46.
_____. La stratification du langage. *Word* 10 (1954), p. 163-188. Trad. de A. de PÁDUA DANESI. Em *Ensaios linguísticos*. São Paulo: Perspectiva, 1991, p. 47-80.
_____. Pour une sémantique structurale (1957). Trad. de A. de PÁDUA DANESI. "Por uma semântica estrutural". Em *Ensaios linguísticos*, 111-127. São Paulo: Perspectiva, 1991.
_____. *Resumé of a Theory of Language*, trad. F. J. WHITFIELD. Madison, WI: University of Wisconsin Press, 1975.

HOLENSTEIN, Elmar. *Introdução ao pensamento de Roman Jakobson*. Rio de Janeiro: Zahar, 1978.
HOUSER, Nathan. "Peirce, phenomenology and semiotics". Em COBLEY, Paul (org.). *The Routledge Companion to Semiotics*. London: Routledge, p. 89-100.
JAKOBSON, Roman. "From the point of view of linguistics." Results of a joint conference of anthropologists and linguists". *Internationa Journal of American Linguistics*. Supplement 19.2 (1953). Também em: Jakobson, R. *Selected Writings* 2, The Hague, 1971, p. 554-567. Trad. de I. BLISTEIN; PAES, J. P. "A linguagem comum dos linguistas e dos antropólogos". Em *Linguística e comunicação*. São Paulo: Cultrix, 6ª ed. São Paulo: Cultrix, p. 34-62.
_____. "Linguistics and poetics". Em SEBEOK, Thomas A. (org.). *Style in Language*. Cambridge, MA: MIT Press, 1960, p. 350-377. Trad. por I. BLIKSTEIN; PAES, J. P. Em R. JAKOBSON. *Linguística e comunicação*. São Paulo: Cultrix, 6ª ed. 1973, p. 118-162.
_____. 1974. "Coup d'oeil sur le développement de la sémiotique". Em *Panorama sémiotique / A Semiotic Landscape*. CHATMAN, Seymour; ECO, Umberto; KLINKENBERG, Jean-Marie. The Hauge: Mouton, 1979, p. 3-18. Trad. de PICADO, Benjamim. "Olhar de relance sobre o desenvolvimento da semiótica". *Galáxia* 19 (2010), p. 60-76.
KORZYBSKI, Alfred. *Science and Sanity: An Introduction to Non-Aristotelian Systems and General Semantics*. Lakeville, CT: Int. Non-Aristotelian Library, 1933.
LANE, Robert. Persons, signs animals: A Peircean account of personhood. *Transactions of the Charles Sanders Peirce Society* 45.1 (2009), p. 1-26.
LISZKA, James Jakób. *A General Introduction to the Semeiotic of Charles Sanders Peirce*. Bloomington, IN: Indiana University Press, 1996.
LONZANO, Jorge; PEÑA-MARÍN, Cristina; ABRIL, Gonzalo. *Análisis del discurso*, Madrid: Cátedra, 1982. Port. *Análise do discurso: Por uma semiótica da interação textual*, trad. G. LARANJA; VIEIRA, D. R. São Paulo: Littera Mundi, 2002.
LOTMAN, Yuri M. "Problems in the typology of culture (1967a)". Em LUCID, D. P. (ed.), 1977, p. 213-221.
_____. "Theses on the problem 'art in the series of modeling systems (1967b)". Extrato em: D. P. LUCID (ed.), 1977, p. 7.
_____. "Primary and secondary communication-modeling systems (1974)". Em LUCID, D. P. (ed.), 1977, p. 97-105.
_____. "On the semiosphere" [em russo: *Sign Systems Studies* 17 (1984), 5-23]. Trad. ingl. de CLARK, Wilma. *Sign Systems Studies* 33.1(2005), p. 215–239.
_____. *Universe of the Mind: A Semiotic Theory of Culture*. Bloomington: Indiana University Press, 1990.
_____. *Cultura y explosión*. Barcelona: Gedisa, 1999.
_____; USPENSKIJ, Boris A. "On the semiotic mechanism of culture" (1971). Citação em: LUCID, D. P. (org.), 1977, p. 17, 23.
_____. "Myth – name – culture (1973)". Em LUCID, D. P. (org.), 1977, p. 233-252.
LUCID, Daniel P. (org.) (1977). *Soviet Semiotics*. Baltimore, MD: Johns Hopkins University Press.
Manual brasileiro de sinalização de trânsito, 2014. (Acesso em janeiro de 2015.)
MARTINET, André. "Arbitraire linguistique et double articulation". Em *Cahiers Ferdinand de Saussure* 15, (1957), p. 105-16.
_____. *Elementos de linguística geral*. 2ª ed. Lisboa: Sá da Costa, 1970.
MARTINET, Jeanne. *Clefs pour la sémiologie*. Paris: Seghers, 1973.
MEYER-EPPLER, Werner. *Grundlagen und Anwendungen der Informationstheorie*. Berlin: Springer, 1959.
MEYER-OESER, Stephan. Medieval semiotics. *The Stanford Encyclopedia of Philosophy* (Summer 2011 Edition), Edward N. Zalta (org.). *On-line*: http://plato.stanford.edu/archives/sum2011/entries/semiotics-medieval/.

MOLES, Abraham. *Théorie de l'information et perception esthétique*. Paris: Flammarion, 1958. Trad. de CUNHA, H. P.; MARCHEVSKY, M. J. *Teoria da informação e percepção estética*. Rio de Janeiro: Tempo brasileiro, 1969.

MOUNIN, Georges. *Introduction à la sémiologie*. Paris: Minuit, 1970.

NÖTH, Winfried. *Panorama da semiótica de Platão a Peirce*. São Paulo: Annablume, 1995.

_____. *A semiótica no século XX*. São Paulo: Annablume, 1996.

_____. "Metaimagens e imagens autorreferenciais". Em ARAUJO, D. C. (org.). *Imagem(ir)realidade: Comunicação e cibermídia*. Porto Alegre: Sulina, 2006, p. 306-327.

_____. *Manual da semiótica*. São Paulo: Edusp, no prelo.

PEIRCE, Charles S. *Collected Papers*. C. HARTSHORNE; WEISS, P. (orgs.), vols. 1-6 e BURKS A. W. (org.), vols. 7-8. Cambridge, MA: Harvard University Press, 1931-58. [Obra citada como CP seguido pelo número do volume e número do parágrafo].

_____. *Escritos coligidos*, seleção de D'OLIVEIRA, Armando Mora. Trad. D'OLIVEIRA, A. M.; POMERANGBLUM, Sergio. Em *Os Pensadores*, ed. Victor CIVITA, vol. 36. São Paulo: Abril Cultural, 1974, p. 7-192.

_____. *Semiótica*. Tradução seletiva dos CP. TEIXEIRA COELHO NETO, José. São Paulo: Perspectiva, 1977; 3ª ed. 1999.

_____. *Semiótica e filosofia: Textos escolhidos de C. S. Peirce*. Trad. SILVEIRA DA MOTA, Octanny; HEGENBERG, Leonidas. São Paulo: Cultrix, 1993.

_____. *Semiotic and Significs: The Correspondence between Charles S. Peirce and Victoria Lady Welby*. HARDWICK, C. S. (org.). Bloomington, IN: Indiana University Press, 1977 [Obra citada como SS].

PINTO, Milton José. *As marcas linguísticas da enunciação*. Rio de Janeiro: Numen, 1994.

PRIETO, Luis J. *Messages et signaux*. Paris: Presses Universitaires de France, 1966. Trad. de ARNICHAND, A.; LORENCINI, Á. *Mensagens e sinais*. São Paulo: Cultrix e Edusp, 1973.

_____. *Études de linguistique et de sémiologie générales*. Genève: Droz, 1975.

REICHENBACH, Hans. *Elements of Symbolic Logic*. New York, NY: Free Press, 1947.

SANTAELLA, Lucia. *O que é semiótica?* São Paulo: Editora Brasilense, 1983.

_____. *A teoria geral dos signos*. 2ª ed. São Paulo: Pioneira, 2000.

_____. *Semiótica aplicada*. São Paulo: Thomson, 2002.

_____. *Navegar no ciberespaço*. São Paulo: Paulus, 2004.

_____; NÖTH, Winfried. *Imagem: Cognição, semiótica, mídia*. São Paulo: Iluminuras, 1988.

_____. *Semiótica: Bibliografia comentada*. São Paulo: Experimento, 1999.

_____. *Comunicação e semiótica*. São Paulo: Hacker, 2004.

SAUSSURE, Ferdinand de. *Cours de linguistique générale*. BALLY, Charles; SECHEHAYE, Albert (orgs.). Paris: Payot, 1916, 25ª ed. 1986. Trad. de CHELINI, Antônio *et al*. *Curso de linguística geral*. São Paulo: Cultrix, 1969.

SHANNON, Claude E.; WEAVER, Warren. *The Mathematical Theory of Communication*. Urbana, IL: University of Illinois Press, 1949.

STJERNFELT, Frederik. "Signs conveying information. On the range of Peirce's notion of propositions: Dicisigns". Em *International Journal of Signs and Semiotic Systems* 1.2 (2011), p. 40-52.

TEIXEIRA COELHO NETTO, José. *Semiótica, informação e comunicação*. São Paulo: Perspectiva, 1980.

THIBAULT, Paul J. Code. Em *Encyclopedia of Semiotics*. BOUISSAC, Paul (org.), p. 126-29. New York, NY: Oxford University Press, 1998.

VOLOSHINOV, Valentin N. [=Mikhail M. BAKHTIN] (1930). *Marxism and the Philosophy of Language*. New York: Seminar Press, 1973.

WEAVER, Warren. "Translation". Em *Readings in Machine Translation*. NIRENBURG, Sergei *et al*. (orgs.), p. 13-17. Cambridge, MA: MIT Press, 2003.

11
Índice de nomes

Abril, Gonzalo 201, 206
Agostinho, Aurélio 8-9, 13, 16, 29, 33, 44
Andrews, Edna 231
Aristóteles 37, 87, 122

Bakhtin, Mikhail Mikhailovich 203, 225
Barros, Diana Luz Pessoa de, 188, 201, 204, 206, 211-212
Barthes, Roland 32, 91, 114, 129, 151, 175-185
Baudrillard, Jean 45
Benveniste, Émile 175, 203
Berlin, Brent 135,
Bouissac, Paul 158
Bühler, Karl 143-144
Buyssens, Eric 137, 141-142

Carroll, Lewis 45
Carruthers, Peter 159
Chomsky, Noam 190
Coquet, Jean-Claude 188
Courtés, Joseph 188-212

Deleuze, Gilles 129
Derrida, Jacques 46, 183
Descartes, René 15
Dodgson, Charles 45
Dosse, François 92

Eco, Umberto 32, 54, 91, 114, 129, 135, 137, 141-142, 149, 151, 163, 171-173, 195

Emerson, Ralph Waldo 58
Espinoza, Baruch 129

Filodemo de Gádara 40
Fodor, Jerry A. 188, 195
Fontanille, Jacques 188, 200
Foucault, Michel 92, 183

Galeno de Pérgamo 28
Goodman, Nelson 24, 54
Greimas, Algirdas J., 32, 91, 114, 129, 187-213
Guattari, Félix 129

Hamann, Renan 72
Heidegger, Martin 29
Hervey, Sándor 64
Hjelmslev, Louis T. 32, 91, 104, 113-135, 154, 159, 161-167, 175-179, 187-189, 192
Holenstein, Elmar 143
Houser, Nathan 62, 70-71
Humboldt, Wilhelm von 107

Jakobson, Roman 8, 32, 104, 143-146, 151, 154-157, 175, 201, 204-205, 230, 232

Kant, Immanuel 37, 44
Katz, Jerrold J. 188, 195
Kay, Paul 135
Kierkegaard, Søren Aabye 117

Korzybski, Alfred 14-15, 45
Kristeva, Julia 32, 183

Lacan, Jacques 183
Lévi-Strauss, Claude 183, 188, 190
Liszka, James Jakób 35-36, 62, 67, 69
Locke, John 30-31
Lonzano, Jorge 201, 206
Lotman, Iúri M. 215-238
Lucid, Daniel P. 230
Luhmann, Niklas 44

Magritte, René 15-16, 33
Martinet, André 137, 142, 160, 175
Martinet, Jeanne 137, 161
Meyer-Eppler, Werner 155-156
Meyer-Oeser, Stephan 8
Moles, Abraham 155
Morris, Charles W. 32
Mounin, Georges 137, 161

Nöth, Winfried 31, 33, 58, 64, 92, 135

Ockham, Guilherme de 29, 56

Peirce, Charles S. 9-17, 23, 29, 31, 35-71, 80-87, 91, 93, 111, 159-161, 174, 226, 238
Peña-Marín, Cristine 201, 206
Pinto, Milton José 203

Platão 28-29, 122, 143
Pottier, Bernard 188
Prieto, Luis J. 137, 141-142, 151, 161
Propp, Vladimir 183, 188-189, 196

Reichenbach, Hans 194
Rogério Bacon 29

Santaella, Lucia 7, 35, 77, 89, 111
Saussure, Ferdinand de 31, 36, 91-119, 122-128, 134, 159-160, 171, 175-176, 181, 190, 232
Shannon, Claude E. 154-156, 233
Souriau, Étienne 188
Stjernfelt, Frederik 79

Teixeira Coelho Netto, José 103, 113
Tesnière, Lucien 188-189
Thibault, Paul J. 158
Tomás de Aquino 17
Tomás de Erfurt 29

Uspenskij, Boris A. 221-223

Vernádski, Vladimir I. 218, 220
Voloshinov, Valentin N. 225

Weaver, Warren 154-158, 233
Welby, Lady Victoria 36
Wiener, Norbert 158

12
Índice terminológico

actante 190, 196-199, 203, 205-207
adjetivo 12, 29, 59, 84, 96
adjuvante 197-199
ai 71-83
alfabeto 93, 125, 132, 153, 160, 162-167, 174; Braille 165-166
aliquid stat pro aliquo 8, 141
alorreferencial 44
antropologia estrutural 188
arbitrariedade 32, 54, 93, 95-97, 100, 110, 126, 170, 182-183
arbitrário 69, 95-97
argumento 15, 26, 46, 54, 58, 60-63, 66, 69-77, 76, 78, 83, 85, 99-100, 109, 117, 124-126, 133, 135, 138, 158-159, 161, 218, 230
aroma 25-28, 227
articulação 95, 160-161, 164, 167, 173-174, 192-193, 202; primeira 160, 167; segunda 160-161, 164, 167, 174
ASCII 166
aspecto 27, 39, 41, 48-49, 56-57, 61, 78, 81, 114, 116, 133, 157, 165, 184, 192, 195, 200-201, 208, 232
aspectualização 200,
assimetria 207-208, 222, 238
associação 55-56, 95-96, 102, 176
ato sêmico 142
auditivo 10-11, 57
autocomunicação 231, 235-238
autodescrição 220, 229
autopoiese 45

autorreferência 12, 14, 19, 22-24, 44-45, 229
autorreferencial 22-24, 44-45, 215, 227-229
autorreferencialidade 24, 44-45, 228, 238
autorreflexividade 22, 24-25, 45, 230
autorreflexivo 22, 24, 230

bandeiras marítimas 92
binário 118, 152, 166, 174, 223
biosfera 218, 220-221, 224, 226
biossemiótica 28, 32, 226
Braille 92, 165-166

canal 10-11, 33, 141, 145, 154-155
canal perceptivo 11
caracteres 54, 165-167
cartografia 44-45
categoria actancial 196-199
categoria sêmica 191-193
cenema 120
ciência 7-8, 28, 31, 36, 92-93, 97, 99, 105, 107, 115-116, 124-125, 128, 140, 171, 175, 183, 187, 219
codificação 153-155, 158-159, 162-163, 166, 173, 183, 224-225, 233
codificar 153, 163, 166, 234
código 32, 44, 64, 68, 71-75, 78, 81, 89, 92, 118, 132, 137, 142, 144, 151-174, 177, 181-183, 201, 216, 224, 227-236; comercial 71, 140, 153; impreciso 172; livro de 153, 162-

163; móvel 163; primário 151-152, 159, 162, 167, 174; proairético 183; provisório 172; referencial 183; secundário 151-154, 159, 162-163, 169, 174; semiótico 130, 161-167, 174, 183; simbólico 130, 162 , 183; vestuário 181-182
cognição 29-30, 32, 37-38, 85, 87, 127, 219, 221
coisa 8-21, 23, 28-31, 37-45, 49, 51, 54, 56, 59, 73, 86, 97-98, 105, 107-108, 122, 141, 143, 168, 181, 202, 227
comunicação 154-157, 204-205, 207, 211, 231; fática 204-205; modelo da 154, 156, 211; teoria da 156-157, 205, 207, 231
concatenação 195-196
conceitos 14-17, 20, 26, 29-33, 57, 68, 70, 84-86, 89, 95-98, 101, 103, 110, 113-114, 122-123, 126, 129, 135, 149, 157, 162, 167, 174, 185, 213, 219, 232, 237-238
congruência 233-234
conjunção 190, 192, 198-199
conotação 16-17, 86-87, 96, 113, 148, 172, 178-185
consciência 51, 134, 159, 216, 219, 232
contato 144-145, 147, 204-205, 217
conteúdo 122-131, 154, 158, 162, 167, 170, 192; forma de 127-131; matéria do 122-128; plano de 154, 158, 162, 167, 170; substância de 192
contexto 15, 20-24, 42-44, 66, 75-77, 82, 87, 92, 101-104, 110, 115, 123, 140, 144-145, 167, 171-173, 201, 217, 225, 231, 236
conto 188, 196-197
contradição 134, 182, 194, 197, 218, 235
contrariedade 194
contrato 203-205, 208-212; enunciativo 203, 208-209; fiduciário 209-211
contratual 199, 210-211
cores 12, 27, 67, 74, 80, 123-126, 135, 139, 170, 192
Corpo sem Órgãos 129-130
Crátilo 28-29, 143
criptografia 151-154
cultura 7, 9, 15, 24-25, 28, 30-31, 33, 44, 54, 64, 82, 92-93, 96, 99, 106, 117, 141, 156, 171-177, 183-185, 215, 217-238

decodificação 153-155, 173, 233
decodificar 158, 178, 234
degeneração semiótica 51
delegação enunciativa 206
denotação 16-18, 41, 68, 86-87, 113, 178, 181-185
denotatum 41
desambiguização 195
descontinuidade 200, 221-222
destinador 196-202, 205, 207-212, 237; -julgador 210
destinatário 141-145, 154-155, 196-199, 201-202, 205-213, 233, 237
diacronia 105
diagrama 52-53, 57, 65, 69, 80, 95, 100, 105, 121, 124, 144, 161, 169-170, 234, 236
diálogo 28, 143, 145, 206-207, 235, 237
dicente 58-70, 76-79, 161
diferença 15-16, 19, 24, 29, 33, 50, 85, 93, 96, 99, 103, 106-111, 115, 126-127, 138-141, 156, 162, 167-168, 174, 188, 192, 207, 217, 233-236
dinheiro 33, 108, 111, 138
discreto 216-217, 221
disjunção 190, 192, 198-199
dupla articulação *ver* articulação

economia 36, 107, 138, 160, 168, 174
eidós 87, 122
emissor 38-39, 141-145, 151-158, 163, 201, 203, 205, 207, 233-234
enunciacão 201, 205-208, 210, 212
enunciado 157, 202-203, 206, 211
enunciador 147-148, 200, 203, 205-212
Escola de Paris 32, 187-188
escritura 57, 189
espaço 15, 18, 32, 37-38, 49, 54-55, 66, 68, 82, 98, 102, 119, 166, 173, 187, 189, 191, 200, 215-230, 234-237
estratificação 121, 128-129
estratificado 122, 128, 130
estrutura 199, 210-211; contratual 199, 210-211
etiqueta 89, 152, 172, 174, 229
exemplificação 64, 76, 82, 221
expressão 14-18, 27, 29, 43, 70, 95-96,

98, 109, 118-135, 143, 154, 158-159, 162-163, 167, 170, 189, 217; plano de 154, 162, 167, 170
exteroceptividade 194

fala 10, 42, 46, 57, 81, 96, 99, 101-102, 104-110, 115-118, 125, 133, 157-160, 163, 176, 189, 203, 232
ficcional 11, 44
figura 43, 117-121, 130, 163-167, 170, 191, 217, 222; da expressão 120; do conteúdo 120-121
figurativização 191
fonema 120, 130, 137-138, 160-161, 164, 168, 189
forma 10-12, 15-19, 23-30, 52-53, 57-60, 68, 74-75, 78-82, 85, 87, 94-95, 97-109, 118, 120
fórmulas algébricas 52
fotografia 26, 33, 52, 55, 162
função 137, 142-149; apelativa 144-146, 149; comunicativa 137, 142-143, 145; conativa 145-147, 149; da representação 144; emotiva 144-146; estética 142; expressiva 142, 145, 148; fática 145-147, 204; metalinguística 146, 148; poética 146-147; referencial 145-149

glōssa 113
glossemática 113, 116, 118-120, 127, 130, 132, 134
gráficos lógicos 52
gramática 12, 28-29, 32, 57, 59, 106, 126, 138, 145-146, 162, 190-191, 196, 198-200, 229; modal 199
Gramática especulativa 29
gramatologia 46
gustativo 11

hemisfério cerebral 216-217
herói 196-200
heterogeneidade 203, 222, 237
hidrônimo 12
hipercodificação 173
hipocodificação 173
hipoícone 52-53, 68
homem como signo 83-85, 87
homologia 53, 125
hýle 122

ícone 12, 27, 30, 50-54, 57-82 ,86; puro 51, 68
iconicidade 25, 32, 51-54, 57-58, 71, 75-76, 79-80, 82, 126, 230; crítica da 54; graus de 53, 75
ideia 12-18, 22-23, 30-31, 36, 39-60, 66, 68, 70, 73, 78-100, 103, 107-113, 119, 127-131, 138, 158, 167, 169, 187-188, 194, 196, 203, 213, 218-220, 229-230, 237
identidade 54, 67, 228, 233-234
ideográfico 53, 167
ideologia 178-179, 181-185, 218-219, 225, 229
imagem 9-10, 13, 15, 20, 22, 27, 52, 54, 59, 69, 73, 75-82, 94-102, 117, 130-131, 215, 220, 227, 230, 237
imagem acústica 94-95, 97, 101
implicação 194, 197
imutabilidade 97, 110, 134
índice 12, 32, 50-51, 54-56, 59-63, 67, 69, 71, 74-82, 140-144, 149, 205; definição 140-141
informação 21-22, 43, 60, 65, 77-78, 103, 141, 151, 154-155, 158, 201, 204, 218, 221, 230-236
instrumentalidade do signo 133-134, 149
intenção 16, 70, 141, 203-205; fática 204-205
intencionalidade 140, 142, 203-204
interlocutário 206-207
interlocutor 206-207
interoceptividade 194
interpretação 7, 27, 36, 39, 46-47, 54, 58, 77, 85-86, 98, 140-141, 158-159, 162, 173, 182-184, 209, 218, 231, 233
interpretante 38-41, 46-48, 58-63, 71, 73, 79, 85, 87-89; definição de 38-40, 43, 46; dinâmico 47-48; final 47-48; imediato 47
iOS 71-72, 82-83, 147
iPhone 71-74, 77, 79, 81
isomorfia 125
isomorfismo 130
isomorfo 125, 130
isotopia 195-196
legissigno 49-52, 56, 58-59, 61-63, 65, 67-70, 73-75, 78-79; icônico 52, 62, 65, 68, 70, 73, 79

língua 7, 12, 15, 19, 24, 26, 28, 50, 57, 93,96, 99, 101-107, 113-135, 142, 158, 160, 163-172, 176-177; definição 93, 96, 101, 103, 106, 117, 121; não linguística 115, 117
linguagem 11, 16, 55, 83, 96, 106, 110, 113-121, 126, 128-135, 142-143, 145-146, 151, 154, 157-163, 176, 217-232; alimentar 176
linguagem-objeto 19-20, 180
línguas não linguísticas 115
linguística 8, 12, 20, 31, 50, 57-58, 91-93, 97, 102, 105, 115, 117, 126-127, 156-161, 175-176, 188, 225, 232, 234
linguocêntrico 176
logocentrismo 117, 176, 185

manipulação 202, 204, 208-209
manipulador 207-209, 211
matéria 15, 18, 121-130, 218-220 ; conteúdo da 124; da expressão 125-126, 128
mecanismo 106-107, 110, 217, 220, 229-230, 233, 237
mediador 38-40, 81
memória 27, 41-42, 56, 85-89, 233-234, 237
mensagem 38-39, 70, 76-79, 102, 144-163, 170-173, 178-179, 182, 201, 203, 207, 211-212, 232-236
metáfora 52-53, 57-58, 80-81, 119, 127, 154-156, 183, 215-220, 224-225, 227, 237
metaimagem 21, 33
metalinguagem 19-20, 25, 33, 163, 179-180
metassemiótica 22, 146
metassemiótico 19, 24, 45
metassigno 19-22, 25, 163-164, 180, 216
mitologia 180-181, 184
mitológico 222, 224
mobiliário 175, 177
moda 159, 172, 176, 181-182, 185
modalidade 10, 191, 197, 199-203, 208, 213
modalização 196, 200
modelização 216, 219-220, 225-227, 230

modo de significar 21
monismo 15
não verbal 10, 20, 32, 59, 83, 159, 162, 170-171,178, 205, 216-217, 219, 232
narrador 200, 206-207
narratário 206-207
narrativa 66, 81, 172, 183, 187-191, 196-200, 213, 222, 227
nominalismo 29-30, 32
noosfera 218
números 18, 23, 26, 140, 153, 164, 167-170, 174

objeto 9-21, 27-30, 36-59, 61-82, 85-88, 97, 110, 114-116, 122, 127, 134, 138, 143-144, 147, 161, 172, 176-177, 180-184, 190, 196-204, 209-213, 221-225; de referência 67; dinâmico 43, 87; imediato 43, 87; real 30, 43, 97
objeto do signo 10-16, 20, 41-43, 85-86, 97, 110
olfativo 9-11, 172
oposição 97, 99, 108-110, 118, 161, 171, 183, 192-194, 199-200, 210, 216, 221-226, 237
organismo 107, 220, 232
órganon 143-145
orônimo 12
ousia 122

pansemiótico 220
paradigmático 104-105, 177, 181
paradoxo 162, 182, 215-216, 228-229, 235, 237
pensamento 13-15, 27, 36, 40-42, 47, 57, 83-89, 94, 99-100, 123-125, 133-134, 142, 158-159, 215-219, 233, 237
pertinência 137-140, 149, 188
phýsei 28
plerema 120
ponto de vista 12, 49-50, 54, 58-59, 67, 71, 74-76, 98-102, 116, 124, 130, 140, 146, 149, 160, 174, 205, 209, 212, 219, 222-226, 231, 233
Port-Royal 30, 97
prágma 41
predominância 62, 144-146, 204, 219

primeiridade 37-38, 47-49, 51-52, 61
publicidade 146-149, 180, 198, 213
purport 123

quadrado semiótico 194-195, 213
qualissigno 49, 51, 58, 61-69, 74, 78

realidade 23, 30, 38, 40, 43, 49, 51-54, 60, 68, 74, 93, 97, 134, 143, 179, 212, 221-225, 233-234
realismo 29-30, 43, 134, 146
receptor 38, 141-145, 151-158, 163, 201, 205, 218, 232-234
relatividade linguística 126
rema 58-70, 76-79, 85-86, 160-161
remetente 144-145
remetimento 8
renvoi 8
representamen 38-41, 43-44, 49-50, 52-55, 61
ruído 154-155

secundidade 37-38, 49, 52, 54, 61
sema 160-161, 168-171, 183, 189, 192-195
sēma 8
semáforo 8, 20-21, 118, 132, 159, 170, 180
semântica 8, 14, 32, 45, 98-99, 119, 121, 143, 169, 182, 187-196, 199, 208, 213, 217, 237; estrutural 119, 121, 187-189, 192-193, 195, 213; fundamental 190, 194, 196, 199
Semântica Geral 14, 42
semeiologia 7
seméion 7-8
sēmeîon 92
semeiosis 39-40
semeiótica 7, 33
Semeiotiké 30
semia 142
semioclastia 184
semiologia 7, 33, 91-99, 110-111, 115, 172, 175-176, 184; definição 7, 91-92, 94, 175-176
semiophysis 184
semiose 15, 32, 38-40, 43, 46-47, 53-58, 83- 88, 212-218, 220, 223-230, 237; ilimitada 46
semiosfera 215-231, 236-238

semiótica 7-8, 38, 91-92, 113-114, 130, 137, 151, 154, 171, 175-176, 182, 187-188, 200, 215, 220, 230; conceito 16-17, 31-32, 40, 85-86, 97, 101, 103, 113-116, 123, 154, 171, 188, 191, 195; da cultura 44, 171, 215, 220, 234; discursiva 187-188, 201-203, 208, 210-211; dos códigos 151, 160-162, 167, 171, 174; funcionalista 91, 137, 140-141, 143, 149, 151; narrativa 183, 188, 199; semiótica culinária 25-27
semiótico *versus* não semiótico 114
semiotização 221, 223-224
semiotropia 184
sentido 8-30, 40-42, 48-49, 52-54, 70, 74, 76-84, 87, 97-99, 101-102, 106, 109-110, 115, 117, 121-129, 132, 137, 141, 151-154, 157-165, 176, 191, 204, 207, 212, 217, 224; efeitos de 212
signa 13
significação 7, 16-18, 29-31, 46, 68, 77-80, 86-87, 94, 101-103, 108-110, 119-120, 131, 140-142, 169-170, 182, 189-193, 203, 232
significado 8, 17, 32, 36, 40, 46, 57-58, 74-77, 80, 94-103, 107-110, 118-123, 128-129, 141, 162-163, 167-172, 176-184, 221-226, 230, 236
significância 46
significante 46, 50-51, 55, 94-103, 107-110, 118-119, 128-129, 138, 141, 172, 175-176, 179-184, 223-225, 232, 236
signo 7- 8, 11, 16, 19, 25, 35, 37-38, 48, 64, 83, 103, 118, 137 ; ação do signo 39-40; definição 8-9, 30, 38-40, 141; dez classes 48, 60-64, 78, 89; modelo do 16, 94, 97, 121, 128, 232;
signo linguístico 94, 96-97, 143, 159
signo natural 29, 32
signo verbal 8, 10-12, 16-18, 21, 27, 30-31, 42, 70, 73, 78, 93-98, 101-102, 108, 120, 130-131, 133-134, 141, 232
símbolo 7, 12, 17, 30, 32, 50-51, 54-58, 61, 63, 66-70, 74-80, 84-89, 130-132, 135, 143-144, 161-162, 167,

171; definição 17, 30, 50-51, 54-56, 69, 75, 130-131; dicente 63, 66, 70, 78-79
simetria 207, 221-222, 233, 238; comunicativa 207
simulacro 205-207, 211-212
sinais 7-8, 10, 30, 68, 92-93, 140-144, , 149, 154-156, 162, 170-172, 223, 231-232; de trânsito 65, 68, 162, 171, 180, 231; rodoviários 170
sincronia 99, 105
sinsigno 49-50, 52, 61-62, 64-70, 74, 78, 85-87
sintagmático 104-105, 177
sintaxe 57, 168, 175, 188-191, 196-199; fundamental 190, 196-197
sintaxe narrativa 190-191, 196
sintoma 7, 9, 28, 30, 65, 141, 143-144, 149, 176, 224
sistema 7, ; de signos 19, 26, 93, 101, 103, 115, 132, 157, 165, 221, 223, 227; híbrido 19, 71, 73, 164; semiótico 98, 105-107, 110, 115, 119, 131, 134, 137, 151, 160, 162-164, 167, 174, 177, 189, 231, simbólico 131-132, 165; modelizante 223-226
stratum 129
substância 15, 37, 40, 94, 97-100, 109, 121-130, 158, 162-163, 189, 192, 232
substância amorfa 123
sujeito 17, 29, 58, 60, 70, 77-79, 86, 155, 170, 172, 190, 196-213, 225, 235, 237; anti- 210
suposição material 21, 29

tátil 11, 32
telecomunicação 154-155
telegrafia 153
tematização 191
terceiridade 37-38, 48, 52-53, 55, 61
térmico 11
tertium comparationis 53

texto 20, 32, 55, 73, 77-78, 81, 98, 113-119, 132, 145-147, 151-154, 158, 160-163, 172-173, 182-184, 187-198, 208, 216-217, 221-235
thései 28
topônimo 12
tradução 79, 88, 95, 98, 113, 123, 151, 158-159, 165, 217, 223, 235-236
tradutibilidade 117, 217
trajetória gerativa 189, 191-192, 200
transliteração 165
transmissão 141, 152-155, 157, 166, 201-202, 211, 232-233, 235
transmissor 141, 155
tricotomia 49-50, 55-56, 58, 60-63, 67, 69, 74
troca 157, 208-211
type 23, 50, 157
type versus token 23, 50

universais 30, 37, 48, 56

valor 52, 66, 68, 80, 82, 97, 102-104, 107-109, 125, 132-134, 138, 140, 164, 168-169, 172, 202, 209, 222, 233, 235; negativo 109, 138
valores 45, 97,106-109, 125, 132-134, 163, 165, 181, 190, 194, 198-199, 208-213, 221-222; troca de 208-210
verbal 8-21, 27, 30-33, 41-42, 55-59, 70-79, 83, 93-98, 101-102, 108, 117, 120-121, 130-134, 141, 157-162, 167-178, 200, 205, 216-221, 225-227, 232-234; *versus* pictorical 216
verdade 47, 58, 60-61, 65-67, 76-77, 83-84, 161, 169, 198, 205, 208, 211-212
veridicção 209, 211-212
virtual 36, 199-200, 204

zoossemiótica 19, 32, 172